教員

採用試験
対策

問題集

一般教養Ⅱ
[社会科学]

本試験の出題傾向を徹底分析！
得点力がアップする！
教員採用試験必携の問題集

東京アカデミー 編

東京アカデミー七賢出版

はじめに

教員採用試験は，自治体ごとに実施され，その出題傾向は多種多様です。そのため，受験生にとっては対策を立てる上で大変困難を極めます。また，近年の試験では，人物試験を重視する傾向にあり，その対策にも多くの時間が必要となります。これらの状況を考えると，筆記試験においては，限られた時間の中でより的確かつ効率よく学習を進めていくことが求められます。

このオープンセサミシリーズは，全国に拠点をもつ東京アカデミーのネットワークを最大限に活かして過去の教員採用試験を徹底的に分析し，より効率よく，かつ合理的に，合格に必要な知識を身に付けることができるよう編集されたものです。

多くの受験生が見事合格を勝ちとり，晴れて教師としてご活躍されますよう，ご健闘を心からお祈り申し上げます。

本書が，受験生の皆さまの合格の一助となりましたら幸いです。

東京アカデミー編集部スタッフ一同

表示説明

重要度 ➡教員採用試験における出題頻度を示します。

A　非常に重要　（出題頻度が非常に高い）

B　重要　（出題頻度が高い）

C　普通　（出題がある）

星印 ➡各問題の難易度を示します。

☆　普通　　☆☆　やや難しい　　☆☆☆　難しい

この本の構成や内容は，オープンセサミシリーズの参考書，セサミノート（サブノート）に準拠しています。参考書，セサミノートで知識の定着をはかり，問題集で実践力をつけることでより効果的な学習ができます。併用して利用されることをおすすめします。

一般教養Ⅱ 社会科学

Contents

1 世界史

2 日本史

3 地理

4 政治

5　経済

6　国際関係

7　環境

解答解説

1

世界史

Open Sesame

1 古代

●解答解説P182～183

●傾向と対策

重要度：**C**

四大文明，古代ギリシア（ヘレニズム），古代ローマ帝国が出題の大半を占める。古代は，世界史の中では出題数が少なく，出題分野も限られていることから，要点を押さえて効率的に学習することが望まれる。四大文明の特徴を表にまとめたり，文化については，重要人物と事柄を結びつけられるようにしておくこと。四大文明学習の際には，地図を使って，平野・河川の位置関係も正確に理解しておこう。

1 ☆

古代文明とそれに関連する事項の組み合わせとして正しいものはどれか。

① メソポタミア文明――モヘンジョ＝ダロ

② インダス文明―――楔形文字

③ エジプト文明―――ピラミッド

④ 中国文明――――神聖文字

2 ☆☆

四大文明に関する記述として正しいものはどれか。

① エジプト文明ではハンムラビ王によって法典が制定され，都市にはピラミッドやスフィンクスなどがつくられた。

② インダス文明ではインダス川の定期的な氾濫によって肥沃な耕地が形成され，太陽暦や測量術が発達していた。

③ メソポタミア文明では甲骨文字を使用し太陰暦や60進法など実用的な学問が発達していた。

④ 中国文明の後，紀元前16世紀頃，殷という国家が誕生し王が占いによって国事を決める神権政治を行っていた。

⑤ メソポタミア文明はドラヴィダ人によって，ティグリス川・ユーフラテス川流域で，モヘンジョ＝ダロなどの都市を中心に発達した。

3 ☆

次のＡ～Ｄは古代ギリシアで活躍した人物についての記述であるが，当てはまる人物の組み合わせとして正しいものはどれか。

Ａ．イオニア学派の祖であり，「万物の根源は水である」と考えた。

Ｂ．万物の根源を火に求め，「万物は流転する」と説いた。

Ｃ．西洋哲学の祖であり，知徳合一を説いた。

Ｄ．「歴史の父」とよばれ，『歴史（ペルシア戦争史）』を著した。

	Ａ	Ｂ	Ｃ	Ｄ
①	タレス	ヘラクレイトス	プラトン	ホメロス
②	ヘラクレイトス	ソクラテス	タレス	ヘロドトス
③	ピタゴラス	タレス	ソクラテス	ホメロス
④	タレス	ヘラクレイトス	ソクラテス	ヘロドトス
⑤	ヘラクレイトス	ヘロドトス	プラトン	ヘシオドス

4 ☆☆

ギリシア・ローマ時代に関する次の各問いに答えよ。

⑴　第2回三頭政治に参加した後，エジプト女王クレオパトラと組んだアントニウスをアクティウムの海戦で破り，前27年元老院からアウグストゥス（尊厳者）の称号を与えられた人物の名前を答えよ。

⑵　五賢帝時代，ローマ帝国の最大図版を現出した皇帝は誰か選べ。

①　ネルウァ帝

②　トラヤヌス帝

③　マルクス＝アウレリウス＝アントニヌス帝

④　カラカラ帝

⑤　コンスタンティヌス帝

5 ☆☆☆

古代インドの統一王朝についての記述である。当てはまる王朝名を次から選んで答えよ。

①　前4世紀に成立したインド最初の統一王朝で，アショーカ王の頃最盛期となった。仏教を保護し，布教に努めた。

② 4世紀に成立した王朝で，『マハーバーラタ』や『ラーマーヤナ』などの叙事詩が完成したり，サンスクリット文学が栄えるなど文化が発達した。ヒンドゥー教が定着するようになったのもこの王朝からである。

③ 1世紀に成立した王朝で，ヘレニズム文化の影響を受け，ギリシア式仏教美術であるガンダーラ美術が栄えた。この美術は中国や日本にも影響を与えた。

ア．グプタ朝　　イ．マウリヤ朝　　ウ．サータヴァーハナ朝
エ．クシャーナ朝　　オ．ヴァルダナ朝

6 ☆☆

フランク王国とローマ教会に関する次の文を読んで各問いに答えよ。

西ローマ帝国滅亡後，領土を拡大したフランク王国は8世紀頃からローマ=カトリック教会と結びつきを強めていき，800年ローマ教皇（　A　）は，フランク王（　B　）にローマ皇帝の帝冠を与え，西ヨーロッパ世界は，独立を強めていった。

(1) （　A　）に適する教皇名を答えよ。

(2) （　B　）に適する人物名を下から選んで答えよ。

① ピピン　　② カール=マルテル
③ カール大帝　　④ オットー1世

2 中世

●解答解説P183～184

●傾向と対策

重要度：C

中世は，ゲルマン人大移動後の封建社会の発展と十字軍の遠征，及び東西交流史が重要である。キリスト教会の確立をおおまかに学習しつつ，十字軍など頻出事項を正確に押さえておこう。この時代はイスラーム史もしばしば問われているので，文化を中心にまとめておくこと。また，日本史との同時代史として問われることも多い時代なので，世界の動向と日本の動向を結びつけられるようにしておくことも大切である。

7 ☆

十字軍の派遣が提唱された公会議として正しいものはどれか。

① ニケーア公会議　② クレルモン宗教会議　③ エフェソス公会議
④ トリエント公会議　⑤ コンスタンツ公会議

8 ☆☆

中世の西ヨーロッパ諸国に関する記述として誤っているものはどれか。

① 聖地イェルサレムはイスラーム教の支配におかれていたため，教皇インノケンティウス3世はクレルモン宗教会議で十字軍の遠征を決議した。
② イギリスでは国王が不当に重税を課したことから貴族たちが反抗し，ジョン王に大憲章（マグナ＝カルタ）を認めさせた。
③ フランスに対し，イギリス国王エドワード3世がフランス王位継承権を主張したため，両国間で百年戦争がはじまったが，ジャンヌ＝ダルクの活躍もあってフランスが勝利した。
④ 百年戦争終了後，イギリスでは王位継承をめぐってバラ戦争とよばれる内乱がおこった。
⑤ バラ戦争に勝利したヘンリ7世がテューダー朝を開き，王による中央集権化を進めた。

9 ☆

イスラーム教に関する次の記述の空欄に適する言葉を下からそれぞれ選んで答えよ。

メッカの商人であった（　A　）が，7世紀に唯一神（　B　）の啓示を受けてイスラーム教を唱えた。偶像崇拝を否定し，神の前のムスリム平等を説いた。後に『（　C　）』が経典として成立した。

①　カリフ　②　ムハンマド　③　コーラン　④　ヒジュラ
⑤　アッラー　⑥　ヴェーダ　⑦　モスク

10 ☆☆☆

イスラーム世界に関する記述として正しいものはどれか。

①　ウマイヤ朝はイベリア半島に進出し西ゴート王国を滅ぼすと，トゥール・ポワティエ間の戦いにも勝利し，フランク王国に侵入した。
②　ウマイヤ朝では征服地の先住民には地租（ハラージュ）と人頭税（ジズヤ）が課せられていたが，彼らがイスラーム教に改宗すれば免除された。
③　アッバース朝はメッカを都とし，第5代カリフのハールーン＝アッラシードの時代に最盛期を迎えた。
④　製紙法はタラス河畔の戦いでアッバース朝軍が唐軍を破った際に，唐からイスラーム世界へと伝来された。
⑤　イスラーム文化では医学・数学などが発達したが，数学はエジプトで成立したゼロの概念を導入することで飛躍的に発展した。

11 ☆☆

次の人物とその主な著作を正しく組み合わせよ。

A．マルコ＝ポーロ　B．玄奘　C．法顕

①　モロッコから中国までを旅して『旅行記』（『三大陸周遊記』）を著した。
②　元の大都を訪れ『世界の記述』（『東方見聞録』）を口述した。
③　イエズス会の宣教師で『坤輿万国全図』を著した。
④　陸路でインドに赴き海路で帰国後，『仏国記』を著した。
⑤　陸路でインドに赴き陸路で帰国後，『大唐西域記』を著した。

12 ☆

次の出来事を年代順に並べたものとして正しいものはどれか。

A．トゥール・ポワティエ間の戦い　B．第一回十字軍の遠征開始

C．カール大帝の戴冠　D．百年戦争の勃発

① A－C－D－B

② C－D－A－B

③ B－A－C－D

④ C－B－D－A

⑤ A－C－B－D

3 近世

●解答解説P184～186

●傾向と対策

重要度：B

ルネサンス，大航海時代，宗教改革が頻出分野である。これらは人々の価値観や認識もかえるなど新しい時代への方向性を示した動きとして共通性をもっている。

対策としては，それら頻出分野の特徴について背景に注意をして学習しながら，表や地図，絵などを活用して知識の定着をはかろう。また，絶対主義からの出題も多いが，これについては，各国ごとにまとめておくとよいであろう。

13 ☆☆

ルネサンス期に活躍した文人・芸術家と作品の組み合わせとして正しいものはどれか。

① ボッカチオ――――――『カンタベリ物語』
② ダンテ――――――――『神曲』
③ ミケランジェロ―――『ヴィーナスの誕生』
④ モンテーニュ――――『愚神礼賛』
⑤ シェークスピア―――『ドン＝キホーテ』

14 ☆☆

大航海時代に関する次の文を読み，各問いに答えよ。

A．コロンブスは，スペイン女王の援助を受けて航海に出航し，1492年西インド諸島に到達した。

B．ヴァスコ＝ダ＝ガマは，喜望峰を迂回して1498年インドのカリカットに到達した。

C．スペイン王室の命で西航した（　　　）は，太平洋を横切りフィリピンに達した。その部下はさらに航海を続け，1522年初めて世界周航をなしとげた。

D．新大陸到達後，スペインはこの地の征服を始め，古代文明を滅ぼした。

(1) Aの下線部の女王の名を答えよ。

⑵　Bの下線部の地に1488年に到達したポルトガル人は誰か。

⑶　Cの空欄に入る人名を答えよ。

⑷　Dの下線部について，インカ帝国を滅ぼしたスペイン人は誰か。

⑸　Dの出来事の後，ヨーロッパに大量に輸入され，価格革命を引きおこしたものは何か。

15　☆☆

大航海時代に活躍した人物とその人物が渡った航路の記号の組み合わせとして正しいものはどれか。

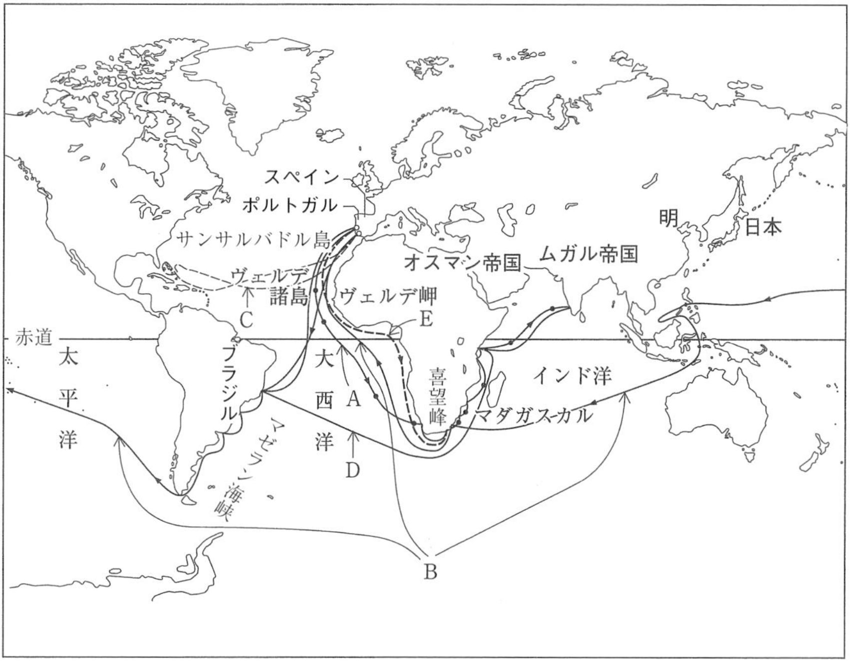

	人名	航路
①	コロンブス	B
②	ヴァスコ＝ダ＝ガマ	A
③	マゼラン	C
④	カブラル	E
⑤	バルトロメウ＝ディアス	D

16 ☆

宗教改革に関する次の記述の空欄A～Cに適する組み合わせとして正しいものはどれか。

16世紀になると，世俗化し堕落した教会を捨てて聖書に復帰しようとするカトリック批判運動がおこった。ドイツでは（　A　）が（　B　）を発表し，贖宥状（免罪符）の販売を批判した。またスイスでは（　C　）が予定説を説き，後に多くの新興商工業者に受け入れられた。

	A	B	C
①	カルヴァン	九十五カ条の論題	フランシスコ＝ザビエル
②	マルティン＝ルター	九十五カ条の論題	カルヴァン
③	カルヴァン	キリスト教綱要	マルティン＝ルター
④	フランシスコ＝ザビエル	九十五カ条の論題	マルティン＝ルター
⑤	マルティン＝ルター	キリスト教綱要	カルヴァン

17 ☆

スペインが1571年，レパント（沖）の海戦でオスマン帝国を破ったときのスペイン国王として正しいものはどれか。

① フェリペ2世　② ジョアン2世　③ ヘンリ8世
④ イサベル　⑤ カルロス1世

18 ☆☆

絶対主義とは16～18世紀にかけて展開された王権への集権化が進んだ政治形態のことであるが，次のうち，その時代の国王・国名・関連事項の組み合わせとして正しいものはどれか。

	国王	国名	関連事項
①	アレクサンドル2世	オランダ	「朕は国家なり」
②	ルイ14世	フランス	「太陽の沈まぬ国」
③	エリザベス1世	イギリス	東インド会社設立
④	マリア＝テレジア	ロシア	百年戦争
⑤	フリードリヒ2世	プロイセン	ネルチンスク条約

19 ☆

イギリスで東インド会社が設立された頃，日本でおこった出来事として正しいものはどれか。

① 応仁の乱　② ポルトガル人による鉄砲伝来

③ 関ヶ原の戦い　④ 鎖国の完成　⑤ 享保の改革

4 近代

●解答解説P186～188

●傾向と対策

重要度：B

市民革命と産業革命からの出題が圧倒的に多い。これらは概して基本的な事項を問われることが多い。前者については，それぞれの革命の年号や主要人物が，後者については，人名とその発明品を結びつける問題が大半を占める。

対策としては，キーワードを中心に人名と重要事項を箇条書きにまとめるなど，自分なりに覚えやすい方法で整理するとよいであろう。

20 ☆

国王が議会を無視して専制を続けたため，クロムウェルの指導する議会派がイギリス国王チャールズ1世を処刑し，絶対王政を崩壊させた市民革命を何というか。

21 ☆☆

アメリカ独立戦争に関する記述として正しいものはどれか。

① イギリスがアメリカ植民地に高額な税を課したため，これに反発したアメリカ植民地との間に戦争がはじまり，1776年ワシントンが起草した独立宣言を発表した。

② 独立戦争当初スペインはアメリカ側に立って参戦していたが，フランスや北欧諸国は中立の立場を表明していたため，アメリカは苦戦を強いられていた。

③ アメリカの独立は1783年のパリ条約によって正式に承認されたが，その際イギリスからミシシッピ川以東の領地も割譲された。

④ 1789年合衆国憲法に基づき連邦政府が発足し，初代大統領には独立戦争の総司令官であったリンカンが就任した。

⑤ アメリカ独立戦争後イギリスに自由主義思想が広まり，またイギリス政府の財政難が悪化したため，イギリス（ピューリタン）革命の原因となった。

22 ☆

次の出来事を時代の古い順に並べたものはどれか。

ア．アメリカ独立戦争　イ．名誉革命　ウ．フランス革命

エ．イギリス（ピューリタン）革命

① ア－イ－エ－ウ

② イ－ウ－エ－ア

③ エ－ア－ウ－イ

④ イ－エ－ウ－ア

⑤ エ－イ－ア－ウ

23 ☆☆

次は，イギリスでの産業革命に関する文章である。A～Dに適する人名の組み合わせとして正しいものはどれか。

イギリスの産業革命は木綿工業から始まった。1733年に（　A　）が飛び杼（梭）を発明すると，機織りの能率が著しく上がり，広幅物の生産が容易になった。そこで需要が増加した綿糸の大量供給を可能にしたのが，ハーグリーヴズの発明した多軸紡績機であった。また，（　B　）の発明した水力紡績機により，丈夫で太い綿糸の供給が可能となった。そして，多軸紡績機と水力紡績機の長所をとり丈夫な綿糸の大量供給を可能としたのが，（　C　）の発明したミュール紡績機であった。それを受けて織布工程にも（　D　）の発明した力織機が導入され，その動力としてワットの発明した蒸気機関が利用されるようになると，綿布は生産量も激増した。

	A	B	C	D
①	ジョン＝ケイ	ダービー	クロンプトン	アークライト
②	ジョン＝ケイ	アークライト	クロンプトン	カートライト
③	ジョン＝ケイ	アークライト	ニューコメン	カートライト
④	ホイットニー	カートライト	ニューコメン	アークライト
⑤	ホイットニー	カートライト	アークライト	ニューコメン

24 ☆☆

18世紀から19世紀にかけてのフランスに関する次の記述の空欄A～Dに適する語句の組み合わせとして正しいものはどれか。

フランス革命後，王政が廃止され第一共和政が始まったが，（　A　）が恐怖政治を行ったため長続きせず，社会不安の中，軍人の（　B　）が政治的に台頭してきた。彼は度重なる戦争に勝利し政権を掌握すると，1804年国民投票によって皇帝に就任した。しかし，ロシア遠征に失敗すると諸国の反撃にあい，ついに1815年（　C　）にて大敗し，皇帝を退位することとなった。（　B　）の退位後，混乱したヨーロッパの秩序を取り戻すため，オスマン帝国を除く全ヨーロッパ諸国の代表が参加して（　D　）会議が開催された。

	A	B	C	D
①	クロムウェル	ナポレオン	トラファルガーの海戦	パリ
②	クロムウェル	ルイ＝フィリップ	ワーテルローの戦い	ウィーン
③	ロベスピエール	ナポレオン	ワーテルローの戦い	ウィーン
④	ロベスピエール	ナポレオン	アウステルリッツの戦い	パリ
⑤	マザラン	ルイ＝フィリップ	アウステルリッツの戦い	ウィーン

25 ☆

次の文章の空欄に適する人物名を答えよ。

ドイツでは，（　　　）が鉄血政策によって，軍備増強をはかった。

26 ☆

19世紀前半，ヨーロッパ大陸とアメリカ大陸の相互不干渉を唱えたアメリカ合衆国大統領として正しいものはどれか。

①　モンロー　　②　カニング　　③　ジャクソン　　④　リンカン

27 ☆☆

アメリカ南北戦争に関する次の文の空欄A～Cに適する語句を入れよ。

独立後，南部と北部の利害対立が激しくなり，1860年に共和党の（　A　）が大統領に当選すると，南部は連邦から独立して（　B　）を成立させた。このため，内乱に発展し南北戦争が勃発した。1863年，（　A　）が（　C　）宣言を出すと，世論の支持を集め，1865年に北軍の勝利で戦争は終結した。

28 ☆☆

次の文は，帝国主義列強による世界分割に関する記述である。A～Eに適する語句の組み合わせとして正しいものはどれか。

帝国主義段階を迎えたイギリスにとって最も重要な植民地は（　A　）であった。19世紀後半，フランスが（　B　）半島に，またロシアが中央アジアに進出して（　A　）の周囲が脅かされると，イギリスは両国との対立を深め，（　A　）を防衛する形で植民地を拡大していった。1878年のベルリン条約でロシアの地中海沿岸への南下を阻止したイギリスは，次いでヨーロッパと（　A　）を結ぶ要所である（　C　）の内政に干渉し，これに対し軍人反乱がおこると（　C　）を軍事占領した。さらにはアフリカ南端の（　D　）植民地と（　C　）とを結ぶ「縦断政策」を展開したが，これは同じ頃（　E　）を起点としてアフリカ「横断政策」を進めていたフランスとの衝突を招くこととなった。

	A	B	C	D	E
①	エジプト	バルカン	ギリシア	ブーア	スーダン
②	インド	インドシナ	エジプト	ケープ	アルジェリア
③	インド	インドシナ	トルコ	ブーア	チュニジア
④	エジプト	インドシナ	インド	ケープ	モロッコ
⑤	インド	バルカン	エジプト	ブーア	マダガスカル

29 ☆

3C政策を行った国として正しいものはどれか。

①　ドイツ　②　フランス　③　イギリス　④　アメリカ

30 ☆

次の出来事を年代順に並べ替えたとき最も年代の古いものはどれか。

①　プロイセン＝フランス戦争　②　ウィーン会議　③　明治維新
④　太平天国の乱　⑤　クリミア戦争

5 現代

●解答解説P189～192

●傾向と対策

重要度：A

帝国主義，第一次世界大戦，第二次世界大戦，戦後の国際政治・社会が頻出である。世界史の中で最も出題数が多いので，理解を深めておくこと。特に戦後の国際政治・社会については，詳細な内容が問われているため，注意が必要である。

対策として，大戦に突入した際の列強各国の動向や関連条約，会議などを押さえておくこと。戦後史については，国ごとに重要項目をまとめることが知識修得への近道である。

31 ☆☆☆

第一次世界大戦に関する記述として正しいものはどれか。

① 第一次世界大戦は，セルビアの皇位継承者夫妻がボスニアの州都サライェヴォでオーストリア人に暗殺された事件をきっかけに始まった。

② 第一次世界大戦時，バルカン半島はロシアを中心とするパン＝ゲルマン主義とドイツを中心とするパン＝スラヴ主義との対立が激化しており，「ヨーロッパの火薬庫」とよばれていた。

③ 第一次世界大戦がはじまると，列強は同盟・協商関係にしたがって次々と参戦していったが，イタリアは三国同盟を結んでいたため，ドイツとともに同盟国側に参戦した。

④ イギリスはどの国とも同盟を結ばず「光栄ある孤立」とよばれる外交政策を採用していたため，第一次世界大戦では中立を守り，参戦しなかった。

⑤ 第一次世界大戦後ヴェルサイユ条約が結ばれ，その中でアメリカ大統領ウィルソンが提唱した十四カ条の平和原則にしたがって国際連盟の設立が決定した。

32 ☆

1917年，ロシアで二月（三月）革命がおこると亡命先のスイスより帰国し，四月テーゼを発表，十月（十一月）革命によって史上初の社会主義政権を樹立した人物として正しいものはどれか。

① スターリン　② レーニン　③ ストルイピン
④ ニコライ2世　⑤ トロツキー

33 ☆

国際連盟に関する次の各問いに答えよ。

(1) 国際連盟創設のもととなった，「十四カ条」を提案したアメリカ大統領は誰か。

(2) 国際連盟の本部があった都市はどこか。

(3) 国際連盟に不参加だった国として正しいものはどれか。

① フランス　② アメリカ　③ イギリス　④ イタリア

(4) (3)の国が提唱したワシントン会議で締結された条約として誤っているものはどれか。

① 九カ国条約　② 四カ国条約　③ 海軍軍備制限条約
④ 不戦条約

34 ☆☆

世界恐慌後のヨーロッパ諸国やアメリカの状況に関する記述として誤っているものはどれか。

① イギリス・フランスでは本国と植民地との間に排他的な経済関係が形成され，他国の商品に高い関税を課すブロック経済が行われた。

② アメリカではフランクリン＝ローズヴェルト大統領が，ニューディールとよばれる公共事業投資などを実施し，雇用の拡大を図った。

③ ソ連ではスターリンの指導のもと五カ年計画が実施されていたが，世界恐慌の影響を受け工業生産が落ち込んでしまった。

④ ドイツでは社会不安が広がる中，ヒトラー率いるナチ党が台頭し政権を掌握すると，軍事力を強化していった。

⑤ イタリアではムッソリーニの独裁政権の中，国内の経済危機から国民の関心をそらそうと，エチオピアを侵略した。

35 ☆

第二次世界大戦は連合国軍と枢軸国軍との戦いであったが，主な枢軸国の組み合わせとして正しいものはどれか。

① イギリス　フランス　アメリカ
② アメリカ　ドイツ　イタリア
③ ドイツ　ソ連　日本
④ ドイツ　イタリア　日本
⑤ イタリア　日本　ソ連

36 ☆☆

第二次世界大戦中に開かれた会談とその参加者の組み合わせとして誤っているものはどれか。

① カサブランカ会談――ローズヴェルト・スターリン
② カイロ会談――――ローズヴェルト・チャーチル・蔣介石
③ ヤルタ会談――――ローズヴェルト・チャーチル・スターリン
④ テヘラン会談―――ローズヴェルト・チャーチル・スターリン

37 ☆☆

東西冷戦時代に関する記述として誤っているものはどれか。

① アメリカのトルーマン大統領は，ギリシアやトルコで共産勢力が拡大するのを阻止するため，ソ連に対して「トルーマン＝ドクトリン」とよばれる封じ込め政策を宣言した。
② アメリカのマーシャル＝プランに対抗して，ソ連はコミンフォルムやコメコンを結成した。
③ ソ連がワルシャワ条約機構を結成すると，アメリカは北大西洋条約機構（NATO）を結成し，西側の軍事力の結束を固めた。
④ 1962年，ソ連のキューバにおけるミサイル基地建設を阻止するため，アメリカ大統領のケネディは海上封鎖を実施した。
⑤ 1989年のマルタ会談においてアメリカのブッシュ大統領とソ連のゴルバチョフ書記長は冷戦の終結を宣言した。

38 ☆☆

戦後の第三世界で活躍した人物と国名，関連事項の組み合わせとして正しいものはどれか。

	人物	国名	関連事項
①	ガンディー	インド	非暴力・不服従
②	ホメイニ	キューバ	キューバ革命
③	スカルノ	インドネシア	平和五原則
④	ナセル	イラン	スエズ戦争（第2次中東戦争）
⑤	ネルー	エジプト	アジア＝アフリカ会議

39 ☆☆

インドの近現代史に関する次の各問いに答えよ。

⑴　次の出来事を年代順に並べたものとして正しいものはどれか。

A．国民会議カルカッタ大会　　B．ローラット法

C．国民会議派ラホール大会　　D．シパーヒーの反乱

①　A－D－C－B

②　D－A－C－B

③　D－B－A－C

④　B－C－D－A

⑤　D－A－B－C

⑵　イギリス植民地政府による塩の専売に反対するため，ガンディーが指導した第2次非暴力・不服従運動を何というか。

40 ☆☆

1990年代におこった次の出来事を年代の古い順に並べかえたとき，3番目にくるものはどれか。

A．パレスチナ暫定自治協定調印

B．マカオの中国への返還

C．地球温暖化防止京都会議

D．包括的核実験禁止条約（CTBT）採択

E．湾岸戦争

41 ☆☆

アメリカ大統領とその在職中の出来事の組み合わせとして正しいものはどれか。

① アイゼンハワー ―――― 朝鮮戦争参戦
② ケネディ ――――――― キューバ危機
③ トルーマン ―――――― ベトナム戦争介入
④ カーター ――――――― INF全廃条約調印
⑤ ニクソン ――――――― 米中国交正常化

42 ☆☆☆

第二次世界大戦後の世界情勢に関する記述として正しいものはどれか。

① 第1回アジア＝アフリカ会議がインドネシアのバンドンで開催され，平和共存などの理念を強く打ち出した平和十原則を採択した。
② バルフォア宣言に基づいてアラブ人がイスラエルを建国すると，それに反発したユダヤ人との間に第1次中東戦争がおこった。
③ ソ連のキューバミサイル基地建設計画が発覚すると，アメリカのニクソン大統領は海上封鎖を行い，一時核戦争の危機に陥った。
④ ベトナムの共産主義化を阻止したいアメリカは，北ベトナムを支援し，南ベトナムを空爆したため，ベトナム戦争が勃発した。
⑤ 中国では大躍進とよばれる権力闘争で，毛沢東らが鄧小平や劉少奇らを追放し実権を握ったが，毛沢東の死後再び鄧小平が復権し，この闘争は終了した。

43 ☆☆

20世紀に各地域でおこった出来事を年代順に並べ替えるとき正しいものはどれか。

① ヨーロッパ：ソ連消滅→EU成立→ベルリンの壁開放
② アメリカ：ニクソン訪中→キューバ危機→トルーマン＝ドクトリン
③ 日本：沖縄復帰→東京オリンピック→日中国交回復
④ 中東：イスラエル建国→スエズ戦争→第4次中東戦争
⑤ 中国：天安門事件→香港返還→プロレタリア文化大革命

44 ☆☆

次の出来事を年代の古い順に並べたとき，3番目となるものはどれか。

① アナーニ事件　② 西安事件　③ ファショダ事件
④ 盧溝橋事件　⑤ ボストン茶会事件

45 ☆☆

次の出来事を年代の古い順に並べたとき，4番目となるものはどれか。

① 日清戦争　② 三十年戦争
③ アメリカ＝スペイン(米西)戦争　④ 百年戦争
⑤ 南アフリカ戦争

46 ☆☆

次の出来事とその指導者の組み合わせのうち正しいものはどれか。

① イギリス(ピューリタン)革命 ―― メアリ2世
② 辛亥革命 ―― 毛沢東
③ ロシア革命 ―― レーニン
④ エジプト革命 ―― サダト
⑤ キューバ革命 ―― ホメイニ

6 中国史

●解答解説P192～194

●傾向と対策

重要度：**C**

歴代王朝の時代整序，諸王朝の政策，文化，日本との関係がよく問われている。また，西洋史との同時代史を問う出題も多い。

対策としては，確実に中国の王朝を時代順に並べかえられるようにしておこう。また，日本との関係（隋・唐・宋・元・明・清）をしっかり押さえておく必要もある。近代・現代も日本との関係がポイントとなるので，戦乱や条約などを正しく理解しておこう。

47 ☆☆

古代中国に関する記述として正しいものはどれか。

① 殷は，封土を諸侯に与えて貢納と軍役の義務を負わせるという封建制度で国を支配した。

② 周は初め，洛邑（洛陽）に都を置いて華北を支配したが，前8世紀に首都洛陽が異民族によって攻略されたので，都を鎬京に移した。

③ 春秋戦国時代には諸子百家とよばれる多くの学派が生まれ，董仲舒や司馬遷らが活躍した。

④ 中国を統一した秦は，貨幣・度量衡・文字を統一し，焚書・坑儒によって言論・思想の統制を図るなど，法治主義に立つ徹底した中央集権政治をおこなった。

48 ☆

中国史上の反乱とそれらがおこった王朝の組み合わせとして正しいものはどれか。

① 黄巾の乱――――元　② 赤眉の乱――秦　③ 黄巣の乱――唐
④ 呉楚七国の乱――後漢　⑤ 紅巾の乱――宋　⑥ 安史の乱――明

49 ☆

中国の各王朝と経済政策・税制の組み合わせとして正しいものはどれか。

① 唐――青苗法　② 宋――一条鞭法　③ 明――租調庸制

④ 清――地丁銀制　⑤ 前漢―両税法

50 ☆☆

中国の各王朝と官吏登用法の組み合わせとして正しいものはどれか。

① 宋―郷挙里選　② 唐―九品中正　③ 隋―科挙　④ 明―殿試

51 ☆☆

中国の清朝末期に関する記述として正しいものはどれか。

① 清朝はアヘン戦争の敗北により，南京条約を結び，天津・南京などの11港開港や外国公使の北京駐在などを承認させられた。

② 洪秀全は「扶清滅洋」を唱えて太平天国を樹立し，一時南京を占領した。

③ 曾国藩や李鴻章によって進められた洋務運動によって，社会・政治制度の抜本的な改革が行われ清朝は勢力を拡大した。

④ 公羊学派の康有為・梁啓超らによる変法運動（変法自強）は，共和政をめざすものだったので，西太后ら保守派による弾圧を受けて失敗した。

⑤ 孫文が組織した興中会など革命諸団体が東京で中国同盟会を設立し，「民族・民権・民生」の三民主義を掲げた。

52 ☆

次の図は，18世紀末から19世紀にイギリス・中国（清）・インドの間でおこなわれた三角貿易を示したものである。図のA～Dに該当する主要な貿易品名の組み合わせとして正しいものはどれか。

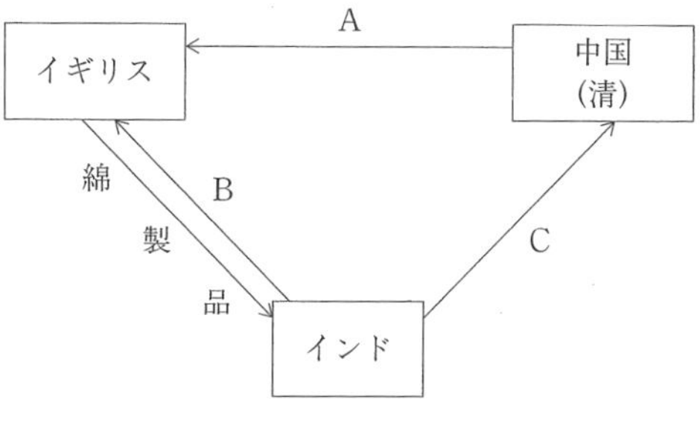

	A	B	C
①	茶	アヘン	綿花
②	アヘン	綿花	茶
③	アヘン	茶	綿花
④	茶	綿花	アヘン
⑤	綿花	アヘン	茶

53 ☆

次の絵は1840年に中国(清)とイギリスとの間で始まった戦争を描いた絵であるが，この戦争名とこの戦争で敗北した中国(清)がイギリスと結んだ条約名を答えよ。

54 ☆

1949年中華人民共和国が成立したが，初代国家主席となった人物は誰か。

① 毛沢東　② 周恩来　③ 蔣介石　④ 鄧小平　⑤ 劉少奇

55 ☆☆☆

朝鮮の歴史に関する次の各問いに答えよ。

(1) 次のうち，前漢の武帝が設置した朝鮮4郡にあたらないものはどれか。

① 真番郡　② 楽浪郡　③ 帯方郡　④ 臨屯郡　⑤ 玄菟郡

(2) 10世紀前半に建国され，世界最古の金属活字が発明されたといわれる国は何か。

(3) 李氏朝鮮でつくられ，現在でも使用されている朝鮮文字を何というか。

(4) 次の出来事を年代の古い順に並べたとき，3番目にくるものはどれか。

① 日朝修好条規の締結　② 韓国併合　③ ハーグ密使事件

④ 甲申政変　⑤ 江華島事件

2

日本史

Open Sesame

1 原始・古代

●解答解説P195～198

●傾向と対策

重要度：C

飛鳥時代，奈良時代を中心に各時代の大まかな流れをつかんでいるかが問われることが多い。文化的事象については，政治的背景と絡めて出題されるケースもしばしばみられる。

対策としては，この時代は細かい年代を覚えるよりも，政治史や宗教史などテーマごとに流れをつかむ方が効率的といえる。また，重要史料にも目を通しておきたい。

1 ☆

次の地名で縄文時代の貝塚・遺跡でないものはどれか。

① 大森　② 加曽利　③ 唐古　④ 鳥浜　⑤ 津雲

2 ☆☆

弥生時代に関する記述として誤っているものはどれか。

① 石包丁を使って稲の穂首を刈り取って収穫した。
② 環濠で囲まれた中に集落をつくることが多かった。
③ 土器は壺・甕・高杯などの器形のものがつくられた。
④ 繊維を編む技術に加えて布を織る技術もみられるようになった。
⑤ 人が死んだ場合は屈葬にして共同墓地に埋葬した。

3 ☆☆

4世紀の日本と中国王朝との外交関係に関する記述として正しいものはどれか。

① 後漢の光武帝に朝貢し「漢委奴国王」の称号と印綬を贈られた。
② 中国の史料には全く登場せず，空白の1世紀半といわれる時期に当たる。
③ 朝鮮半島で勢力をもつ新羅を倒すため唐に積極的に使者を送った。
④ 邪馬台国の卑弥呼が魏に使者を送って「親魏倭王」の称号を受けた。
⑤ 倭の五王が朝貢を行い，特に倭王武は宋に上表文を出した。

4 ☆☆

古墳時代に関する記述として正しいものはどれか。

① 古墳は円墳・方墳・前方後円墳の順で築造されるようになった。

② 古墳の埋葬施設は，粘土槨・横穴式石室・竪穴式石室の順で発達した。

③ 古墳は飛鳥期・白鳳期にも築造されていた。

④ それまでの素焼の須恵器はなくなり，窯で焼かれる土師器が使われた。

⑤ 副葬品は，前期は武器・馬具が中心で後期は碧玉製の腕輪形宝器が多くなった。

5 ☆

次の史料が掲載されている中国の史書として正しいものはどれか。

「東は毛人を征すること五十五国，西は衆夷を服すること六十六国，渡りて海北を平ぐること九十五国」

① 「魏志」倭人伝

② 『漢書』地理志

③ 『隋書』倭国伝

④ 『後漢書』東夷伝

⑤ 『宋書』倭国伝

6 ☆☆☆

我が国で発見された古墳や遺跡に関する記述として正しいものはどれか。

① 大阪府にある大仙陵古墳（仁徳天皇陵）は，百舌鳥古墳群の中心的存在で，同じく府内にある誉田御廟山古墳（応神天皇陵）に次ぐ規模の前方後円墳である。

② 埼玉県の稲荷山古墳から出土した鉄剣にみられる「獲加多支鹵大王」は，安康天皇に比定される倭王武を指すものと解されている。

③ 1949年，群馬県の岩宿遺跡の調査により完新世に堆積した関東ローム層から磨製石器が確認され，日本新石器文化解明の端緒となった。

④ 青森市の三内丸山遺跡は，縄文中期の高地性集落の跡で，1992年から発掘が進められ，94年までに多数の住居・建物の存在が判明した。

⑤ 佐賀県の吉野ヶ里遺跡は，日本屈指の大環濠集落で，集落を囲む濠は内外二重の構造をもっている。

7 ☆

次の文の空欄Ａ～Ｄに適する語句を答えよ。

聖徳太子（厩戸王）は，推古天皇の（　Ａ　）として政治を行い，物部守屋を滅ぼした（　Ｂ　）とともに中央集権国家化に向けて諸政策を推し進めた。また，小野妹子らを（　Ｃ　）に派遣するなど，大陸文化の受容にも力を入れ，彼らのもたらす文物は，（　Ｄ　）文化の形成に大いに寄与した。

8 ☆☆

聖徳太子（厩戸王）に関するア～オの記述のうち正しいものはいくつあるか。

ア．聖徳太子は冠位十二階（の制）を定めることによって，世襲化による氏姓制度の弊害の除去と有能な人材の登用を図った。

イ．聖徳太子は天皇中心の律令国家の推進を図るため，十七条の憲法を制定するなど法制度を整備した。

ウ．聖徳太子は隋との対等外交を目指して遣隋使を派遣し，隋より帰国した高向玄理や僧旻を政治顧問とした。

エ．聖徳太子は仏教興隆をかかげ，斑鳩地方に法隆寺を建立するとともに，経典の注釈書である『三経義疏』を著した。

オ．聖徳太子は蘇我馬子と協力して『帝紀』『旧辞』を編纂し，天皇家の正統性を強調した。

①　1つ　　②　2つ　　③　3つ　　④　4つ　　⑤　5つ

9 ☆

次の文章の空欄Ａ～Ｄに適する語句を答えよ。同じ記号には同じ語句が入る。

645年中臣鎌足と（　Ａ　）は中央集権国家体制を打ちたてようと，蘇我蝦夷・入鹿父子を滅ぼした。668年（　Ａ　）は即位して（　Ｂ　）となった。672年（　Ｂ　）の皇位継承をめぐって，子の大友皇子と弟の大海人皇子が対立して，（　Ｃ　）がおこった。大海人皇子が勝利し，飛鳥浄御原宮で即位し天武天皇となった。

文武天皇治下の701年，刑部親王・藤原不比等らにより（　Ｄ　）が編集され，律令制度による政治のしくみもほぼ整った。

10 ☆☆

班田収授に関する記述として正しいものはどれか。

① 良民も賤民も同じだけの口分田が支給されたが，実際に賤民が所有することはなかった。

② 男が1に対して女は3分の1の割合で口分田が支給され，この比率は良民でも賤民でも変わらなかった。

③ 戸籍は毎年つくられたが，班田の支給や収公は6年ごとであった。

④ 口分田ははじめ本人が死んだらすぐに収公されたが，後に三代まで引きついでから収公するようになった。

⑤ 口分田にかけられた税は段あたり2束2把で，これは収穫量のおよそ3％程であった。

11 ☆☆☆

律令の課役に関する記述として正しいものはどれか。

① 出挙は本来飢饉に備えて稲を蓄える制度で，富裕な農民から出されるものであったが，税化してあらゆる農民に課せられた。

② 庸は歳役の代わりに布を，調は絹・綿・糸などその土地での産物を納めさせるもので中央の財源とした。

③ 租を各地方から都へ運搬する人夫役として運脚があり，農民の大きな負担となった。

④ 国司の権限で課せられる60日の雑徭のうち，10日間は都に上って歳役として働かねばならなかった。

⑤ 軍団の兵士には，富裕な農民の正丁の中から体力的に優れた健児を選んでつかせた。

12 ☆

次の文の空欄A～Dに適する語句を答えよ。

740年に生じた藤原広嗣の乱に代表される政治的混乱や，飢饉・疫病などの社会不安のもと，（　A　）天皇は，仏教のもつ（　B　）の思想により国家の安定を図ろうとし，741年（　C　）を出して，諸国に国分寺・国分尼寺を造らせることにした。その後，743年には近江の紫香楽宮で（　D　）を出した。

13 ☆☆

奈良時代に関する記述として正しいものはどれか。

① 藤原氏は皇室と外戚関係を結んで勢力を伸ばし，摂政・関白となって政権を掌握した。

② 皇族と藤原氏との政争が相次いだため，聖武天皇は仏教の鎮護国家の思想をとり，僧の道鏡を寵愛した。

③ 大和政権以来の公地公民制は口分田の不足から維持できなくなり，荘園制が土地政策の基本方針となった。

④ 充実した国力を背景として，蝦夷や隼人への侵攻が行われ，国内統一が図られた。

⑤ 天平文化は，遣唐使の派遣が中止されたために，豪奢な建築物を特色とする日本風の文化であった。

14 ☆

次のア～オは平安時代に関する記述である。正しいものの組み合わせはどれか。

ア．794年桓武天皇は仏教の政治介入がみられたことから，律令政治の再建と天皇権力の強化を目的に奈良に遷都した。

イ．894年菅原道真は唐の勢力が衰退していることや航路の危険性を理由に遣唐使の派遣中止を建議した。なお，菅原道真は藤原時平の陰謀により大宰府に左遷された。

ウ．1001年頃清少納言は国風文化を象徴するかな文字を用いて『竹取物語』を書いた。紫式部の『源氏物語』とともに国文学で最高の傑作とされている。

エ．806年唐から帰国した空海（弘法大師）は高野山に金剛峰寺を建てて真言宗をひらいた。また，空海は庶民の教育機関として綜芸種智院を創設した。

オ．797年坂上田村麻呂は征夷大将軍に任命された。田村麻呂は蝦夷の族長，阿弖流為を降伏させ802年胆沢地方に胆沢城を築き朝廷の支配範囲を拡大した。

① ア，ウ，エ　② イ，エ，オ　③ ウ，エ，オ
④ ア，イ，オ　⑤ イ，ウ，エ

15 ☆

次の文章の空欄A～Dに適する語句を答えよ。

摂政・関白が政権の最高の座にあった10世紀後半から11世紀頃の政治を，（　A　）とよぶ。それらの地位は藤原氏が独占したが，特に11世紀前半の（　B　）と，その子で，宇治に（　C　）を建立したことでも知られる（　D　）の約60年間がその全盛期といわれる。

16 ☆

古代におこったア～エの事件の年代順として正しいものはどれか。

ア．左大臣源高明が源満仲に密告されて大宰府に左遷されたのが，安和の変である。

イ．藤原広嗣の乱は，橘諸兄政権のもとで大宰府に左遷されていた藤原広嗣が，玄昉・吉備真備の排斥を要求しておこした反乱である。

ウ．源義家が奥羽の豪族清原氏の内紛で藤原清衡を助けて戦ったのが，後三年の役である。

エ．壬申の乱は，大海人皇子が近江朝の大友皇子を破って天皇即位を勝ちとった事件である。

①　ア→エ→ウ→イ　　②　イ→エ→ア→ウ　　③　ウ→エ→イ→ア

④　エ→ア→ウ→イ　　⑤　エ→イ→ア→ウ

17 ☆☆

次の仏教文化の説明と（　　　）内の文化名が一致しているものはどれか。

①　国分寺や東大寺のように国家の大事業として造寺が行われ，仏像も塑像や乾漆像が好んでつくられ，多くの文化遺産を残す。（飛鳥文化）

②　法隆寺がこの時期を代表し，中国の南北朝時代の影響が強く，鞍作鳥により金銅像の仏像がつくられた。（白鳳文化）

③　末法思想の流布により浄土教が盛んとなって，貴族により阿弥陀堂が建立され，寄木造の阿弥陀仏像がつくられたりした。（天平文化）

④　密教が盛んとなり天台・真言両宗が貴族の信仰を受けて繁栄する。寺院は山中に多く，一木造の仏像が好んでつくられた。（弘仁・貞観文化）

⑤　薬師寺がこの時期を代表し，律令国家建設期の躍動がみられ，寺院の官立化や鎮護国家的仏教の色彩が出はじめる。（国風文化）

2 中世

●解答解説P198～201

●傾向と対策　　重要度：B

鎌倉時代では，幕府機構，元寇，新仏教が，室町時代では，土一揆，応仁の乱，文化（北山文化，東山文化）が頻出である。

対策としては，鎌倉時代では，幕府成立直後の動向と執権政治の流れや新仏教の特徴を表にまとめて把握しよう。室町時代については，室町文化に該当する事物を写真など活用して理解するとよい。

18 ☆

次の文章の空欄Ａ～Ｄに適する語句を下の語群から選べ。

崇徳上皇と後白河天皇の対立に端を発した（　Ａ　）で，ともに天皇側についた平清盛と源義朝は，乱後，敵対することとなり（　Ｂ　）がおこった。これに勝利した平清盛の地位と権力は急速に高まり，1167年武士で初めて（　Ｃ　）にまで昇った。平氏政権は荘園・知行国制など，公家政治の性格を色濃く残す一方で，（　Ｄ　）との貿易を積極的に行うといった漸新さも合わせ持っていた。

【語群】
保元の乱　　承平・天慶の乱　　平治の乱
征夷大将軍　　太政大臣　　宋　　元　　明

19 ☆

承久の乱後，初代六波羅探題となり，執権就任後には御成敗式目（貞永式目）を制定した人物を次の中から選べ。

①　北条義時　　②　北条時政　　③　北条泰時　　④　北条時宗
⑤　北条時頼

20 ☆☆☆

鎌倉幕府に関する記述として正しいものはどれか。

① 執権の北条泰時が制定した御成敗式目（貞永式目）は，従来の律令制を否定するとともに朝廷をも支配することがその目的であった。

② 3代将軍源実朝の暗殺後は将軍はおかれず，執権の北条氏を中心とする，御家人の連合体制が確立した。

③ 元の皇帝チンギス＝ハンは日本に服属を求めたが，執権北条義時はこれを拒否したため，2度にわたって元軍の襲撃をうけることとなった。

④ 壇の浦の戦いで平氏一門が滅亡すると源頼朝は征夷大将軍に任ぜられ，新たに侍所・政所・問注所を設置して武家による鎌倉幕府を開いた。

⑤ 後鳥羽上皇は幕府打倒と朝廷権力の強化につとめたが承久の乱で敗れ，それ以降は幕府による朝廷への影響力が強まった。

21 ☆☆

次の文章の空欄Ａ～Ｄに適する語句を正しく組み合わせているものを選べ。

元の初代皇帝となった（　Ａ　）は度々日本に対して朝貢を迫ってきたが，時の執権（　Ｂ　）はこれを拒否した。このため元は1274年，1281年の2度にわたって日本に襲来したがいずれも失敗に終わった。この2度の襲来はそれぞれ（　Ｃ　）・（　Ｄ　）とよばれている。

	Ａ	Ｂ	Ｃ	Ｄ
①	チンギス＝ハン	北条時宗	文永の役	慶長の役
②	フビライ＝ハン	北条時政	文禄の役	弘安の役
③	チンギス＝ハン	北条時頼	弘安の役	文永の役
④	フビライ＝ハン	北条時宗	文永の役	弘安の役
⑤	チンギス＝ハン	北条時頼	文禄の役	慶長の役

22 ☆

鎌倉仏教の組み合わせとして誤っているものはどれか。

① 浄土宗 ——— 法然 —— 称名念仏 ———『選択本願念仏集』

② 日蓮宗 ——— 日蓮 —— 題目 —————『立正安国論』

③ 浄土真宗 —— 親鸞 —— 悪人正機説 ——『教行信証』

④ 曹洞宗 ——— 道元 —— 只管打坐 ———『正法眼蔵』

⑤ 臨済宗 ——— 一遍 —— 踊念仏 ————『興禅護国論』

23 ☆☆

鎌倉時代には新しい仏教が登場した。次のA～Eの人物と，その説明として正しい組み合わせのものはどれか。

A．法然　B．栄西　C．親鸞　D．道元　E．日蓮

ア．念仏を唱えながら全国を遊行し，踊念仏をすすめた。

イ．称名念仏を説き，「南無阿弥陀仏」と唱えるだけで往生できるとした。

ウ．坐禅そのものが仏法であるとし，只管打坐を重視した。

エ．坐禅の際に公案を解決して悟りに達するとし，幕府の保護をうけた。

オ．農民の惣的結合を講として組織し，御文を通してその教理を平易に説いた。

カ．法華至上主義の立場をとり，辻説法で他宗を激しく非難した。

キ．悪人こそ往生できるとする悪人正機説を説いて，農民に広く普及した。

	A	B	C	D	E
①	ア	エ	キ	カ	ウ
②	ア	イ	エ	カ	オ
③	イ	ウ	ア	キ	カ
④	イ	エ	キ	ウ	カ
⑤	イ	エ	ア	オ	キ

24 ☆

次の文章の空欄A～Dに適する語句を答えよ。同じ記号には同じ語句が入る。

1333年後醍醐天皇の呼びかけに応じ，楠木正成の挙兵，（　A　）・新田義貞らの蜂起により鎌倉幕府は滅亡した。

後醍醐天皇は1334年，年号を改め，公家と武家の統一を目指した天皇中心の政治を開始した。これが（　B　）である。しかし，実際には公家中心の政治で

あり人々の不満が高まったことから，（　A　）が挙兵し京都（北朝）に別の天皇を立てると後醍醐天皇は吉野（南朝）に逃れ，（　B　）はわずか3年ほどで終わった。後醍醐天皇は吉野の南朝で皇位の正当性を主張したため，ここに北朝と南朝の2つの朝廷が並立する南北朝時代が到来した。

南北朝の動乱も（　C　）が将軍になる頃には次第におさまり，1392年（　C　）は南朝側と交渉して南北朝の合体を実現し，内乱に終止符を打つことに成功した。

また，（　C　）は1404年，中国との貿易を始めた。この貿易を（　D　）という。日本の貿易船は倭寇と区別するため勘合とよばれる証票を持参することが義務付けられた。このことから，（　D　）を勘合貿易ともいう。

25 ☆

室町時代に水墨画を大成したことで知られる人物を次の中から選べ。

①　狩野正信　　②　雪舟　　③　村田珠光　　④　一条兼良　　⑤　宗祇

26 ☆☆

次の史料は室町時代におこったあるできごとに関するものである。これより後におこったできごとの正しい組み合わせを選べ。

正長元年九月　日、一天下の土民蜂起す。徳政と号し、酒屋、土倉、寺院等を破却せしめ、雑物等恣にこれを取り、借銭等悉くこれを破る。管領これを成敗す。凡そ亡国の基、これに過ぐべからず。日本開白以来、土民蜂起是れ初めなり。　　　　（『大乗院日記目録』）

ア．加賀の一向宗門徒が国人と手を結び，守護富樫政親を倒した。

イ．足利義満が守護大名山名氏清を敗死させた。

ウ．細川勝元と山名持豊の対立に将軍継嗣争いなどがからみ，大乱が勃発した。

エ．半世紀に及んだ南北朝の対立が終焉を迎えた。

オ．明と勘合による朝貢貿易が開始された。

①　ア・イ　　②　ア・ウ　　③　イ・エ　　④　ウ・オ　　⑤　エ・オ

27 ☆

次のア～クは鎌倉時代から室町時代までの文化的事業である。このうち室町時代だけの事象はどれか。

ア．世阿弥が『風姿花伝』を著した。

イ．雪舟が水墨画を大成した。

ウ．上杉憲実が足利学校を再興した。

エ．蘭渓道隆を南宋から迎えて建長寺を建てた。

オ．狩野正信・元信が狩野派を確立した。

カ．一遍が踊念仏を広げた。

キ．後鳥羽上皇が藤原定家に命じて『新古今和歌集』を編集させた。

ク．吉田兼好の『徒然草』や鴨長明の『方丈記』が書かれた。

28 ☆

鎌倉・室町文化について，人物と業績の正しい組み合わせを選べ。

① 運慶――――東大寺南大門金剛力士像

② 一遍――――浄土宗

③ 世阿弥―――正風連歌

④ 宗祇――――能楽

⑤ 足利義政――金閣

29 ☆☆☆

中世における人々の暮らしに関する記述として正しいものを選べ。

① 鎌倉時代には，同じ耕地を表作に米，裏作に麦と年2回耕作する二毛作が，東日本を中心に普及した。

② 月に数回，一定の日に市が開かれるようになり，特に鎌倉時代には月に六回開かれる六斎市が一般化した。

③ 貨幣経済の進展は金融の需要を促し，室町時代には借上という金融機関が生まれた。

④ 応仁の乱の戦火は荘園の内部構造にも影響を与え，惣とよばれる農民の自治的組織が生まれた。

⑤ 粗悪な私鋳銭と良銭を選別する撰銭が横行したため，室町幕府はしばしば撰銭令を発した。

3 近世

●解答解説P201～204

●傾向と対策

重要度：**A**

鉄砲伝来，キリスト教伝来，織豊政権，江戸幕府の組織，幕政三大改革，幕末政治史，及び文化（特に教育史，国学）からの出題が多い。日本史の中で最も出題数が多い時代といっても過言ではない。

対策としては，鉄砲・キリスト教伝来について，絵や地図を活用して理解し，信長・秀吉の政治は表などで両者を比較してマスターするようにしよう。三大改革や文化史も図表を使うと無駄なく効果的に学習できるだろう。

30 ☆

1543年ポルトガル人によって我が国に鉄砲が伝えられた。以下の問いに答えよ。

(1) このときポルトガル人が漂着した場所を地図中の①～③の中から選べ。

(2) 織田信長が鉄砲を効果的に用いて武田勝頼軍を破った戦いを選べ。

① 姉川の戦い　② 桶狭間の戦い　③ 長篠合戦
④ 山崎の戦い

31 ☆

次の文の空欄に適する語句を選べ。

織田信長は近江に壮大な（　　　）を築き，城下町に楽市令を発して商工業者を保護した。

① 清洲城　② 安土城　③ 伏見城　④ 姫路城

32 ☆

豊臣秀吉の行ったものではないものを選べ。

① 刀狩　② 一国一城令　③ 太閤検地　④ 人掃令
⑤ バテレン追放令

33 ☆

次の文章の空欄A～Dに適する語句を答えよ。同じ記号には同じ語句が入る。

桃山文化を象徴するのが城郭建築である。この時代の城郭は平地に造られ，重層の（　A　）をもつ本丸をはじめ，石垣が築かれ，土塁や濠で囲まれた複数の郭をもつようになった。城の内部には（　B　）をとり入れた居館が設けられた。（　B　）は室町時代の慈照寺東求堂同仁斎に用いられている。

障壁画としては，「唐獅子図屏風」を描いた（　C　）がその門人とともに多くの作品を残した。

京都・大坂・堺・博多などの都市で活動する富裕な町衆も，この時代の文化の担い手となった。堺の（　D　）は，茶の湯の儀礼を定め，茶道を完成させた。

34 ☆☆

江戸幕府の政策に関する説明のうち，誤っているものを選べ。

① 武家諸法度は江戸幕府の大名に対する根本法典であり，3代将軍家光の寛永令を初めとし，違反者は厳罰に処せられた。
② 禁中並公家諸法度は朝廷・公家の統制法で，天皇の学問専念や公家の席次などを規定していた。
③ 参勤交代は3代将軍家光が制度化したもので，これにより大名は江戸と国元を1年交代で往来し，妻子は江戸に住まわされた。
④ 五人組は五戸を基準として村民を編制した組織で，村民は年貢納入や治安維持などで連帯責任を負った。
⑤ 田畑永代売買の禁止令は，農民の経営を安定させ，年貢の徴収を確実にするために出された。

35 ☆☆

江戸幕府の法令の抄録と法令の組み合わせとして正しいものはどれか。

ア．一　奉書船の外、日本人異国へ遣し申すまじく候。
　　一　伴天連訴人ほうびの事。
　　一　異国舟につみ来り候白糸、直段を立て候て、のこらず五ヵ所へ割符仕るべき事。

イ．一　天子諸芸能の事、第一御学問なり。
　　一　摂家たりと雖も、その器用無き者は三公･摂関に任ぜらるるべからず、況んやその外をや。

ウ．朱学の儀は、慶長以来御代々御信用の御事にて、已に其方家代々右学風維持の事仰せ付け置かれ候儀に候えば、油断無く正学相励み、門人共取立申すべきはずに候。

エ．一　大名、小名、在江戸交替相定むる所也。毎歳夏四月中参勤致すべし。
　　一　新儀の城郭構営堅く之を禁止す。
　　一　五百石以上の船、停止の事。

①　ア――異国船打払令
②　イ――公事方御定書
③　ウ――バテレン追放令
④　エ――武家諸法度

36 ☆☆

徳川家光の時代の政策に関する記述として誤っているものはどれか。

①　大名の江戸在府と国元在住の期間を定めた参勤交代を寛永の武家諸法度で制度として確立した。
②　農民統制の基本政策である田畑永代売買の禁令を出して，年貢徴収の基盤となる本百姓の解体を防止した。
③　キリスト教の禁教政策を徹底させるため日本人の海外渡航及び帰国の禁止を行って鎖国体制を築いた。
④　寛永通宝の発行により，それまで中国貨幣等を使用して不統一であった銅貨を統一して，貨幣制度を確立した。
⑤　御成敗式目（貞永式目）や公事方御定書などの法典を整備し，公正な裁判基準を幕府の役人たちに示した。

37 ☆

元禄文化について，人物と作品の組み合わせとして誤っているものを選べ。

① 菱川師宣――――「見返り美人図」
② 尾形光琳――――「紅白梅図屛風」
③ 井原西鶴――――『世間胸算用』
④ 近松門左衛門――『日本永代蔵』
⑤ 松尾芭蕉――――『奥の細道』

38 ☆☆

次の文章の空欄Ａ～Ｅに適する語句を答えよ。

江戸幕府は当初海外渡航しようとする商人に朱印状を与えて貿易を奨励した。このような貿易を（　Ａ　）貿易という。しかし幕府はその後キリスト教禁止の徹底・貿易の利益の独占を目的に貿易統制の方針に転じた。1641年には平戸のオランダ商館を長崎の（　Ｂ　）に移して，いわゆる（　Ｃ　）が完成した。以後，日本は200年余りの間，オランダ・（　Ｄ　）・（　Ｅ　）・琉球王国以外の諸国との交渉を閉ざすこととなった。

39 ☆☆

三大改革の政策を享保・寛政・天保の順に正しく示してあるものはどれか。

① 足高の制―――囲米―――――上知令
② 相対済し令――上げ米――――公事方御定書
③ 人足寄場―――人返しの法――目安箱
④ 七分積金―――定免法――――長崎新令
⑤ 棄捐令――――株仲間解散――異学の禁

40 ☆

次の人物に関係の深いものを選べ。

水野忠邦

① 正徳の政治　② 享保の改革　③ 寛政の改革　④ 天保の改革

41 ☆☆

次の狂歌は江戸時代のある改革を皮肉って詠まれたものである。その改革で行われた政策を選べ。

白河の清き魚のすみかねて　もとの濁りの田沼こひしき

①　足高の制　　②　上げ米　　③　棄捐令　　④　人返しの法

42 ☆☆☆

江戸時代の政治に関する記述として正しいものはどれか。

①　新井白石は，国書において将軍のことを国王と称していたのを，これが朝鮮の王子を指す語であることから大君と改めさせた。

②　徳川吉宗は，評定所の前に目安箱を設けて，庶民の意見を投書させ，その投書によって，江戸の石川島に養生所を設けたりした。

③　田沼意次は，貨幣の流通の円滑化を図るために，南鐐弐朱銀を創設し，計数貨幣だった銀貨を秤量貨幣としようとした。

④　松平定信は，政治を批判する出版物などを取り締まり，林子平の『海国兵談』の版木を没収したり，洒落本作者の山東京伝を手鎖50日の刑に処したりした。

⑤　水野忠邦は，幕府の収入増加と権力の強化をねらって，上知令を出し，江戸・大坂周辺の大名・旗本領を直轄領とすることに成功した。

43 ☆

江戸時代に設立された私塾とその設立者の組み合わせとして誤っているものをア～オの中から選べ。

	ア	イ	ウ	エ	オ
私塾	適塾	鳴滝塾	古義堂	松下村塾	鈴屋
設立者	緒方洪庵	シーボルト	大槻玄沢	吉田松陰	本居宣長

44 ☆☆

江戸時代末期の我が国の状況に関する記述として誤っているものを選べ。

① 1853年，アメリカの東インド艦隊司令長官のペリーが4隻の軍艦を率いて浦賀に入港し，開国を要求した。

② 1858年，大老井伊直弼が勅許を得ずにアメリカのハリスとの間で日米修好通商条約に調印した。

③ 1862年，薩摩藩の島津久光一行が江戸からの帰途，横浜の生麦でイギリス人を殺傷した。

④ 1864年，ロシア・フランス・アメリカ・オランダの四国連合艦隊が下関を砲撃し，下関の砲台などを占領した。

⑤ 1867年，15代将軍徳川慶喜は土佐藩の建白を受け入れ，大政奉還を行った。

45 ☆

化政文化に関する次の文章の空欄Ａ～Ｄに適する人物名を答えよ。

文学は身近な政治や社会のできごとが題材とされた。文化期には庶民の生活を描いた滑稽本が盛んになり，（　Ａ　）が現れ『東海道中膝栗毛』を著した。寛政期以降江戸で人気を博した読本では（　Ｂ　）が出て，『南総里見八犬伝』を著した。絵画は浮世絵が中心で，多色刷の錦絵が発明されると，隆盛をきわめた。美人画では（　Ｃ　）が描いた「ポッピンを吹く女」，風景画では（　Ｄ　）が描いた「富嶽三十六景」などが有名である。

46 ☆

化政文化について，人物と作品などの組み合わせとして誤っているものを選べ。

① 本居宣長 ――――――『万葉考』

② 高野長英 ――――――『戊戌夢物語』

③ 塙保己一 ――――――『群書類従』

④ 前野良沢・杉田玄白 ――『解体新書』

⑤ 伊能忠敬 ――――――「大日本沿海輿地全図」

47 ☆

次のア～オは，江戸時代の文化に関する記述である。このうち元禄文化に関するものの組み合わせとして正しいものはどれか。

ア．松尾芭蕉は，遊戯に流れがちな俳諧に満足できず，幽玄閑寂をむねとする蕉風(正風)俳諧を確立した。

イ．茶道の発達に伴い，茶室建築や数奇屋造が盛んになり，その庭園も築造された。代表的なものとして桂離宮がある。

ウ．町人生活を基盤に，町人の自己卑下と権威に対する抵抗を含んだ戯作文学が成立し，黄表紙，洒落本に続いて人情本が流行した。

エ．歌舞伎が著しい発展を示し，劇場の客席には花道が設けられ，上方で坂田藤十郎，江戸では市川団十郎が活躍した。

オ．菱川師宣が庶民の日常生活を，庶民の眼と感覚をもってとらえ，庶民芸術としての浮世絵を大成した。

① ア，ウ，オ　② イ，エ，オ　③ ア，ウ，エ
④ ア，エ，オ　⑤ イ，ウ，エ

48 ☆

江戸時代の人物の業績に関する記述として正しいものを選べ。

① 平賀源内は，我が国最初の蘭日辞書を作成した。
② 間宮林蔵は，樺太を探査し，島であることを確認した。
③ シーボルトは，長崎に医学塾・懐徳堂を開いた。
④ 中江藤樹は，心学を広め商人の地位向上を説いた。
⑤ 安藤昌益は，朱子学から陽明学に転じ，日本陽明学の祖といわれる。

49 ☆☆

次のア～エのできごとについて，年代順に正しく並んでいるものを選べ。

ア．安政の大獄　イ．正徳の政治　ウ．島原・天草一揆
エ．享保の改革

① ウ→ア→エ→イ　② イ→エ→ウ→ア　③ ア→ウ→エ→イ
④ ウ→イ→エ→ア　⑤ エ→イ→ア→ウ

4 近代・現代

●解答解説P204～209

●傾向と対策

重要度：A

明治新政府の改革，日清・日露戦争，第二次世界大戦，戦後の政治・経済史が頻出である。広範囲にわたって出題がみられており，日本史の中では学習しづらい分野である。

対策として，頻出事項については，確実に理解する必要があるが，それ以外の事項については，細かく問われることが比較的少ないため，おおまかな時代の流れをつかめるよう参考書等をくり返し読んでおこう。

50 ☆☆

明治維新後の日本政府の政策に関する記述として誤っているものを選べ。

① 庶民に対し五榜の掲示を出して，徒党・強訴やキリスト教の信仰を禁止した。

② 廃藩置県を行い，藩を廃止して地方を府・県に区分し，中央から府知事・県令を派遣することとした。

③ 身分制度が廃止されたものの，平民の華・士族との婚姻は認められなかった。

④ 徴兵令が出され，士族・平民の別なく，満20歳に達した男子は原則として3年間の兵役に就くこととなった。

⑤ 地租改正により，課税の基準は収穫高から地価に改められ，税の納入方法も物納から金納に変わった。

51 ☆

次の文の空欄に適する人物名を答えよ。

明治維新の立役者であるいわゆる維新の三傑のうち，不平士族を率いて政府に対し反乱をおこしたのは（　　　）である。

52 ☆☆

次の文の空欄A～Dに当てはまる語句を答えよ。

1874年，板垣退助は（　A　）を左院に提出し，藩閥政治を批判した。これが自由民権運動の口火を切ったが，政府は治安立法で運動を厳しく弾圧した。しかしその後，開拓使官有物払下げ問題が明るみになるに及んで政府は（　B　）を出した。民権派からは国会開設に備えて政党結成の動きが生まれ，板垣退助が（　C　）を，大隈重信が（　D　）を結成した。

53 ☆☆

次は条約改正に関する記述である。A～Eに当てはまる語句の組み合わせとして正しいものはどれか。

幕末に結んだ不平等条約の改正は，明治政府の重要な課題であった。外務卿寺島宗則はアメリカとの間で（　A　）回復の新条約に調印したが，（　B　）などの反対で無効となった。後任の（　C　）は外国人判事任用問題で各方面から反対を受け，外相を辞任した。続いて外務大臣（　D　）の案も大審院に外国人判事を任用するもので猛反対をうけ失敗した。結局，外務大臣陸奥宗光の時，対ロシア関係の悪化から日本に接近した（　B　）の承認により，1894年（　E　）を回復し，1911年，外務大臣小村寿太郎の時，（　A　）の完全回復を実現した。

	A	B	C	D	E
①	税権	フランス	榎本武揚	井上　馨	法権
②	法権	イギリス	榎本武揚	青木周蔵	税権
③	税権	イギリス	井上　馨	大隈重信	法権
④	法権	ド イ ツ	井上　馨	大隈重信	税権
⑤	法権	フランス	加藤高明	青木周蔵	税権

54 ☆☆☆

不平等条約の改正に関する説明と人物の組み合わせとして正しいものはどれか。

ア．関税自主権の回復に活躍した外務大臣で，これを機に日本は欧米と条約上は対等の立場になった。

イ．関税自主権の回復のために各国と個別に交渉し，アメリカとの間には合意を得ることができたが，イギリス・ドイツの反対で失敗に終わった。

ウ．第一次松方正義内閣の外相で，イギリスとの間に法権回復の同意を得ながらも，大津事件で辞任してしまい，条約締結はできなかった。

エ．条約改正のために，大審院に限って外国人判事の任用を認めていたのを「ロンドン・タイムズ」に掲載されて反対運動がおこり，右翼により負傷させられて内閣は総辞職した。

オ．条約改正会議を開いたが，極端な欧化政策のために民権・国権論側からの厳しい批判を受け，中途で挫折した。

A．大隈重信　　B．小村寿太郎　　C．井上　馨

D．青木周蔵　　E．寺島宗則

	ア	イ	ウ	エ	オ
①	B	C	D	E	A
②	B	E	D	A	C
③	E	B	D	A	C
④	B	E	A	D	C
⑤	D	E	B	A	C

55 ☆☆

日清戦争とその後に関する記述として正しいものはどれか。

① 日本は韓国の内政権を掌握した後，韓国併合を行って植民地としたが，これに反対した清国は日本に対し宣戦布告し，日清戦争が始まった。

② 日清戦争は日本の圧倒的な勝利に終わり，日本はアメリカ合衆国の斡旋に従ってポーツマス条約を結び，多額の賠償金や遼東半島・台湾などを獲得した。

③ 清国からの遼東半島の割譲は満州に利害関係のあるロシアを刺激し，ロシアはフランス・ドイツ両国とともに同半島の返還を日本に要求した。

④ 清国から多額の賠償金を得た日本は，この賠償金を基礎に欧米諸国にならって管理通貨制を確立し，従来の金本位制を廃止した。

⑤ 日清戦争の結果，製鉄業を中心に産業革命がおこり，従来の繊維工業が衰退して，新たに重化学工業が日本の中心産業となった。

56 ☆☆

日露戦争前後の国内状況と外交に関する記述として正しいものを選べ。

① 東学の乱を機にロシアは満州を事実上支配したため，日本はイギリスと日英同盟を結び対露強硬方針をとった。

② 日露両国は，フランクリン＝ローズヴェルト米大統領の斡旋によってアメリカのポーツマスで講和条約に調印した。

③ ポーツマス条約では樺太の南半分・遼東半島の租借権の譲渡が決められたが，日朝間の関係には触れられなかった。

④ ロシアが支払う賠償額があまりにも少額であったため，国民は講和条約に不満を爆発させ，日比谷焼き打ち事件がおこった。

⑤ 戦後，日本は韓国（朝鮮）の植民地化を進めたため，韓国では抵抗運動が広がり，1909年には伊藤博文がハルビン駅頭で韓国の青年民族運動家に暗殺された。

57 ☆

国際連盟設立から日中戦争に至るまでのできごとに関する記述として正しいものはどれか。

① 国際連盟――――1920年，アメリカ大統領ウィルソンの提唱で設立された。本部はフランスのパリにおかれ，戦争に訴えることなく各国間の協調を促進しようとしたが，設立当初米・ソなど大国が不参加のためあまり機能しなかった。

② 満州事変――――1931年，日本軍が奉天郊外で鉄道を爆破する盧溝橋事件をおこして開始された。満州全域を占領して翌年，清朝最後の皇帝溥儀を執政として満州国を建国した。

③ 五・一五事件――1932年5月15日，海軍の青年将校が原敬首相を射殺した。これにより大正末以来続いた政党内閣は崩壊し，太平洋戦争後まで復活しなかった。

④ 二・二六事件――1936年2月26日，早朝，北一輝の思想的影響を受けていた陸軍皇道派の一部青年将校が約1400名の兵をひきいて，斎藤実内大臣・高橋是清大蔵大臣・渡辺錠太郎教育総監らを殺害した。

⑤ 日中戦争――――1937年，北京郊外で日中両軍が衝突する柳条湖事件をおこしてから全面戦争に突入し，短期間で南京を占領。1938年の国家総動員法により戦時体制が強化された。

58 ☆☆

第一次世界大戦中の日本の状況に関する記述として誤っているものを選べ。

① 大隈内閣は，東アジアにおける勢力拡大を目指し，日英同盟を理由に連合国側として参戦した。

② 日本は中国の袁世凱政府に二十一カ条の要求をつきつけ，最後通牒を発して要求の大部分を承認させた。

③ 大戦中におこったロシア革命に乗じて，日本は連合国側の一員としてシベリアに出兵したが，大戦後1919年に撤兵した。

④ シベリア出兵をあてこんだ米の投機的買占めによって米価が急騰すると，富山県の漁村の女性の行動をきっかけに，米騒動がおこった。

⑤ 寺内内閣が倒れると，華族でも藩閥出身者でもない立憲政友会の総裁原敬が組閣した。

59 ☆

第二次世界大戦後の日本の外交に関する次の文の空欄に適する語句を答えよ。

1951年，日本は48ヵ国との間で（　A　）に調印して，独立国として主権を回復した。また，これと同じ日，（　B　）に調印して，独立後もアメリカ軍が駐留することが決まった。1956年にはソ連との間で（　C　）に調印し，その結果，日本は（　D　）加盟を果たし，本格的な国際社会への復帰が実現した。

60 ☆

次の各問いに答えよ。

⑴ 次の記述に該当する人物はどれか。

長州藩出身で1882年，ヨーロッパに派遣されベルリン大学のグナイスト，ウイーン大学のシュタインから主としてドイツ（プロイセン）の憲法理論を学び翌年帰国して憲法制定・国会開設の準備を進めた。

① 西郷隆盛　② 大久保利通　③ 板垣退助

④ 伊藤博文　⑤ 坂本龍馬

⑵ 次の記述に該当する人物はどれか。

第一次世界大戦中の1915年，ヨーロッパ諸国が中国問題に介入する余力のないのを利用して中国の袁世凱政府に二十一カ条の要求をつきつけ，最後通牒を発して要求の大部分を承認させた時の内閣総理大臣。

① 西園寺公望　② 大隈重信　③ 陸奥宗光
④ 小村寿太郎　⑤ 近衛文麿

(3) 次の記述に該当する人物はどれか。

米騒動が原因で失脚した寺内正毅内閣にかわり，立憲政友会総裁として，日本で最初の本格的政党内閣を組織した。陸・海・外務の3大臣以外はすべて政友会党員で組織されていた。

① 原　敬　② 加藤高明　③ 桂　太郎
④ 黒田清隆　⑤ 浜口雄幸

61 ☆☆

明治時代のできごとに関する記述として正しいものを選べ。

① 日本は朝鮮で江華島事件をおこした後，朝鮮との間で対等な条約である日朝修好条規を結んだ。
② 薩・長の2藩が人民と土地を返上すると，他藩もこれにならい，版籍奉還が実現した。
③ 江藤新平は鹿児島の私学校生とともに西南戦争をおこしたが，政府軍に鎮圧された。
④ 1890年，第1回衆議院議員総選挙が実施されたが，そのときの選挙権は直接国税15円以上を納める25歳以上の男子に限られていた。
⑤ 下関条約によって日本が遼東半島の割譲をうけると，ロシア，アメリカ，フランスが同半島の清国への返還を勧告してきた。

62 ☆☆

次のＡ～Ｃは，第二次世界大戦後日本が調印した条約等について述べたものである。これらの条約等に調印した内閣総理大臣を語群から選ぶとき，該当しない内閣総理大臣の組み合わせを選べ。

Ａ．1965年，大韓民国との間で日韓基本条約に調印した。
Ｂ．1972年，中国を訪れ，日中共同声明に調印した。
Ｃ．1978年，中華人民共和国との間で日中平和友好条約に調印した。

【語群】ア．吉田　茂　イ．佐藤栄作　ウ．田中角栄
エ．池田勇人　オ．福田赳夫

① ア，イ　② ア，エ　③ イ，オ　④ ウ，エ　⑤ エ，オ

63 ☆

次に挙げるできごとが年代の古い順に正しく並んでいるものを選べ。

A．普通選挙法成立　　B．関税自主権回復　　C．内閣制度発足
D．大日本帝国憲法発布

① A→B→C→D　② B→A→D→C　③ C→D→A→B
④ C→D→B→A　⑤ D→C→A→B

64 ☆☆

日本が関係した条約のうち条約名・全権・事件の組み合わせとして正しいものはどれか。

	条約名	全権	事件
①	下関条約	伊藤博文	日露戦争
②	天津条約	井上　馨	甲申事変
③	ヴェルサイユ条約	加藤友三郎	第一次世界大戦
④	ポーツマス条約	小村寿太郎	日清戦争
⑤	サンフランシスコ平和条約	吉田　茂	第二次世界大戦

65 ☆☆

近・現代における次の事項と関係の深い人物はどれか。

(1) 征韓論
（ア．大村益次郎　イ．板垣退助　ウ．伊藤博文　エ．寺島宗則）

(2) 遣外使節団
（ア．小村寿太郎　イ．岩倉具視　ウ．西郷隆盛　エ．渋沢栄一）

(3) 五・一五事件
（ア．犬養　毅　イ．若槻礼次郎　ウ．高橋是清　エ．斎藤　実）

(4) 普通選挙法
（ア．山本権兵衛　イ．加藤高明　ウ．田中義一　エ．浜口雄幸）

(5) 沖縄返還
（ア．池田勇人　イ．鳩山一郎　ウ．岸　信介　エ．佐藤栄作）

66 ☆☆☆

次のA～Hは，日本の土地制度・租税制度について述べたものである。正しいものの組み合わせはどれか。

A．鎌倉幕府は，将軍と御家人との御恩・奉公の関係で成り立っており，所領に関する訴訟は侍所の担当であった。

B．太閤検地による一地一作人は，従来の複雑な土地支配関係を崩壊させ，荘園を解体させることになった。

C．大化の改新以前の大和政権においては，皇室をはじめとする有力豪族は私有地である屯倉や私有民である子代・名代を自ら支配した。

D．GHQの指令による農地改革以後も地主と小作人との間の争議は絶えず，現在でも農政上の大きな問題となっている。

E．荘園の発展によって摂関家などの権門勢家はその経済基盤を確立したが，一方では国家財政を窮迫させる結果となった。

F．徳川吉宗は享保の改革で，徴税をその年の豊凶に関係なく過去の収穫高に基づいて決める定免法を採用した。

G．地租改正によって，税率は一律地価の3％と定められ，従来の物納から金納となった。

H．律令制の下では班田収授法によって6歳以上の男女に口分田が班給され，租・調・庸はすべての成年男女に課された。

① B，C，D　② C，F，H　③ A，D，E，H
④ B，E，F，G　⑤ A，E，G，H

67 ☆☆☆

日本の商業に関する記述として正しいものはどれか。

① 織田信長は楽市・楽座によって，特権的であった座や市場の独占を廃し，自由な商品取引の拡大・円滑化を図った。

② 平安京には朱雀大路をはさんで東市・西市が設けられ，市司の管理の下で月に3回定期的に市がたった。

③ 江戸時代には流通網の整備が一層進み，商業も活発化した。商業の中心地は大坂であり，金貨による交換経済が成立した。

④　明治時代，新政府と結託した政商が多大な利益をあげた。渋沢栄一の創立した鈴木商店はその後総合商社として発展した。

⑤　江戸幕府は家康以来幕末まで民間商業資本である株仲間を積極的に活用し続けた。江戸の十組問屋のように運上・冥加を上納し，幕府より営業販売の独占を公認され続けたものもある。

68 ☆☆

日本の外交に関する記述として正しいものはどれか。

①　江戸幕府による鎖国政策は将軍徳川家光のときに完成する。以来幕末の開国まで長崎出島においてオランダとの交渉が外交のすべてであった。

②　明治政府にとって最大の外交問題は不平等条約の改正であった。しかし，その解決は第一次世界大戦終結まで待たねばならなかった。

③　古代日本と大陸との交渉は中国の史書から知ることができる。『隋書』倭国伝によると遣隋使・小野妹子を派遣した聖徳太子にも隋の皇帝から金印が贈られたとされている。

④　アメリカ大統領ウィルソンにより提唱された国際連合は世界平和の確保をその目的としており，我が国も常任理事国の一国であった。

⑤　室町時代に行われた日明貿易は足利義満によって始められた。勘合符を用いたため勘合貿易ともよばれ，朝貢形式の貿易であった。

69 ☆☆

次の組み合わせのうち，年代順に正しく並べてあるものを選べ。

①　応仁の乱→承久の乱→大塩の乱

②　白鳳文化→天平文化→弘仁・貞観文化

③　日明貿易→日宋貿易→南蛮貿易

④　上知令──→棄捐令──→相対済し令

70 ☆

歴史上の人物・関係のあるできごと・その時代の3つの組み合わせとして正しいものを選べ。

歴史上の人物　　関係のあるできごと　　時代
① 桓武天皇――――平城京遷都――――――奈良時代
② 法然――――――時宗を開く――――――平安時代
③ 織田信長――――刀狩令を出す―――――安土・桃山時代
④ 徳川綱吉――――生類憐みの令を出す――江戸時代
⑤ 吉野作造――――天皇機関説を唱える――大正時代

71 ☆☆

次の組み合わせのうち，正しいものを選べ。

① 飛鳥文化――正倉院
② 国風文化――『平家物語』
③ 鎌倉文化――薬師寺東塔
④ 室町文化――『新古今和歌集』
⑤ 化政文化――『解体新書』

72 ☆☆

次は日本の外交上のできごとについて，それぞれ関係する国とことがらを組み合わせたものである。これらを古い順に並べたものを選べ。

ア．明――――――勘合符・硫黄
イ．宋――――――大輪田泊・宋銭
ウ．タイ――――朱印状・日本町
エ．元――――――御家人・てつはう
オ．オランダ――長崎・オランダ風説書

① ア→ウ→エ→イ→オ
② イ→ア→ウ→エ→オ
③ イ→エ→ア→ウ→オ
④ ウ→オ→イ→エ→ア
⑤ エ→イ→ア→オ→ウ

73 ☆☆☆

次の文を読んで，後の各問いに答えよ。

鎌倉・室町時代になると，学問に対する関心は貴族や僧侶だけでなく，武士や庶民の間にも広まった。特に，㋐金沢文庫や足利学校は学問を地方に普及させる上で大きな役割を果たした。一方，政治的・経済的に無力となった公家たちにとって，㋑有職故実の研究や古典の注釈的研究は，一種の誇りとなっていた。

江戸時代には，学問の中で儒学，特に㋒朱子学が幕府の保護をうけ大いに興隆した。その中でも林家が幕府に重用され，家康は林羅山を登用し，羅山の孫の林信篤は綱吉に大学頭に任ぜられた。民間においては，木下順庵が学問の空疎化をいましめるとともに，門下から（　エ　）・室鳩巣らを輩出した。

蘭学が形式化していくにつれ，江戸時代中期頃より古典研究から出発し復古主義的思想に基づく㋔国学が発達した。江戸時代は，幕府・諸藩及び民間に広く教育が普及した時代である。幕府の学問所の他に，藩学・私塾・寺子屋など㋕多様な教育機関が多く設立され，そこから数多くの人材を生み出すことになった。

明治政府は，国民教育を近代化政策の一環として重視し，その普及・発展につとめた。しかし，教育の方針や制度は，当初から安定したものではなく，㋖何度か変更がなされた。

(1)　下線部㋐の説明として，正しいものを選べ。

①　金沢文庫を開設したのは，北条時頼である。

②　金沢文庫は加賀国金沢にあり，和漢の書が集められていた。

③　足利学校は，奈良時代すでに成立していた。

④　足利学校は，一時衰えたが上杉憲実により再興された。

⑤　足利学校は，のちに多くの国学者を輩出した。

(2)　下線部㋑の有職故実の研究として，ふさわしくないものを選べ。

①　北畠親房の『職原妙』　②　世阿弥の『風姿花伝』

③　一条兼良の『公事根源』　④　順徳天皇の『禁秘抄』

⑤　後醍醐天皇の『建武年中行事』

(3) 下線部㋒の理由として，正しいものを選べ。

① 天皇の国家統治を否定し，統治権は幕府にあると主張するものであるから。

② 人間の自由をなによりも重視し，その時代の庶民の心をつかむのに適していたから。

③ 上下の秩序を重んずるため，封建支配を合理化することになるから。

④ 歴史的研究により幕府支配の正統性を論証できるから。

⑤ 庶民に人間として生きる道を教えるもので，庶民の幸福な生活に役立つから。

(4) 空欄(　エ　)に当てはまるものを選べ。

① 新井白石　② 中江藤樹　③ 山鹿素行

④ 山崎闇斎　⑤ 貝原益軒

(5) 下線部㋔の説明として，誤っているものを選べ。

① 本居宣長は，古事記に関する最初の完備した研究書『古事記伝』を著した。

② 荷田春満は，契沖から『万葉集』を学び，国学の学校建設を吉宗に建言した。

③ 賀茂真淵は，『万葉集』の研究を中心に行い，『国意考』などを著した。

④ 塙保己一は，『群書類従』を著すとともに昌平坂学問所を設立した。

⑤ 平田篤胤は，復古神道を大成し，彼の説は地方の豪農などに強く支持された。

(6) 下線部㋕に関して，教育機関とその創設者の組み合わせとして，誤っているものを選べ。

① 鳴滝塾－シーボルト　② 適塾－緒方洪庵　③ 懐徳堂－三宅石庵

④ 時習館－細川重賢　⑤ 松下村塾－高杉晋作

(7) 下線部㋖の説明として，正しいものを選べ。

① 1872(明治5)年に出された学制は，フランスの制度を参考にしたものであった。

② 1886(明治19)年には文部大臣新島襄により，帝国大学令などの学校令が出された。

③ 学校令は，当時の自由民権の風潮に従い，生徒の個性・自主性を重視したものであった。

④ 小学校令により義務教育制度が定められたが，明治末期になっても児童の就学率は低かった。

⑤ 1890(明治23)年の教育基本法では忠君愛国が教育の基本となった。

3
地理

Open Sesame

1 人類と地球

●解答解説P210～215

●傾向と対策

重要度：A

時差の計算問題，扇状地やリアス海岸，海岸段丘などの地形，世界・日本の気候，地形図に関する問題が頻出である。基本的な問題が多いことから，中学校で学んだ知識を確認するつもりで，一通り基本事項をおさえておこう。

1 ☆

次の略地図中の①～④の緯線のうち，赤道にあたるものはどれか。

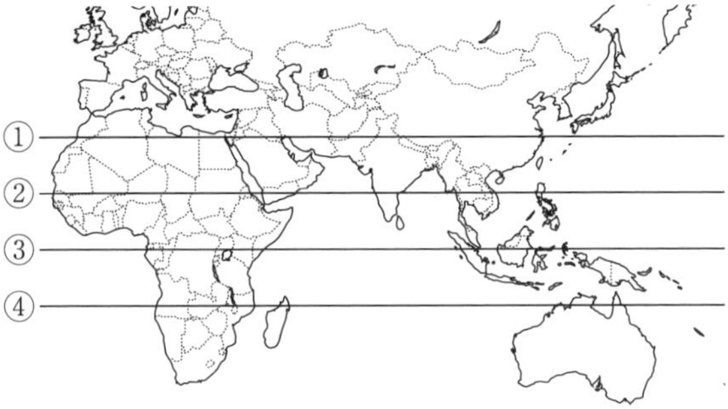

2 ☆

赤道が通過する国の組み合わせとして正しいものを選べ。

① シンガポール，メキシコ　② インドネシア，エクアドル
③ ブラジル，エチオピア　④ コロンビア，インド
⑤ ケニア，チリ

3 ☆☆

地球に関する記述として正しいものを選べ。

① 地球は，南北方向にやや膨らんだ球形である。

② 地球上における陸地と海洋の面積比は6：4で，陸地の面積の方が広い。

③ 太平洋，大西洋，インド洋を三大洋といい，大西洋が最も広い。

④ 赤道に平行な線を経線，北極点と南極点を結ぶ線を緯線という。

⑤ オーストラリアは南半球に位置し,赤道をはさんで日本のほぼ真南にある。

4 ☆

日本は東経135度を標準時子午線とし，ニューヨークは西経75度を標準時子午線としている。日本時間が1月2日午後2時のとき，ニューヨークの現地時間では何月何日の何時か。次から選べ。

① 1月1日午前3時　② 1月1日午後9時　③ 1月2日午前0時

④ 1月2日午前7時　⑤ 1月2日午後11時

5 ☆☆

成田空港を2月1日午後6時に出発して,8時間かかってアンカレジに到着した。そこで2時間待って3時間後にロンドン（本初子午線）に着いた。ロンドンには現地時間の何月何日何時に着いたか答えよ。

6 ☆☆

次の文を読み，各問いに答えよ。

成田発12月20日18時の便が，ロサンゼルスに12月20日の11時に到着した。日本時間が東経135度の標準時で，ロサンゼルスが西経120度の標準時である。

(1) 成田からロサンゼルスまでの実際の飛行時間はどれだけか。

(2) ロサンゼルス到着時にニューヨークに住む友人に電話をした。ニューヨーク時間が西経75度の標準時であるとすれば，ニューヨークは何月何日の何時か。

7 ☆

次の図法の特徴について述べた文として正しいものの組み合わせを選べ。

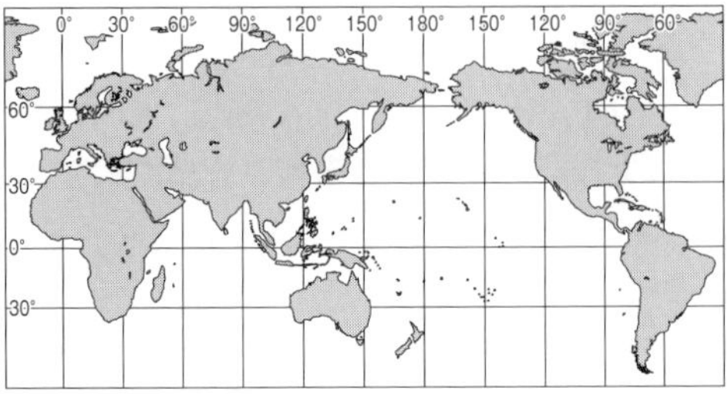

A　国や地域などの形や面積が正しく表されるので，分布図(ドットマップ)に利用されることが多い。

B　等角コースが直線で表されるので，古くから航海図として利用されてきた。

C　地図の中心からの距離と方位が正しく表されるので，航空図に利用されることが多い。

D　高緯度地方ほど，形が大きく表されるという欠点がある。

E　すべての緯線と中央にある経線の長さが正しく表される。

①　A，D　②　B，D　③　B，E　④　C，D　⑤　C，E

8 ☆☆

次の地図を参考に，東京からの距離が近い順に並んでいるものを選べ。

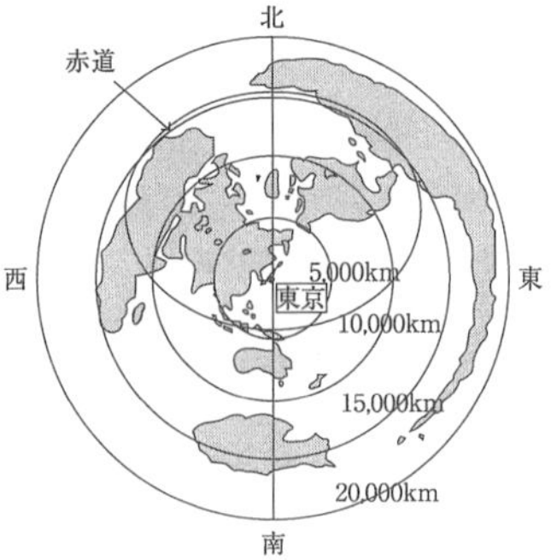

①　北京――ムンバイ――ブエノスアイレス――ヨハネスバーグ――バンコク

②　ムンバイ――北京――ヨハネスバーグ――バンコク――ブエノスアイレス

③　バンコク――北京――ヨハネスバーグ――ブエノスアイレス――ムンバイ

④　北京――バンコク――ムンバイ――ヨハネスバーグ――ブエノスアイレス

⑤　バンコク――北京――ムンバイ――ヨハネスバーグ――ブエノスアイレス

9　☆

世界の国々に関する記述として正しいものを選べ。

①　国土面積が世界最大のロシアは，日本の領土の約26倍の面積をもつ。

②　世界で面積が最も小さい国は，西ヨーロッパにあるモナコ公国である。

③　ブラジルとアルゼンチンの国境にはアンデス山脈が利用されている。

④　タイとラオスの国境にはメコン川が利用されている。

⑤　エジプトとソマリア，スーダンの国境には緯線や経線が利用されている。

10　☆

地形に関する記述として誤っているものを選べ。

①　扇状地とは，河川が山地から平地に出るところに形成された，傾斜が緩やかな地形である。

②　三角州とは，河川によって運ばれた砂や泥が河口付近に堆積して形成された地形である。

③　河岸段丘とは，陸地の隆起と河川の侵食によって形成された，河川の両岸に発達した階段状の地形である。

④　自然堤防とは，洪水によって砂や粘土などが堆積して形成された，河岸の微高地である。

⑤　モレーンとは，氷河の侵食によって山地の傾斜に生じた半円形のくぼ地である。

11　☆☆

次のＡ～Ｅは地形とその説明である。誤っているものの組み合わせを選べ。

Ａ．リアス海岸――――――山地が海に沈んでできた複雑な入り江の海岸。天然の良港になることが多い。

Ｂ．フィヨルド――――――氷河に侵食された谷に海水が入り込んで深い入り江となった部分。ノルウェー，チリ南部などで見られる。

Ｃ．カルデラ湖――――――溶岩や土石流などが川を堰き止めてできた湖。

富士五湖，中禅寺湖，大正池（上高地）などがその例。

D．カルスト地形――――――石灰岩地域で石灰岩が溶食されて形成された地形。日本では秋吉台（山口県），平尾台（福岡県）が有名。

E．ラグーン（潟湖）―――――火山の中央部に形成されたくぼ池内に水をたたえた湖。阿寒湖（北海道），十和田湖（秋田県，青森県）などがその例。

① A，C　② A，D　③ B，D　④ B，E　⑤ C，E

12 ☆☆

地形に関する記述として正しいものを選べ。

① 川の中・下流域では，地盤が隆起した後，再び川に侵食されることによって形成された自然堤防が多くみられる。

② 川の上流部では，河川の侵食によって谷が深く刻まれたU字谷が多くみられる。

③ 扇状地の扇端部では，水無川になることが多いため，畑や果樹園として利用されることが多い。

④ 大陸棚は，陸地のまわりにある水深3,000～6,000mの平坦な深海底のことで，豊かな漁場になっているところが多い。

⑤ 海岸段丘とは，過去の海面に対応して海岸に沿って分布する階段状の台地で，日本では室戸岬や房総半島南部にみられる。

13 ☆

世界の気候区とその説明の組み合わせとして正しいものを選べ。

A　サバナ気候――――――乾季と雨季が明確で，木がまばらに生えた草原が広がる。

B　温暖湿潤気候―――――年間の気温の差が少なく，温暖湿潤である。

C　西岸海洋性気候――――夏は高温で雨が多く，冬は低温で乾燥する。

D　地中海性気候―――――夏は高温で乾燥し，冬は温暖で少量の雨が降る。

E　ツンドラ気候―――――長い乾季の後に弱い雨季がみられ，背丈の低い草が生える。

① A，D　② A，E　③ B，C　④ B，D　⑤ C，E

14 ☆

下の4つの雨温図は，地図中A～Dの都市のいずれかのものである。都市Aの雨温図を選べ。

①

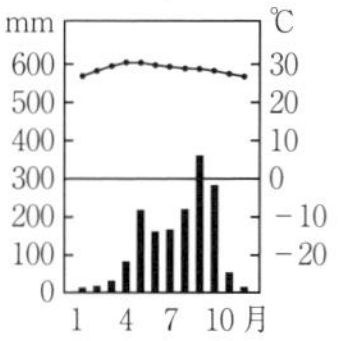

②

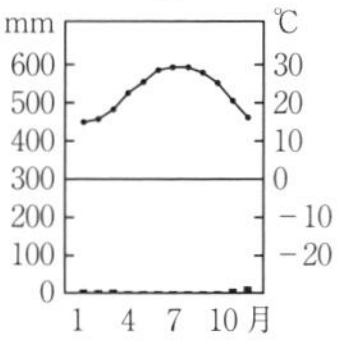

③

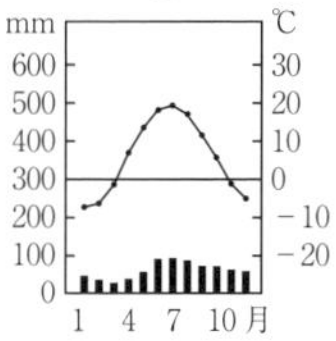

④

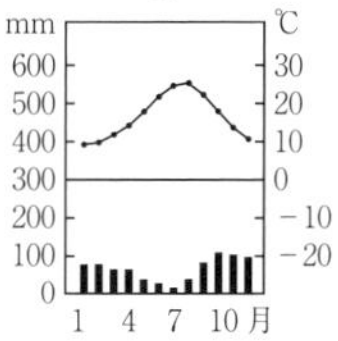

15 ☆☆

次のA～Eは気候区の特色を述べたものである。A～Eの気候区とその気候区に位置する都市名の組み合わせとして正しいものを選べ。

A．夏は高温で冬は寒さが厳しく，気温の年較差が大きい。年降水量は多く季節風の卓越した地域である。

B．夏は中緯度高圧帯の影響で高温乾燥し晴天が続く。冬は偏西風の影響により雨が降り温暖である。

C．気温の年較差が大きく雨は少ない。乾燥がちであるが弱い雨季があり，丈の短い草原地帯となっている。

D．偏西風と暖流の影響によって夏は涼しく，冬は高緯度のわりに温暖である。気温や降水量の年較差は小さい。

E．夏は日照時間が長いが冷涼で冬は寒さが厳しく，気温の年較差は大きい。年間を通して均等に降水がある。

	A	B	C	D	E
①	ニューヨーク	シンガポール	カイロ	パリ	上海
②	ニューヨーク	ウランバートル	コルカタ	パリ	イルクーツク
③	東京	ウランバートル	コルカタ	ロンドン	イルクーツク
④	東京	パース	デリー	ロンドン	モスクワ
⑤	ブエノスアイレス	パース	デリー	ローマ	モスクワ

16 ☆☆

世界の土壌に関する記述として正しいものを選べ。

① ラテライトは，冷帯にみられる赤色の土壌で，表層は腐植に富んでいることから，農業に適している。

② テラロッサは，熱帯や亜熱帯にみられる黒褐色の土壌で，コーヒー栽培に適している。

③ ポトゾルは，酸性が強い灰白色の土壌で，タイガ地域に分布し，農業には不向きである。

④ チェルノーゼムは，冷帯にみられる赤色の土壌で，アメリカ合衆国からカナダにかけて広く分布する。

⑤ レグールは，肥沃な黒色土で，ウクライナから西シベリアにかけて広く分布する。

17 ☆

日本の最西端に位置する島として正しいものを選べ。

① 沖ノ鳥島　② 南鳥島　③ 与那国島　④ 択捉島　⑤ 石垣島

18 ☆

次の記述に該当する島を選べ。

島根県隠岐諸島の北西に位置する島で，日本・韓国両国が領有権を主張し，その帰属が問題となっている。

① 尖閣諸島　② 国後島　③ 択捉島　④ 竹島　⑤ 南沙群島

19 ☆☆

日本の標準時を決める都市の兵庫県明石市は，およそ東経135度，北緯34度に位置している。次の都市のうち，緯度が兵庫県明石市に最も近い都市として正しいものを選べ。

① トリノ　② バグダッド　③ フィラデルフィア
④ アテネ　⑤ カイロ

20 ☆☆

次の文は日本の地形について述べたものである。空欄A～Eにあてはまる語句の組み合わせとして正しいものを選べ。

日本列島は，（　A　）とよばれる地溝によって，東北日本と西南日本とに分かれる。（　A　）の西縁は，糸魚川――姫川――木崎湖――（　B　）――釜無川――富士川――静岡に至り断層線が明瞭になっている。西南日本は（　C　）によって（　D　）と（　E　）に分かれ，（　C　）は（　B　）から三峰川（天竜川支流）――豊川――伊勢湾――櫛田川――紀ノ川――吉野川――松山をへて九州に至る断層帯である。（　E　）は高く険しい山地が多い。

	A	B	C	D	E
①	大地溝帯	琵琶湖	中央構造線	外帯	内帯
②	中央構造線	諏訪湖	大地溝帯	内帯	外帯
③	大地溝帯	諏訪湖	中央構造線	内帯	外帯
④	中央構造線	琵琶湖	大地溝帯	外帯	内帯
⑤	大地溝帯	猪苗代湖	中央構造線	内帯	外帯

21 ☆

日本の国土や気候に関する記述として正しいものを選べ。

① 日本列島は，アルプス＝ヒマラヤ造山帯に位置しており，全国土の約4分の3が山地と丘陵地からなっている。
② 日本は，太平洋，オホーツク海，日本海，東シナ海に囲まれた島国で，西端は与那国島，南端は南鳥島である。
③ からっ風は，初夏に東北地方に吹く冷たい北東風であり，しばしば冷害を引き起こす原因となっている。
④ 日本列島を東北日本と西南日本に分けるフォッサマグナは，北アメリカプ

レートとユーラシアプレートの境界にもなっている。

⑤　太平洋側には，暖流の日本海流や寒流の対馬海流が流れており，日本海流の一部が日本海側へ流れ込んで千島海流となっている。

22 ☆

次のA～Dのグラフは，日本のある都市の気温と降水量を示したものである。グラフと都市名の組み合わせとして正しいものを選べ。

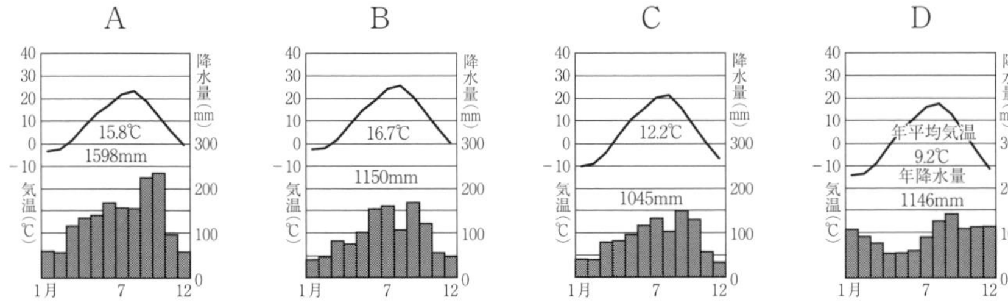

	A	B	C	D
①	東京	松本	高松	札幌
②	東京	高松	松本	札幌
③	松本	東京	札幌	高松
④	松本	札幌	東京	高松

23 ☆☆

日本の気候区とその説明として正しいものを選べ。

①　北海道気候――――温帯気候であるが，冬の期間は長く年間降水量は少ない。梅雨はほとんど見られない。

②　日本海岸気候―――夏は湿った南東季節風の影響で高温多雨。冬は北西季節風の風下にあたり，快晴の日が多く乾燥する。

③　瀬戸内気候――――夏・冬ともに季節風が山地にさえぎられるため，気温の年較差が小さく少雨。冬は比較的温暖で快晴の日が多い。

④　内陸性気候――――年間を通じて少雨で,気温の年較差と日較差が小さい。最寒月でも平均気温が氷点下にならない。

⑤　南西諸島気候―――亜熱帯性気候となっており，冬でも温暖で年降水量も多いが，年平均気温は20℃を超えない。

24 ☆

次のグラフは，1970年，1990年，2020年のいずれかの日本の年齢階級別人口構成を男女別に示したものである。これらを年代の古い順に並べたものとして正しいものを選べ。

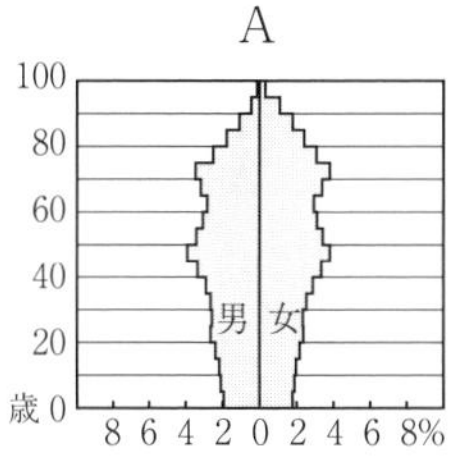

① A→B→C　② A→C→B　③ B→A→C
④ B→C→A　⑤ C→A→B　⑥ C→B→A

25 ☆

次のグラフは，日本，中国，インド，アメリカ合衆国の年齢階級別人口構成を男女別に示したものである。グラフと国名の正しい組み合わせを選べ。

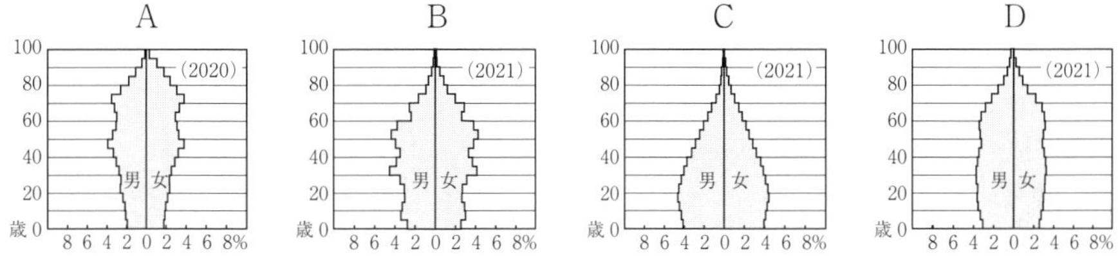

	A	B	C	D
①	日本	中国	インド	アメリカ合衆国
②	日本	インド	中国	アメリカ合衆国
③	アメリカ合衆国	中国	インド	日本
④	アメリカ合衆国	インド	中国	日本

26 ☆☆☆

人口に関する記述として誤っているものを選べ。

① 2022年現在，世界の人口は80億人を超えており，地域別ではアフリカが約60％を占めている。

② 日本や欧米諸国などの先進国では，人口増加率の割合は小さい。出生率・死亡率ともに低い。

③ アジア・アフリカ・ラテンアメリカなどの途上国では，人口増加率は大きい。死亡率は低下したが，出生率が高い。

④ 世界の人口は今後も増加を続け，2030年には85億人，2050年には97億人を超えると予測されている。

⑤ 世界の人口分布は地中海地域・西ヨーロッパ・北アメリカ北東部・東〜東南〜南アジアに密集している。

27 ☆

次の地形図から判断して最も広い面積で利用されているものを選べ。

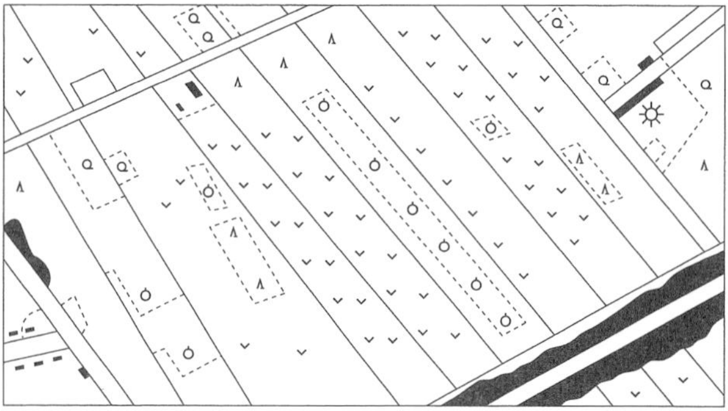

① 畑　② 茶畑　③ 広葉樹林　④ 果樹園　⑤ 針葉樹林

28 ☆

実際の距離としての800mは，2万5千分の1の地形図上では何cmの長さで表されるか答えよ。

29 ☆☆

国土地理院5万分の1地形図に関する記述として誤っているものを選べ。

① 主曲線は20mごとに細線で表し，計曲線は100mごとに太線で表している。

② 等高線の間隔が狭いほど，傾斜は急になっている。

③ 地図上の長さ6cmは，実際には3kmである。

④ 地図上で面積12cm^2の長方形は，実際には6km^2である。

⑤ 同じ大きさの地図ならば，2万5千分の1地形図より広い範囲を表せられる。

30 ☆☆

次の2万5千分の1の地形図に関する記述として正しいものを選べ。

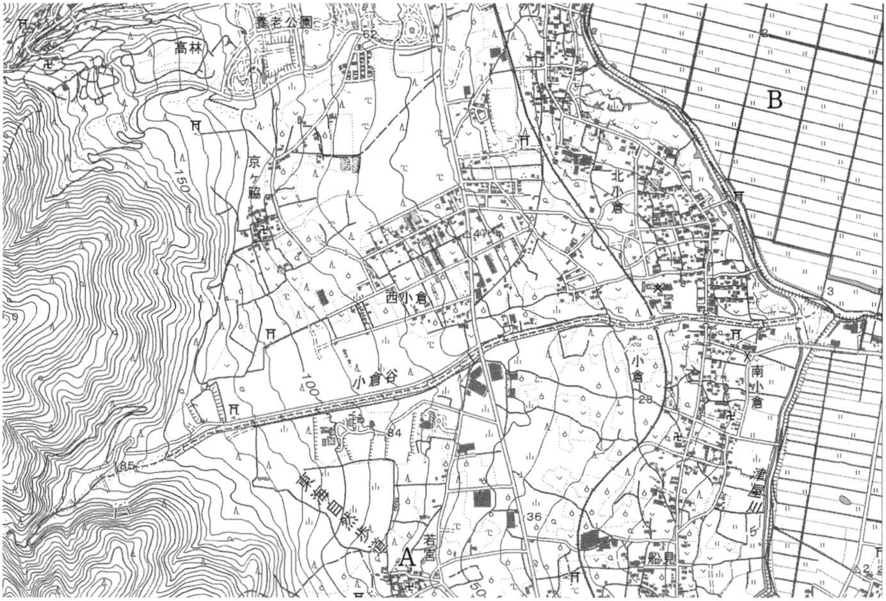

（「1/25,000　養老」国土地理院）

① 「若宮」にあるAの寺院の標高は，およそ100mである。

② 「津屋川」の東側のBの周辺には茶畑が広がっている。

③ 「北小倉」にある学校は高等学校である。

④ 「東海自然歩道」は，北から南に向かって一貫して緩やかな下り坂が続いている。

⑤ 「北小倉」や「南小倉」は扇状地の扇端に立地した集落である。

2 世界の国々と産業

●解答解説P216～220

●傾向と対策

重要度：**B**

主要国の地誌や産業（農業, 工業など）が問われる。地域別では, アジアに関する出題が最も多く, アメリカ, ヨーロッパと続いている。

対策として, 各地域（国）の産業を把握するとともに地名と位置を必ず地図帳で確認し, 主要農産物の統計などもチェックしよう。学習範囲が広く対策が立てにくいので, キーワードを中心に効率的な学習を心がけよう。

31 ☆

次の地図中の国A～Eとその首都名の組み合わせとして正しいものを選べ。

① A——マドリード　② B——リマ　③ C——シドニー
④ D——シャンハイ　⑤ E——リオデジャネイロ

32 ☆

ヨーロッパの国々に関する説明と国名の組み合わせが正しいものを選べ。

A　EUの玄関港であるユーロポートがあり, 酪農や園芸農業など集約的で生産性の高い農牧業が盛んである。

B　耕地が少なく，フィヨルドの入り江を港にして水産業や海運業が発達している。

C　炭田と国際河川の水運を基盤に工業が発達し，第二次世界大戦後，ヨーロッパ最大の工業国となった。

D　EUに未加盟の永世中立国で，水力資源に恵まれ，付加価値の高い精密機械や医薬品工業が発達している。

	A	B	C	D
①	オランダ	ベルギー	イギリス	フランス
②	オランダ	ノルウェー	ドイツ	スイス
③	デンマーク	ベルギー	ドイツ	フランス
④	デンマーク	ノルウェー	イギリス	スイス

33　☆☆☆

ヨーロッパ諸国に関する記述として正しいものを選べ。

① オランダは国土の4分の1がポルダーとよばれる干拓地であり，砂丘地帯では園芸農業，干拓地では酪農が盛んである。ロッテルダムの西にはEUの玄関港ユーロポートがある。

② ベルギーは古くからフランドル地方で毛織物が盛んに行われていた。公用語はオランダ系のワロン語とフランス系のフラマン語が使用されている。

③ ドイツは西ヨーロッパ第一の工業国であるが，1990年の統一後，旧植民地であるアフリカからの外国人労働者に対する迫害が大きな社会問題となっている。

④ イギリスは世界で最初の産業革命を実現して「世界の工場」とよばれたが，植民地の独立にともない輸入原料が不足し，工業地域は臨海部から内陸部へ移ってきている。

⑤ フランスは北部の山岳地帯では肉牛の放牧など畜産業が盛んで，南部の農業地帯では小麦など大規模な穀物地帯が広がっていることから，EU最大の農業国である。

34　☆☆

アメリカ合衆国に関する記述として正しいものを選べ。

① 国土をほぼ南北に走るアパラチア山脈，ロッキー山脈ともに，新期造山帯に属する。

② サンフランシスコ郊外のサンノゼを中心とする地域はシリコンプレーンとよばれ，コンピュータや半導体関連の工場・研究所が集中している。

③ メキシコに隣接するアメリカ南西部，西インド諸島に近いフロリダでは，スペイン語系のメスチソの人口が急増している。

④ 大西洋岸には，ボストン，ニューヨーク，ワシントンといったいくつもの大都市がつらなっており，この地域はメガロポリスとよばれる。

⑤ ロッキー山脈からグレートプレーンズにかけては，とうもろこしや大豆などを栽培する多角経営が盛んである。

35 ☆☆☆

次の図はアメリカ合衆国の工業地帯を示したものである。A・Bの記述と地図中ア～オの組み合わせとして正しいものを選べ。

A：この工業地帯は豊富な鉱産資源と広大な農業地域を後背地とし，さらに水陸交通の便のよいことを立地条件としており，世界最大級の鉄鋼業が発達した。現在では，自動車工業を中心に機械・化学などの工業が発展している。

B：この工業地帯は繊維工業をもとに発達した。伝統的な皮革・金属加工の他，現在ではハイウェー沿いに電子機器・時計などの精密機械，IC工業が盛んである。

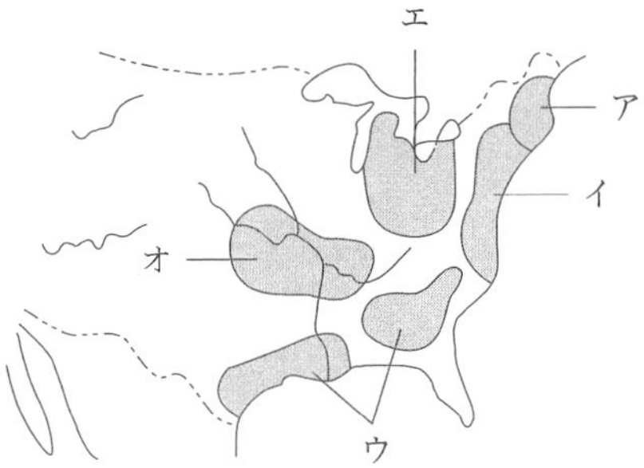

① A－イ　B－ウ
② A－ウ　B－イ
③ A－ウ　B－オ
④ A－エ　B－ア
⑤ A－ア　B－オ

36 ☆☆

ラテンアメリカ諸国に関する記述として正しいものを選べ。

① ブラジルの首都はブラジリアで，ラテンアメリカ諸国の中では唯一ポルトガル語を公用語としている。農業ではレグールを利用してコーヒー栽培が盛んである。

② ベネズエラの首都はカラカスで，マラカイボ湖付近では石油が産出される。OPECの原加盟国で石油産業は1976年から国有化された。

③ ペルーの首都はリマで，アンチョビー（かたくちいわし）を中心として漁業が盛んである。また，金の産出量が世界一である。

④ チリの首都はサンティアゴで，銅の産出量が世界有数である。国土が南北に長く，気候は変化に富んでいるが砂漠はみられない。

⑤ アルゼンチンの首都はブエノスアイレスで，東京と同じ気候区である。ラプラタ川流域のセルバとよばれる温帯草原で，とうもろこしや小麦の栽培が盛んである。

37 ☆☆☆

地図中のア～オの国々とそれぞれの国の説明の組み合わせとして正しいものを選べ。

① ア国———アフリカで最も所得水準の高い国で，レアメタルも豊富である。少数の白人による黒人支配が続いていた。

② イ国———アフリカで最も人口の多い国である。原油の産出量はアフリカ有数で，それをめぐる部族対立も激しい。

③ ウ国———この国は鉱産資源が豊富で，コバルト鉱やダイヤモンドの産出で知られる。また，南部はカッパーベルトとよばれる銅の鉱床地帯である。

④ エ国———この国は世界有数のカカオ豆生産国である。近年，ボルタ川の開発によってアルミニウム工業も発達している。

⑤ オ国———ナイル川の下流に位置し，良質の綿花生産国である。大規模なダムの建設により，下流地帯では塩害などの問題が生じた。

38 ☆

次の文は，オーストラリアについて述べたものである。空欄A～Cにあてはまる語句の組み合わせとして正しいものを選べ。

オーストラリアの国土のほぼ中央には，東経（　A　）度の経線が通っている。国土の大半が（　B　）気候であり，人口の約9割はシドニーやメルボルンなどの都市に住んでいる。地下資源が豊富で，鉄鉱石や石炭をはじめ，アルミニウムの原材料となる（　C　）を多く産出している。また，羊毛・牛肉・小麦・砂糖の世界的輸出国でもある。

	A	B	C
①	120	乾燥帯	ニッケル
②	120	乾燥帯	ボーキサイト
③	120	熱帯	ニッケル
④	135	乾燥帯	ボーキサイト
⑤	135	熱帯	ニッケル

39 ☆

アジアの国々に関する説明と国名の組み合わせが正しいものを選べ。

A　古くからの独立国で，仏教徒がほとんどを占め，世界有数の米の輸出国である。

B　キリスト教国であり，バナナやさとうきびなどの栽培が盛んである。

C　東南アジア最大のイスラーム教国であり，原油の産出量が東南アジア諸国では最大である。

D　かつては綿工業を中心とした軽工業国であったが，英語に堪能で数学力に優れた者も多いことから，近年，IT産業が急成長している。

	A	B	C	D
①	マレーシア	フィリピン	インドネシア	ベトナム
②	マレーシア	ベトナム	インド	フィリピン
③	タイ	フィリピン	インドネシア	インド
④	タイ	インドネシア	インド	フィリピン
⑤	タイ	ベトナム	フィリピン	インド

40 ☆☆

東南アジア諸国に関する記述として正しいものを選べ。

① インドネシアの人口は約2.8億人であり，その約3分の2はスマトラ島に居住している。この国の輸出は天然ゴムとすずが大半を占める。住民の約9割はイスラーム教徒である。

② フィリピンは多数の島々からなる国であり，16世紀以来ポルトガルの植民地であったが，19世紀末にアメリカの支配に移り，第二次世界大戦後独立した。住民の多くはカトリック教徒である。

③ マレーシアはマレー半島とボルネオ島北西部からなり，国民はマレー系・中国系・インド系住民という複合国家である。経済の実権は華僑が握っているが，先住民族の言語であるマレー語だけが国語とされている。

④ シンガポールはマレー半島先端に位置する島国で，マラッカ海峡にのぞむ中継貿易港として発展してきた。近年，民間資本による工業化を進め，東南アジアでは1人あたりGNIはマレーシアに次ぐ。

⑤ タイは周辺の国々が植民地化するなかで，古くから独立を守った国である。稲作中心の農業国であり，米の輸出は世界有数であるが，工業化は進展していない。

41 ☆☆☆

中国に関する記述として正しいものを選べ。

① 国土が広いため変化に富んだ気候を形成している。南部は亜熱帯，東北部は温帯，黄河流域は冷帯（亜寒帯），内陸部は乾燥帯，内陸山岳地帯には寒帯（ツンドラ気候）も分布している。

② 積極的な農業振興策が図られ，1978年末から生産責任制（生産請負制）を導入し農業の自由化を促進している。集団所有制の人民公社の取り扱いをどのようにするか現在も検討中である。

③ 将来的に生産年齢人口が大幅に減少し，人口構成のアンバランスによる経済活動への影響が懸念されるため，2016年から一人っ子政策は廃止された。

④ 経済政策については，外資導入のために設けられた輸出加工区すなわち経済特区に現在，アモイ・スワトウ・チューハイ・ハイナン島・香港が指定されている。他には経済解放区・沿岸開放地域が指定されている。

⑤ アジア太平洋地域のインフラ整備を支援するため，アジアインフラ投資銀行（AIIB）が設立され，日本やアメリカも創設加盟国として参加した。

42 ☆

国名とその国で最も宗教人口割合の多い宗教の組み合わせとして正しいものを選べ。

① アイルランド――プロテスタント
② ギリシャ―――――カトリック
③ インドネシア――イスラーム教
④ スリランカ―――ヒンドゥー教
⑤ マレーシア―――仏教

43 ☆☆

次の文は各国の特色について述べた文である。国名と特色の記述が誤っているものを選べ。

① オーストラリア―――――先進農業国で羊毛・牛肉・小麦の世界的輸出国である。鉱産資源も豊富で石炭・鉄鉱石・ボーキサイトなどの世界的産出国である。
② イタリア―――――――北部はミラノ・トリノを中心に工業が発達している。南部は地中海式農業が行われているが貧しく，北部と南部の経済格差が問題となっている。
③ タイ――――――――第二次世界大戦後，イギリスから独立した。米の他，天然ゴム・パイナップル・さとうきび・キャッサバなどの商品作物の栽培も盛んである。首相がルックイースト政策を提唱した国としても有名である。
④ 南アフリカ共和国―――アパルトヘイト（人種隔離政策）を支えてきた法律が1980年代後半から1991年にかけて廃止され，民主化が進んでいる。プラチナ・マンガン・クロム鉱などのレアメタル（希少金属）を多く産出する。
⑤ キューバ――――――1959年，カストロらによるキューバ革命が成功し，中南米初の社会主義国となった。経済はほぼ全般にわたり国有化を達成し，主要産業は観光業や砂糖産業，ニッケルなどの鉱業である。

44 ☆☆

農業形態に関する記述として正しいものを選べ。

① 地中海式農業は，夏に乾燥に強いオリーブやオレンジ，ブドウなどの果樹を，冬に小麦などを栽培する農業で，地中海性気候の地域でみられる。

② オアシス農業は，世界市場向けにさとうきび，カカオなど輸出用の作物を栽培する農業で，東南アジアやアフリカなどでみられる。

③ 焼畑農業は，人工的な灌漑を利用して，穀物や果実，綿花などを集約的に栽培する農業で，乾燥地域でみられる。

④ 混合農業は，穀物や飼料作物の輪作と，家畜の飼育とを組み合わせた農業で，西ヨーロッパのみでみられる農業形態である。

⑤ 酪農は混合農業から発達した農業で，西ヨーロッパの他，北アメリカのプレーリーなどにもみられる。

45 ☆

次の各グラフは，ある農産物の生産量に占める主要国の割合（2020年）を示したものである。A～Dのそれぞれにあてはまる農作物の組み合わせとして正しいものを選べ。

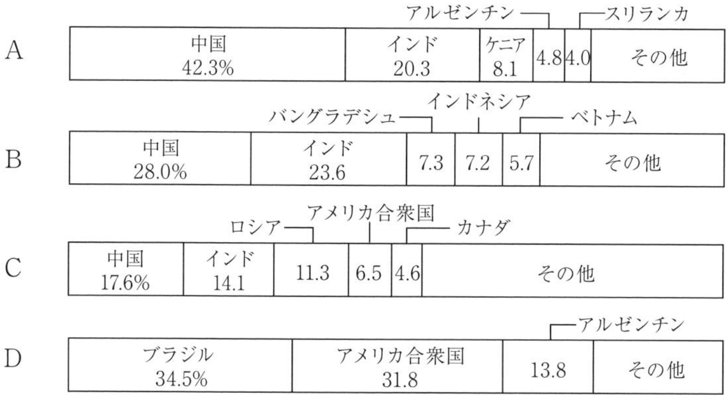

（世界国勢図会2022/23）

	A	B	C	D
①	茶	米	大豆	とうもろこし
②	茶	米	小麦	大豆
③	綿花	米	小麦	大豆
④	綿花	小麦	大麦	とうもろこし
⑤	綿花	小麦	大豆	大麦

46 ☆

次の表は，ある農産物における上位5ヵ国の生産量（2020年）を示したものである。A・Bの農産物名の組み合わせとして正しいものを選べ。

A（単位千t）		B（単位千t）	
コートジボワール	2,200	スペイン	8,138
ガーナ	800	イタリア	2,207
インドネシア	739	チュニジア	2,000
ナイジェリア	340	モロッコ	1,409
エクアドル	328	トルコ	1,317

（世界国勢図会2022/23）

	A	B
①	コーヒー豆	ぶどう
②	コーヒー豆	オリーブ
③	カカオ豆	ぶどう
④	カカオ豆	オリーブ
⑤	カカオ豆	なつめやし

47 ☆☆☆

A～Cの表は，2020年のある穀物の生産国をその生産高順に示したものである。a～dの国についての記述として正しいものを選べ。

A

1位	a国
2位	b国
3位	バングラデシュ
4位	インドネシア
5位	d国

B

1位	a国
2位	b国
3位	ロシア
4位	c国
5位	カナダ

C

1位	c国
2位	a国
3位	ブラジル
4位	アルゼンチン
5位	ウクライナ

（世界国勢図会2022/23）

① a国ではある川を境界として，一方ではA，他方ではB・Cが中心に栽培されている。広大な国土と豊富な労働力，降水量で世界的な農業国であり，A・B・Cとも輸出量は世界3位以内である。

② Aはb国で古くから栽培されており，生育期は高温多雨，収穫期は乾燥する気候に適する。玄武岩に由来する黒色肥沃土での栽培が盛んである。

③ b国のある河川では，上流でB，下流でAが栽培されている。上流のBの

栽培地域は隣国にもまたがっており，現在紛争中である。

④　c国ではBやCは国土の中心部あたりで栽培され，Cは大規模経営により，牛・豚の肥育とともに営まれている。

⑤　d国はAを中心とした農業が主産業で，Aは北と南にあるデルタで生産されている。北のデルタでは二期作もみられるが，南のデルタでは多期作は行われていない。

48 ☆

次の表は，鉄鉱石，鉛鉱，銀鉱の産出量について，世界上位4ヵ国の世界に占める割合を示したものである。表中のX・Yにあてはまる国名を①～⑤よりそれぞれ選べ。

鉄鉱石（2019年）

国名	%
X	37.4
ブラジル	17.0
中国	14.4
インド	9.7

鉛鉱（2018年）

国名	%
中国	46.1
X	9.5
ペルー	6.3
アメリカ合衆国	6.1

銀鉱（2019年）

国名	%
Y	22.3
ペルー	14.5
中国	12.9
ロシア	7.5

（世界国勢図会2022/23）

①　フィリピン　②　オーストラリア　③　チリ
④　メキシコ　⑤　南アフリカ共和国

49 ☆

次のグラフは，カナダ，アメリカ合衆国，ブラジル，フランス，中国の総発電量とその内訳（2019年）を示したものである。ブラジルと中国にあてはまるものをそれぞれ選べ。

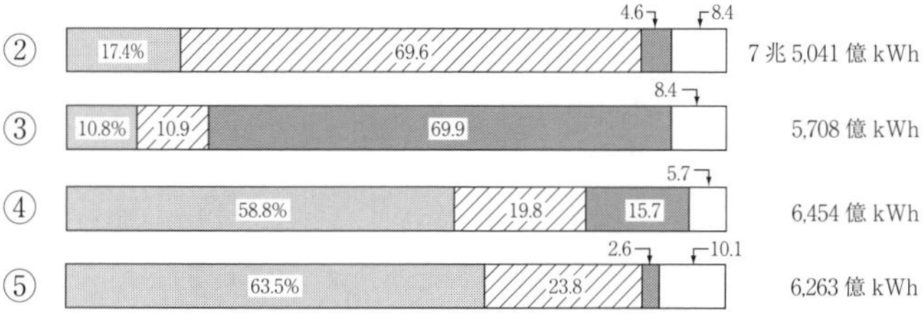

（世界国勢図会2022/23）

3 日本の地域と産業・貿易

●解答解説P221～223

●傾向と対策

重要度：**A**

日本の地域や産業については，日本各地の地誌や農産物の主産地，農業技法などの他，県別の特徴や都市の特徴などについて出題されている。貿易については，日本の主な輸入品（原油や石炭，木材，果実など）の国別割合の出題頻度が高い。

対策として，農産物の主産地や貿易については，統計資料で大まかな特徴を押さえておく必要がある。また，県や都市の特徴に関しては，受験する県や地方に特に密接したご当地問題が出題されることもあるので，様々な資料を用いて学習しておこう。

50 ☆

次の地図中の山脈・山地A～Eの名称の組み合わせとして正しいものを選べ。

	A	B	C	D	E
①	北見山地	奥羽山脈	木曽山脈	鈴鹿山脈	筑紫山地
②	北見山地	白神山地	飛驒山脈	紀伊山地	九州山地
③	日高山脈	奥羽山脈	木曽山脈	鈴鹿山脈	九州山地
④	日高山脈	奥羽山脈	飛驒山脈	紀伊山地	筑紫山地
⑤	日高山脈	白神山地	飛驒山脈	鈴鹿山脈	九州山地

51 ☆

河川と平野と都市の組み合わせとして正しいものを選べ。

① 阿武隈川――仙台平野――石巻
② 最上川―――庄内平野――秋田
③ 阿賀野川――越後平野――酒田
④ 九頭竜川――富山平野――富山
⑤ 筑後川―――筑紫平野――佐賀

52 ☆

次の表は，ある果実の生産量上位5県を示したものである（2021年）。該当する果実として正しいものを選べ。

県名	割合（%）
山梨	24.6
長野	17.4
岡山	9.1
山形	8.8
福岡	4.2
全国計	100.0

（県勢2023）

① みかん
② りんご
③ 日本なし
④ ぶどう
⑤ もも

53 ☆

次の表は，主な農畜産物の都道府県別生産量・飼養頭数上位5位までを示したものである（2021年，乳用牛と豚は2022年）。ア～ウに該当する都道府県の組み合わせとして正しいものを選べ。

キャベツ（単位千t）		レタス（単位千t）		ピーマン（単位千t）		乳用牛（単位万頭）		豚（単位万頭）	
ア	292.0	長野	178.8	イ	33.4	ウ	84.6	鹿児島	119.9
愛知	267.2	イ	87.0	宮崎	26.8	栃木	5.5	宮崎	76.4
千葉	119.9	ア	54.5	鹿児島	13.3	熊本	4.4	ウ	72.8
イ	109.4	長崎	35.0	高知	13.0	岩手	4.0	ア	60.5
長野	72.5	兵庫	25.9	岩手	8.8	ア	3.4	千葉	58.3
全国計	1485.0	全国計	546.8	全国計	148.5	全国計	137.1	全国計	894.9

（県勢2023，日本国勢図会2023/24）

① ア－奈良　イ－広島　ウ－長崎
② ア－群馬　イ－茨城　ウ－北海道
③ ア－徳島　イ－福島　ウ－埼玉
④ ア－岡山　イ－佐賀　ウ－静岡
⑤ ア－和歌山　イ－愛媛　ウ－山形

54 ☆☆

次の表は，北海道，山形県，山梨県，高知県，宮崎県の農業産出額に占める割合を示したものである（2020年）。北海道と山梨県に該当する組み合わせとして正しいものを選べ。

（%）

	米	野菜	果実	畜産
A	33.4	18.5	29.1	15.0
B	10.2	63.9	10.0	7.4
C	6.0	12.0	66.7	8.0
D	9.5	16.9	0.5	57.9
E	5.2	20.3	3.9	64.4

（県勢2023）

	北海道	山梨県
①	A	C
②	D	B
③	E	B
④	A	D
⑤	D	C

55 ☆☆

次の①～⑤の文は，それぞれある県の特色を説明したものである。地図中の斜線▨で示した県のいずれにも該当しないものを選べ。

① この県はおうとう（さくらんぼ）の生産量が多い。県の東部には将棋の駒の生産で有名な天童市がある。夏に起こるフェーン現象で気温が40℃以上になることがある。

② この県はレタスなどの高原野菜やりんごの生産量が多く，戦前は製糸業が盛んであったが，戦後，製糸業にかわって精密機械工業が盛んになっている。

③ この県は茶の生産量が多く，県の南東部には日本の最多雨地域の尾鷲がある。この県の北東部にある都市で，日本の四大公害病のうちの一つが発生した。

④ この県はみかんや真珠の生産量が多く，県庁所在地は夏目漱石の「坊っちゃん」の舞台となったところである。

⑤ この県は茶やさつまいもの生産量が多く，南部に火山灰に覆われた台地がある。牛・鶏・豚の飼育頭数は全国有数である。

56 ☆

次の表は，日本の主な農作物の自給率（%）の変遷を示したものである。イ・エに該当する品目の組み合わせとして正しいものを選べ。

	1960年度	1980年度	2010年度	2020年度
穀物（食用＋飼料用）	82	33	27	28
ア	102	100	97	97
小麦	39	10	9	15
イ	28	4	6	6
ウ	100	97	81	80
果実	100	81	38	38
エ	91	81	56	53
鶏卵	101	98	96	97
牛乳・乳製品	89	82	67	61

（日本国勢図会2023/24）

① イ－大豆　エ－肉類　② イ－米　エ－野菜
③ イ－野菜　エ－大豆　④ イ－野菜　エ－米
⑤ イ－肉類　エ－大豆

57 ☆

次のグラフは，漁業種類別生産量の推移を示したものである。沖合漁業と海面養殖業の組み合わせとして正しいものを選べ。

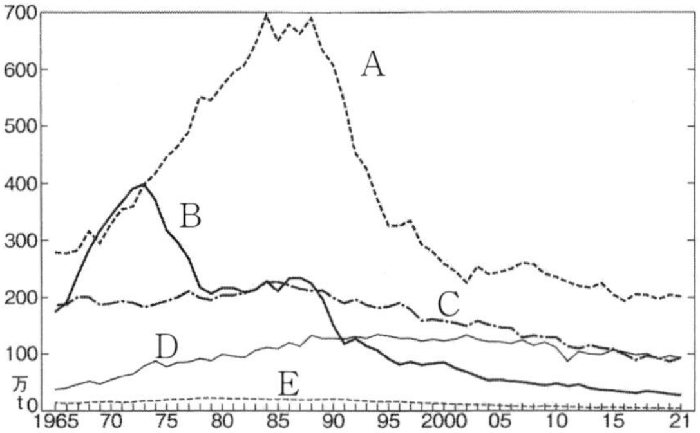

（日本国勢図会2023/24）

	沖合漁業	海面養殖業
①	A	C
②	B	D
③	C	E
④	A	D
⑤	E	B

58 ☆☆

日本の工業地帯（地域）に関する記述として正しいものを選べ。

① 京浜工業地帯は隅田川・多摩川沿岸から川崎・横浜にかけての地域で，重化学工業を中心に発達したが，金属・化学を中心とし，機械工業はあまり発達していない。

② 北九州工業地帯（地域）は八幡製鉄所を中心に発達した。戦後，石炭産業の不振で一時衰退したが，近年中国の経済発展に伴い，現在では総出荷額に占める割合は3位にまで復調した。

③ 中京工業地帯（地域）は繊維・陶磁器など軽工業を中心に発達し，その後，重化学工業も発達したが，軽工業の割合は現在も50％以上を占めている。

④ 阪神工業地帯は大阪・神戸両港を中心に加工貿易で発展してきた。繊維工業はみられず，鉄鋼・機械など重工業を中心とし，自動車工業の割合が最も大きい。

⑤ 戦後に発達した新興工業地域のうち，関東内陸工業地域の発展が特に著しく，工業出荷額では北九州工業地帯（地域）をはるかに超えている。

59 ☆☆

次の①～⑤は日本の工業地帯（地域）に関する記述である。その位置を地図中のア～オよりそれぞれ選べ。

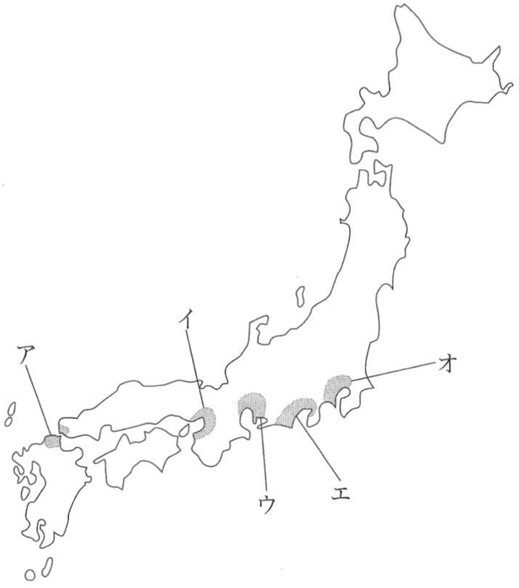

① 交通・用水に恵まれ，東部地域ではパルプ・製紙・食品など，西部地域では繊維・楽器・オートバイなどの工業が発達している。

② 重化学工業を中心とする総合工業地帯で，工業出荷額は日本第2位である（2020年）。金属・繊維工業の割合も高く，機械工業の割合は比較的低い。ミシン・自動車・刃物・日用雑貨などの中小工場が多い。

③ 他の工業地帯と比較して，機械・化学・食料品・出版・印刷の占める割合が大きい。また，機械工業に必要な部品を生産するための下請け工場が多い。

④ 炭田立地の製鉄業を中心とする重化学工業が発達し，かつては四大工業地帯の一つであったが，石炭から石油へのエネルギー資源の転換に伴い衰退し，その地位は低下した。

⑤ 自動車を中心とする機械工業の出荷額が多く，石油化学・鉄鋼業などの重化学工業も発達している。また，発展の基礎となった毛織物などの繊維工業や陶磁器などの生産も多い。

60 ☆

次の伝統工芸とその主産地を正しく組み合わせたものを選べ。

① 春慶塗－福島　② 信楽焼－滋賀　③ 丹後ちりめん－茨城
④ 美濃半紙－兵庫　⑤ 南部鉄器－愛知

61 ☆☆

我が国の都市に関する記述として正しいものを選べ。

① 旭川市は富良野盆地に位置する都市である。盆地のため気温の年較差が大きく，稲作が盛んで，産業としては製紙・パルプ工業が発達している。
② 青森市は岩木川の下流にある津軽平野の中心に位置し，りんごの栽培が盛んである。都市の北部には亀ヶ岡遺跡がある。
③ 水戸市は現在電気機械工業が盛んであるが，以前は銅山があった。都市の南部には原子力研究所がある。
④ 豊田市は以前挙母市であったが，この都市にある会社名を市の名前とした。中京工業地帯の中心都市として，自動車・自動車部品の生産が盛んである。
⑤ 高松市は瀬戸内気候のため降水量が少なく，ため池が多かったが，近年，都市北部に四万十川から水を引いた香川用水ができて灌漑している。

62 ☆☆

次のグラフは，我が国の輸出入品目の1960年と2021年の比較である。A～Dに該当する品目の組み合わせとして正しいものを選べ。

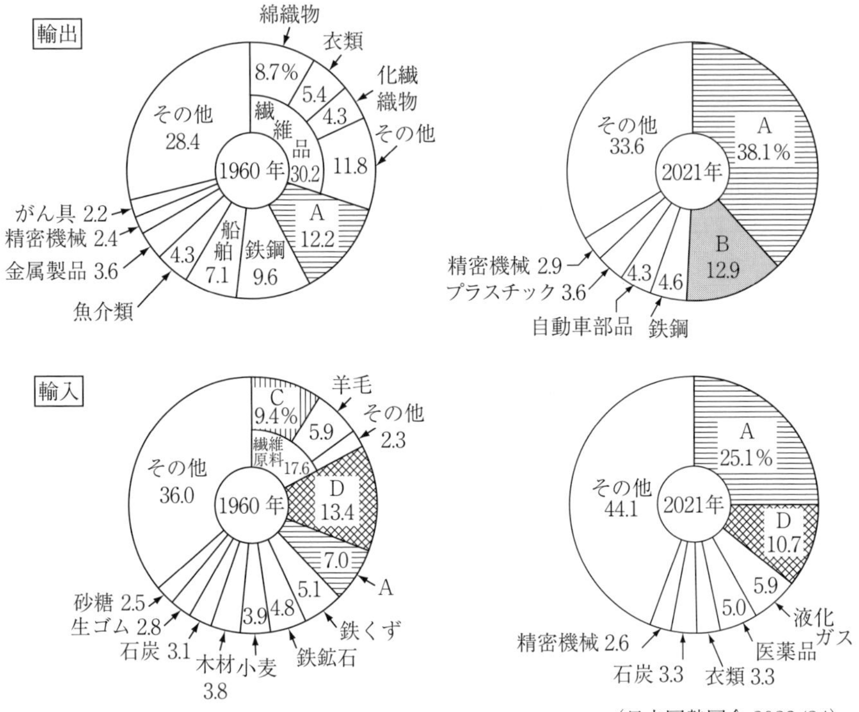

（日本国勢図会 2023/24）

① A－石油　　B－綿花
② C－機械類　　D－自動車
③ A－機械類　　C－綿花
④ B－石油　　D－機械類
⑤ A－自動車　　D－綿花

63 ☆

次のグラフは，日本の主な輸入品の貿易相手国を輸入額の割合で示したものである（2021年)。A～Dにあてはまる輸入品の組み合わせとして正しいものを選べ。

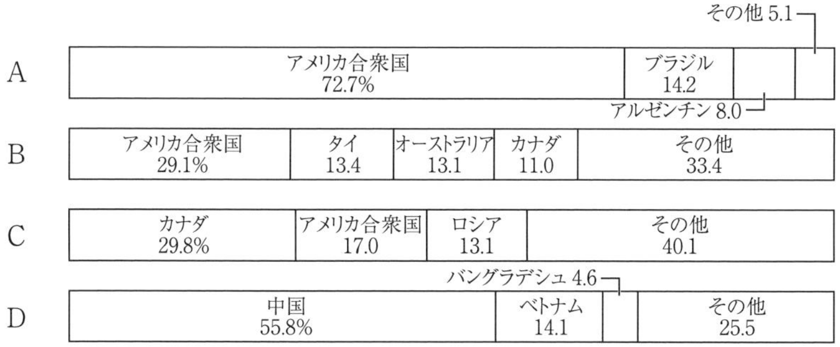

（日本国勢図会2023/24）

	A	B	C	D
①	とうもろこし	肉類	小麦	野菜
②	とうもろこし	野菜	小麦	衣類
③	とうもろこし	肉類	木材	衣類
④	小麦	野菜	木材	衣類
⑤	小麦	肉類	木材	野菜

64 ☆

次のグラフは，日本の主な鉱産資源の輸入相手国別の割合（2021年，金額比）を示したものである。A～Dにあてはまる国名として正しいものを選べ。

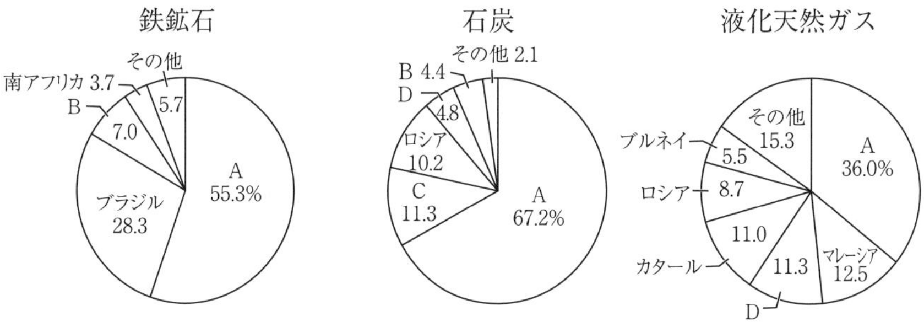

（日本国勢図会2023/24）

① A－メキシコ　② B－サウジアラビア
③ C－クウェート　④ D－アメリカ合衆国

65 ☆

次の表は，タイ，ロシア，ブラジル，カナダから日本が輸入している品目のうち，輸入金額が5位までのものを示したものである(2021年)。表中のA～Cの組み合わせとして正しいものを選べ。

国名	1位	2位	3位	4位	5位
タイ	機械類	(A)	自動車	プラスチック	科学光学機器
ロシア	(B)	(C)	原油	パラジウム	魚介類
ブラジル	鉄鉱石	(A)	とうもろこし	有機化合物	コーヒー
カナダ	(A)	なたね	鉄鉱石	銅鉱	(C)

(日本国勢図会2023/24)

	A	B	C
①	肉類	液化天然ガス	石炭
②	肉類	石油製品	石炭
③	肉類	石油製品	パルプ
④	金属製品	石油製品	パルプ
⑤	金属製品	液化天然ガス	石炭

4

政治

Open Sesame

1 民主政治の基本原理と制度

●解答解説P224

●傾向と対策

重要度：**B**

出題率の高い分野ではないが，政治全般，日本国憲法の基本概念として学習しておく必要がある。特に，人文科学の「倫理」とも関連することから，倫理を学習する際にあわせて勉強を進めると，学習時間の短縮を図ることができる。

近代政治原理の確立に影響を与えた人物（著書名，理論），議院内閣制と大統領制，権力分立の原則（モンテスキュー）は特にしっかり学習しておこう。

1 ☆☆

議会制民主主義に関する記述として誤っているものはどれか。

① 議会制民主主義は，王権の制限を求めた近代イギリスの市民革命にその根拠を見出すことができ，19世紀以降，多くの国々で採用されるようになった。

② 議会制民主主義は，国民が選挙を通じて代表者を選び，その代表者を通じて間接的に国民の意思を政治に反映させる制度のことである。

③ 議会制民主主義は，代表の原理，審議の原理，多数決の原理という3つの原理から成り立つものであり，議決に際しては少数意見も尊重されなくてはならない。

④ 議会制民主主義は，今日では社会主義体制の国家も含め，あらゆる体制の国で厳格に適用されており，基本的人権を保障する上で重要な役割を果たしている。

⑤ 議会制民主主義を補完する制度として直接民主主義があるが，我が国においても，憲法改正手続きや最高裁判所裁判官の国民審査などで制度化されている。

2 ☆☆☆

近代の政治思想家とその思想内容に関する記述として正しいものはどれか。

① マキァヴェリは，諸勢力が抗争を続けるイタリアにおいて政治と倫理の統

合を主張し，合倫理的な手段により支配する君主の統治を理想とした。
② ホッブズは，「万人の万人に対する闘争」から個人の自然権を守るために，個人は社会契約を締結し国家を形成したとして，絶対王政を否定した。
③ ロックは，個人は自然法の解釈権を国家に委ねるために社会契約を締結するが，国家に対する抵抗権は国民に与えるべきだとして，アメリカ独立革命に影響を与えた。
④ モンテスキューは，社会契約説の立場に立ち，権力の集中による濫用と人権侵害を防止するため権力分立制を主張したが，そこでは司法権は行政権の一部として把握されていた。
⑤ ルソーは，個人が利己心を捨て社会契約により「一般意思」を創出することで堕落した文明社会を変革できると主張し，間接民主制の理論的基盤を確立した。

3 ☆☆

アメリカ合衆国の政治制度に関する記述として正しいものはどれか。
① 大統領は，国民の直接選挙によって選出され，3選まで認められている。
② 大統領は，連邦議会に対する法案提出権を有していないが，連邦議会を解散して，国民にその意思を問うことができる。
③ 連邦議会は，上・下両院からなるが，上院の下院に対する絶対的優越が認められている。
④ 保守党と労働党による，典型的な二大政党制である。
⑤ 行政府の長官は，連邦議会議員と兼職できない。

4 ☆

イギリスとアメリカの政治制度に関する記述として誤っているものはどれか。
① イギリスの議会は二院制であり，貴族院と庶民院からなる。
② イギリスでは，政権を担当しない野党も政権交代に備えて，影の内閣を組織する。
③ イギリスの最高裁判所は違憲立法審査権をもたない。
④ アメリカ合衆国の大統領は，任期4年であり，一般有権者の直接選挙により選ばれる。
⑤ アメリカ連邦議会は，大統領に対し不信任決議することはできない。

2 日本国憲法

●解答解説P225～234

●傾向と対策　重要度：A

憲法の性質，条文，基本的人権，国会，内閣，裁判所，地方自治をはじめ，日本国憲法の主要な部分がほとんどの範囲にわたって出題されており，政治の中でも最重要分野である。特に，条文の空欄補充問題，国会，内閣の権能に関する出題が多いため，これらについては重点的に学習しておこう。この節の内容は過去に出題された問題数も多いので，条文理解を踏まえた上で，過去問題に多数あたって実践力をつけるとよい。

5 ☆

日本国憲法の三大原理を答えよ。

6 ☆☆

次の文は，日本国憲法の前文の一部である。文中の空欄にあてはまる語句を下の【語群】から選ぶとき，空欄にあてはまらない語句が2つある。その組み合わせとして正しいものを選べ。

日本国民は，正当に選挙された国会における代表者を通じて行動し，われらとわれらの子孫のために，諸国民との（　　　）による成果と，わが国全土にわたつて（　　　）のもたらす（　　　）を確保し，政府の行為によつて再び戦争の（　　　）が起ることのないやうにすることを決意し，ここに（　　　）が国民に存することを宣言し，この憲法を確定する。

【語群】
ア．恵沢　イ．自由　ウ．惨禍　エ．協和
オ．平和　カ．主権　キ．関係

①　ア，ウ　②　イ，エ　③　ウ，オ　④　エ，カ　⑤　オ，キ

7 ☆☆

次の文は，日本国憲法前文及び第96条の一部である。空欄にあてはまる語句の組み合わせとして正しいものを選べ。

前文

そもそも国政は，国民の厳粛な（　ア　）によるものであつて，その（　イ　）は国民に由来し，その権力は国民の代表者がこれを行使し，その福利は国民がこれを享受する。これは（　ウ　）の原理であり，この憲法は，かかる原理に基くものである。

第96条第1項

この憲法の改正は，各議院の総議員の（　エ　）の賛成で，国会が，これを発議し，国民に提案してその承認を経なければならない。この承認には，特別の国民投票又は国会の定める選挙の際行はれる投票において，その（　オ　）の賛成を必要とする。

	ア	イ	ウ	エ	オ
①	信託	権威	人類共通	過半数	3分の2以上
②	信託	権限	人類共通	3分の2以上	過半数
③	信託	権威	人類普遍	3分の2以上	過半数
④	奉仕	権限	人類普遍	3分の2以上	4分の3以上
⑤	奉仕	権能	人類普遍	過半数	過半数

8 ☆☆

次のうち，天皇の国事行為ではないものはどれか。

① 衆議院の解散

② 内閣総理大臣の任命

③ 最高裁判所長官の任命

④ 国会の召集

⑤ 恩赦の決定

9 ☆

日本国憲法について，5人の生徒が会話をしている。誤った発言をしている生徒は誰か。

A：「日本国憲法は1946年に公布されて，47年に施行されたんだね」

B：「人権に関する様々な規定があるけど，教育を受ける権利は受益権に含まれるね」

C：「職業選択の自由や外国移住の自由，さらには検閲の禁止なんかも規定されているよ」

D：「国会は，国権の最高機関で，唯一の立法機関だね。国会は衆議院と参議院の二院あるんだ」

E：「明治憲法には規定がなかった地方自治に関する規定もおかれているね」

10 ☆☆

次の文は，日本国憲法の条文である。空欄には同一語句が入るが，その語句を記せ。

第11条

国民は，すべての（　　　）の享有を妨げられない。この憲法が国民に保障する（　　　）は，侵すことのできない永久の権利として，現在及び将来の国民に与へられる。

11 ☆☆

次の文は，日本国憲法の条文である。下線部分ａ～ｅの語句について，正しいものに○，誤っているものに×をつけた場合，その組み合わせとして正しいものを選べ。

A：この憲法が国民に保障する$_{a}$自由及び権利は，国民の$_{b}$普遍の努力によつて，これを保持しなければならない。又，国民は，これを濫用してはならないのであつて，常に公共の福祉のためにこれを利用する$_{c}$義務を負ふ。

B：すべて国民は，法の下に平等であつて，人種，信条，$_{d}$職業，社会的身分又は$_{e}$門地により，政治的，経済的又は社会的関係において，差別されない。

① a－○，b－○，c－○，d－×，e－×

② a－○，b－×，c－○，d－×，e－○

③　a－○，b－×，c－×，d－×，e－○
④　a－×，b－×，c－×，d－○，e－○
⑤　a－×，b－○，c－○，d－×，e－×

12 ☆☆

次の文は，日本国憲法の条文である。(　　　)内にあてはまる語句を下の【語群】から選ぶとき，正しい組み合わせを【解答群】から1つ選び番号で答えよ。

すべて国民は，(　A　)として尊重される。生命，自由及び(　B　)追求に対する国民の権利については，公共の(　C　)に反しない限り，(　D　)その他の国政の上で，最大の尊重を必要とする。

【語群】

ア．個人	イ．社会人	ウ．幸福	エ．財産
オ．利益	カ．福祉	キ．秩序	ク．立法

【解答群】

①　A－ア　B－ウ　C－オ　D－キ
②　A－ア　B－ウ　C－カ　D－ク
③　A－ア　B－エ　C－カ　D－キ
④　A－イ　B－エ　C－カ　D－ク
⑤　A－イ　B－ウ　C－オ　D－キ

13 ☆☆☆

次の文は，日本国憲法の条文である。正しいものを1つ選べ。

①　日本国民は，正義と秩序を基調とする国際平和を誠実に希求し，国権の発動たる戦争と，武力による威嚇又は武力の行使は，国際紛争を解決する手段としては，永久にこれを放棄する。

②　すべて国民は，公共の福祉に反しない限り，居住，移転及び職業選択の権利を有する。

③　すべて国民は，法律の定めるところにより，その能力に応じて，ひとしく教育を受ける義務を負う。

④　何人も，いかなる奴隷的拘束も受けない。又，犯罪に因る処罰の場合を除いては，その意に反する苦役に服させられない。

⑤　この憲法が日本国民に保障する基本的人権は，人類の多年にわたる自由獲得の努力の成果であつて，これらの権利は，過去幾多の試錬に堪へ，現在及び将来の国民に対し，侵すことのできない永久の権利として信託されたものである。

14 ☆

次の図を見て，各問いに答えよ。

- 基本的人権
  - 自由権
    - （　ア　）
    - 経済的自由
    - 人身の自由
  - （　イ　）
    - 生存権
    - 教育を受ける権利
    - 労働基本権
  - 平等権
  - 参政権
  - 受益（請求）権

⑴　図中の空欄ア，イに適語を入れよ。

⑵　下線部について，次の憲法の条文の空欄に適語を入れよ。

「すべて国民は，（　　　　）で文化的な最低限度の生活を営む権利を有する。」

15 ☆

次の基本的人権のうち経済的自由権はどれか。

①　請願権

②　勤労の権利

③　職業選択の自由

④　裁判を受ける権利

⑤　刑事補償請求権

16 ☆

次の基本的人権のうち，社会権に属するものはどれか。

① 居住する場所を選ぶ権利
② 教育を受ける権利
③ 自分の好む宗教を信仰する権利
④ 国政に参加する権利
⑤ 職業を選択する権利

17 ☆☆☆

次の日本国憲法条文の空欄に当てはまる語句を正しく並べたとき，空欄Ｆに入るものはどれか。

憲法第26条

第1項 すべて国民は，法律の定めるところにより，（ Ａ ），（ Ｂ ），（ Ｃ ）。

第2項 すべて国民は，法律の定めるところにより，（ Ｄ ），（ Ｅ ）（ Ｆ ）。（ Ｇ ），（ Ｈ ）。

【語群】

ア．義務教育は	イ．ひとしく教育を受ける
ウ．義務を負ふ	エ．これを無償とする
オ．権利を有する	カ．その保護する子女に
キ．その能力に応じて	ク．普通教育を受けさせる

18 ☆

次に挙げる権利のうち，自由権，社会権のいずれにも属さないものはどれか。

① 国民は，法律の定めるところにより，その能力に応じて，ひとしく教育を受ける権利を有する。
② 国民は，法律の定めるところにより，地方公共団体の議会の解散を請求する権利を有する。
③ 思想及び良心の自由は，これを侵してはならない。
④ 公務員による拷問及び残虐な刑罰は，絶対にこれを禁ずる。
⑤ 国民は健康で文化的な最低限度の生活をする権利を有する。

19 ☆☆

次の文を読んで，各問いに答えよ。

基本的人権は，人間が生まれながらにもつ①永久的不可侵の権利であり，自由権的基本権は，17世紀から18世紀に確立した国家権力からの干渉を排除し，自由を守る権利である。もう一つの②社会権的基本権は，国家が経済的に弱い立場の人々の生活を保障するために生まれたもので，20世紀的権利といわれる。

日本国憲法では，基本的人権は，平等権・自由権・社会権・（　A　）・受益（請求）権に分類されている。また一方で，日本国憲法は③国民に三大義務を課している。

ところで，今日の社会の急激な変化のなかで，あらためて④新しい視野から基本的人権を捉え直す動きがでている。

(1)　下線部①について，基本的人権は永久的不可侵の権利であるが，絶対的に保障されるわけではなく，日本国憲法では，他者の人権との衝突を公平に調整する原理によって制限されることがある。この調整原理のことを憲法条文上何というか。

(2)　下線部②として適切でないものを次の中から1つ選べ。

ア．健康で文化的な最低限の生活を営む権利

イ．教育を受ける権利　　ウ．勤労の権利　　エ．黙秘権

(3)　空欄Aに適する語句を記せ。

(4)　下線部③は，子女に教育を受けさせる義務・勤労の義務ともう1つは何か。

(5)　下線部④は新しい人権といわれるが，新しい人権として適切なものを次の中から1つ選べ。

ア．信教の自由　　イ．環境権　　ウ．請願権　　エ．選挙権

20 ☆

日本国憲法に規定されている国民の三大義務をすべて答えよ。

21 ☆

次の図は，立法，行政，司法の三権相互の抑制と均衡の関係を示している。図中のA～Cにあてはまるものはそれぞれどれか。

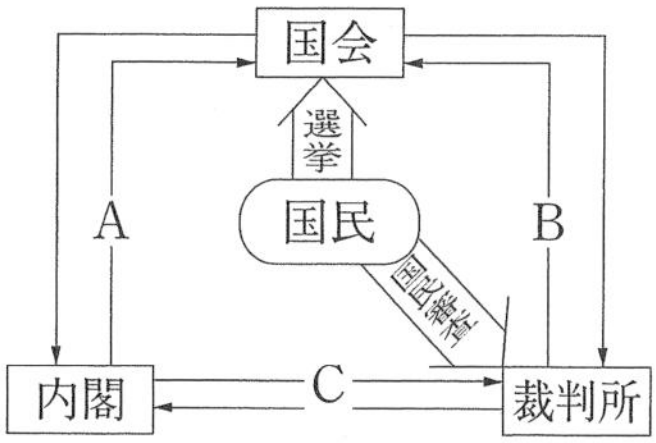

ア．衆議院の解散
イ．内閣総理大臣の指名
ウ．裁判官の弾劾
エ．違憲立法の審査
オ．最高裁判所長官の指名
カ．条約の承認

22 ☆

我が国では，立法権は国会に属するが，行政権はどこに属するか。

23 ☆

機関と権能（国事行為）の組み合わせとして誤っているものを選べ。

① 天皇――――法律の公布
② 国会――――内閣総理大臣の指名
③ 各議院―――国政調査権
④ 内閣――――弾劾裁判所の設置
⑤ 裁判所―――違憲法令審査権

24 ☆

次の国会に関する文の空欄に入る語句を答えよ。

国会には，年1回，定期的に召集される（　A　），臨時に必要に応じて召集される（　B　），衆議院の解散による総選挙後30日以内に召集される（　C　）があり，その他に衆議院が解散中に緊急の必要があり，内閣により召集される（　D　）がある。

25 ☆☆

次の日本国憲法条文の空欄に入る語句を答えよ。

(1) 内閣は，国会の（　A　）の召集を決定することができる。いづれかの議院の総議員の（　B　）の要求があれば，内閣は，その召集を決定しなければならない。
(2) 衆議院が解散されたときは，解散の日から（　C　）日以内に衆議院議員の総選挙を行ひ，その選挙の日から（　D　）日以内に，国会を召集しなければならない。

26　☆

次のうち，衆議院の優越が認められていないものはどれか。

① 予算案の議決
② 条約の承認
③ 憲法改正の発議
④ 内閣総理大臣の指名
⑤ 法律案の議決

27　☆☆☆

衆議院の優越に関する記述として正しいものはどれか。

① 衆議院で可決した法律案について，参議院がこれと異なった議決をしたとき，または参議院が国会休会中の期間を除いて，60日以内に議決しないときは，衆議院の議決が国会の議決となる。

② 衆議院が可決した予算案について，参議院がこれと異なった議決をしたとき，または参議院が国会休会中の期間を除いて，30日以内に議決しないときは，衆議院が出席議員の3分の2以上の多数で再議決すれば，衆議院の議決が国会の議決となる。

③ 条約の承認については，参議院が衆議院と異なる議決をし，両院協議会を開いても意見が一致しないとき，または参議院が，衆議院の可決した条約を受け取った後，国会休会中の期間を除いて，10日以内に議決しないときは，衆議院が再度承認することによって，国会の議決とすることができる。

④ 内閣総理大臣の指名については，参議院が衆議院と異なる議決をし，両院協議会を開いても意見が一致しないとき，または衆議院が指名の議決をした後，参議院が国会休会中の期間を除いて，10日以内に議決しないときは，衆議院の議決が国会の議決となる。

⑤ 憲法改正の発議については，参議院が衆議院と異なる議決をし，両院協議会を開いても意見が一致しないとき，または参議院が国会休会中の期間を除いて，30日以内に議決しないときは，衆議院が出席議員の4分の3以上の多数で再議決すれば，衆議院の議決が国会の議決となる。

28 ☆☆

我が国の国会に関する記述として正しいものはどれか。

① 衆議院議員及び参議院議員の任期は，それぞれ4年と6年であるが，解散のあった場合，衆･参両議院の議員ともその任期は，期間満了前に終了する。

② 法律の発案権は，内閣が有しており，議員はその権利を有していない。

③ 国会の本会議は公開が原則とされているが，出席議員の3分の2以上の多数で議決したときは秘密会を開くことができる。

④ 衆・参両議院の議員は，国会期間中はいかなる場合でも逮捕されることはない。

⑤ 国会に議席のない国務大臣は，議院からの要請があった場合に限り，議院に出席することができる。

29 ☆☆

国会に関する記述として正しいものはどれか。

① 法律案と予算案はいずれも衆議院に先に提出され,衆議院から審議される。

② 法律案の議決が衆議院と参議院とで異なった場合，必ず両院協議会が開かれる。

③ 参議院の緊急集会でとられた措置は，次の国会開会後10日以内に衆議院の同意がなければ，その効力を失う。

④ 国政調査権は，衆議院のみに与えられた権限である。

⑤ 国会議員は，心身の故障のために職務を執ることが不可能であると裁判で決定された場合以外は除名されない。

30 ☆☆

立法過程に関する記述として正しいものはどれか。

① 法律案を国会へ提出できるのは内閣だけであり，国会議員の発議によって提出することはできない。

② 両議院は，各々その総議員の過半数の出席がなければ，議事を開き議決することができない。

③ 両議院の議事は特別の場合を除き，出席議員の過半数でこれを決し，可否同数のときは議長の決するところによる。

④　同一の法律案につき衆議院で可決し，参議院で異なった議決をしたときには，衆議院の議決が国会の議決とされる。

⑤　衆議院が解散した場合，参議院は継続して法律案を審議し，効率的な議会運営が行われることになっている。

31 ☆☆

次の国会に関する文の空欄にあてはまる語句を，【語群】からそれぞれ選べ。

⑴　予算の議決などで，衆議院と参議院の意見が異なった場合，（　A　）が開かれる。

⑵　衆議院の解散中，国に必要な事態が発生した場合，内閣の求めにより，（　B　）が開かれることがある。

⑶　議案は，本会議で採決される前に，原則として（　C　）で審議される。

⑷　（　C　）では，重要な案件について，学識者などから意見を聴く（　D　）が開かれることがある。

【語群】

ア．特別会	イ．臨時会	ウ．参議院の緊急集会	エ．公聴会
オ．審議会	カ．委員会	キ．両院協議会	ク．秘密会

32 ☆☆

次の文を読んで，各問いに答えよ。

国会は，①国権の最高機関であり，国の唯一の立法機関である。国会は，衆議院と参議院からなるが，多くの事項において，②衆議院の優越が認められている。

両議院は，その総議員の3分の1以上の出席がなければ議事を開き議決することができない。また，議院における自由な討論を確保するために，③議員は，議院で行った演説・討論または表決について，院外で責任を問われないことになっている。

内閣は，国会の信任に基づいて成立し，内閣総理大臣と④国務大臣によって構成されるが，国会から不信任とされた場合，内閣は総辞職するかあるいは衆議院を⑤解散しなければならない。

⑴　下線部①の説明として最も適切なものを，次の中から選べ。

ア．国会は他の機関に対して，指揮・命令権をもつ。

イ．国会は他の機関による抑制をいっさい受けない。

ウ．国会は主権を行使すべき立場にある。

エ．国会は国政全般に最高の責任を負うべき機関である。

⑵　下線部②が認められていないものを，次の中から選べ。

ア．法律案の議決　　　イ．予算の議決

ウ．憲法改正の発議　　エ．条約締結の承認

⑶　下線部③の説明として適切でないものを，次の中から選べ。

ア．この特権は議事堂内における演説・討論などに限られるものではない。

イ．国民によって名誉毀損で訴えられることはない。

ウ．選挙民によって公約違反を理由にリコールされない。

エ．国民によって公約違反を理由に裁判所に訴えられない。

⑷　下線部④の説明として適切でないものを，次の中から選べ。

ア．文民である。

イ．すべて国会議員である。

ウ．任意に内閣総理大臣によって罷免される。

エ．在任中，内閣総理大臣の同意がなければ訴追されない。

⑸　下線部⑤による総選挙後に開かれる国会として適切なものを，次の中から選べ。

ア．通常国会　　イ．臨時国会　　ウ．特別国会　　エ．緊急集会

33　☆☆

次の文は，日本国憲法第66条の条文である。空欄Ａ～Ｄにあてはまる語句を記せ。

⑴　内閣は，法律の定めるところにより，その首長たる（　Ａ　）及びその他の（　Ｂ　）でこれを組織する。

⑵　（　Ａ　）その他の（　Ｂ　）は，（　Ｃ　）でなければならない。

⑶　内閣は，行政権の行使について，（　Ｄ　）に対し連帯して責任を負ふ。

34　☆☆

次の内閣に関するア～エの記述のうち，正しいものに○，誤っているものに×をつけた場合，その組み合わせとして正しいものはどれか。

ア．衆議院または参議院が内閣不信任決議案を可決したときは，10日以内に衆議院が解散されない限り内閣は総辞職しなければならない。

イ．内閣総理大臣は，衆議院議員の中から国会の議決により任命され，天皇が認証する。

ウ．内閣総理大臣が欠けたとき，または衆議院議員総選挙後初めて国会が召集されたときは，内閣は総辞職しなければならない。

エ．内閣総理大臣は，民間人を国務大臣に起用する場合，閣議において承認を得なくてはならない。

	ア	イ	ウ	エ
①	○	○	×	○
②	○	×	○	×
③	×	×	○	×
④	×	○	×	○
⑤	×	×	○	○

35 ☆☆

次の文は，内閣総理大臣に関する記述である。空欄Ａ～Ｅにあてはまる語句を記せ。

⑴　内閣総理大臣は，（　Ａ　）の中から国会の議決で（　Ｂ　）される。

⑵　内閣総理大臣は，（　Ｃ　）を任命する。但し，その過半数は（　Ｄ　）の中から選ばなければならない。

⑶　内閣総理大臣は，行政各部を（　Ｅ　）する。

36 ☆

内閣の職務権限として誤っているものはどれか。

①　法律の執行と国務の総理

②　条約の承認

③　予算の作成

④　最高裁判所長官の指名

⑤　臨時会の召集決定

37 ☆☆

内閣の権限と内閣総理大臣の権限に関する次のア～クの記述のうち，内閣の権限に属するもののみを挙げているものはどれか。

ア．国務大臣の任免
イ．条約の締結
ウ．予算の作成
エ．天皇の国事行為に対する助言と承認
オ．行政各部の指揮監督権
カ．最高裁判所長官の指名
キ．参議院の緊急集会の要求
ク．一般国務及び外交関係についての国会への報告
① ア，イ，カ
② イ，ウ，キ
③ ウ，エ，オ
④ ア，オ，カ
⑤ エ，カ，ク

38 ☆☆

次の各問いに答えよ。

⑴ 公益や国策のために特別法に基づいて国が設立した法人で，公的資金を受けて業務を行っているものを何というか。次のア～エより選べ。

ア．独立行政法人　　イ．特殊法人
ウ．財団法人　　エ．社団法人

⑵ 内閣からある程度独立した地位をもち，複数の委員によって構成される合議制の機関のことを何というか。次のア～エより選べ。

ア．行政委員会　　イ．私的諮問機関
ウ．審議会　　エ．公聴会

⑶ 2001年の省庁再編により，建設省・運輸省・国土庁・北海道開発庁を統合して誕生した省庁名を答えよ。

39 ☆

裁判所が有している，法律や命令が憲法に適合しているかどうかを判断する権限のことを何というか。

40 ☆

次の図は，我が国における刑事裁判のしくみを表したものである。これについて，各問いに答えよ。

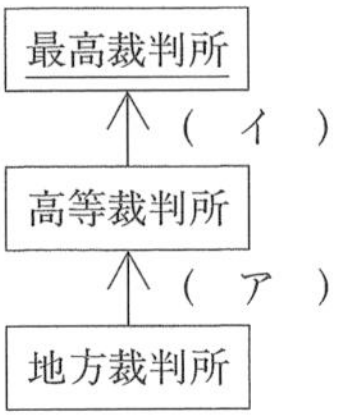

⑴　空欄ア，イには判決内容に不服があった場合に，上級の裁判所に裁判を求めることを表す言葉が入るが，その言葉の組み合わせとして正しいものを選べ。

	ア	イ
①	控訴	再審
②	控訴	上告
③	抗告	上告
④	抗告	再審
⑤	再審	抗告

⑵　図のように，原則として3回まで裁判を求めることができる制度を何というか。

⑶　下線部について，最高裁判所は，憲法解釈に関する最終的な判断を決定する権限が与えられている。このことから，最高裁判所は何とよばれるか。

41 ☆☆

裁判所に関する記述として適切なものを2つ選ぶとき，その組み合わせとして正しいものはどれか。

ア．最高裁判所長官は，法務大臣の指名に基づき内閣総理大臣が任命する。

イ．特別裁判所は，これを設置することができない。また行政機関は，終審として裁判を行うことができない。

ウ．最高裁判所は，一切の法律，命令，規則又は処分が憲法に適合するかしないかを決定する権限を有するが，下級裁判所はこの権限を有しない。

エ．裁判の判決・対審は，公開法廷でこれを行うが，裁判官の3分の2以上の一致で，公の秩序又は善良の風俗を害する虞があると決した場合には，対審は，公開しないでこれを行うことができる。

オ．すべて裁判官は，その良心に従い独立して職権を行い，憲法及び法律にのみ拘束される。

① ア，エ　② ア，オ　③ イ，ウ

④ イ，オ　⑤ ウ，エ

42 ☆☆

裁判官の身分保障等に関する記述として誤っているものはどれか。

① 行政機関による裁判官の懲戒は，禁止されている。

② 最高裁判所を含むすべての裁判官は，心身の故障による職務執行が不能と決定された場合と，公の弾劾以外の原因により罷免されることはない。

③ 裁判官は定期に相当額の報酬を受け，在任中減額されない。

④ 裁判官は在任中，意に反する免官，転官を強制されない。

⑤ 最高裁判所裁判官には任期の定めはないが，下級裁判所裁判官の任期は10年である。

43 ☆

次の文を読んで，各問いに答えよ。

我が国では，司法権は，①最高裁判所，②高等裁判所，③地方裁判所，④家庭裁判所などの裁判所に属している。日本国憲法では，司法権の独立を認め，「すべて裁判官は，その（　A　）に従ひ独立してその職権を行ひ，この憲法及び（　B　）にのみ拘束される。」と定めている。また，憲法は，この司法権の独立を保障するために，裁判官は，裁判により心身の故障で職務がとれないと決定された場合を除いては，⑤国会に設ける裁判所の裁判によらなければやめさせられることはないとしている。

(1) 空欄A，Bに当てはまる語句を記せ。

(2) 下線部①の長官を指名するのはどこか。次の中から1つ選べ。

ア．内閣　イ．天皇　ウ．最高裁判所　エ．国会

(3) 下線部①～④の裁判所のうち，その裁判官が国民審査を受けることとされている裁判所はどれか。番号で答えよ。

(4) 下線部⑤の裁判所の名称を記せ。

44 ☆☆☆

次の裁判員制度に関するア～オの記述のうち，正しいものに○，誤っているものに×をつけた場合，その組み合わせとして正しいものはどれか。

ア．裁判員制度は，殺人などの重大な犯罪を除く刑事事件の第一審・第二審に国民が参加し，有罪・無罪の事実認定と量刑判断を行うものである。

イ．裁判員は40歳以上の有権者から無作為で選出される。公判への出席は国民の権利であることから，選任されたとしても自らの判断により辞退することが可能である。

ウ．基本的には，裁判員6人と職業裁判官3人の計9人で審理が行われるが，争いのない事件の場合には，裁判員4人，裁判官1人の計5人でも可能となっている。

エ．裁判員は，生涯守秘義務を負うこととされており，秘密を漏洩した場合には，刑事罰が科される。

オ．裁判員に選任された者が任務のために仕事を休んだ場合，それを理由にして企業が解雇したり，降格したりすることは許されない。

	ア	イ	ウ	エ	オ
①	○	○	○	×	○
②	○	×	○	×	○
③	×	○	×	○	×
④	×	×	○	○	○
⑤	×	○	○	○	×

45 ☆

地方自治に関する次の文の空欄に入る語句を答えよ。

⑴　地方自治は日本国憲法で保障され，（　A　）法にその詳しい定めがある。

⑵　地方公共団体は，法律の範囲内において，（　B　）を制定することができる。

⑶　住民の一定数が署名し，地方公共団体の政治・行政に関することがらを，直接，首長などに請求することができる権利を（　C　）権という。

⑷　地方議会の議員の被選挙権は，満（　D　）歳以上であり，知事は満（　E　）歳以上，市町村長は満（　F　）歳以上である。

⑸　地方公共団体の首長と地方議会の議員の任期は，ともに（　G　）年である。

46 ☆

次の表は，住民の直接請求権に関する表である。空欄A～Dにあてはまる語句を記せ。

種　類	必要署名数	請求先
条例の制定・改廃の請求	有権者の50分の1以上	（　A　）
事務の監査の請求	有権者の50分の1以上	（　B　）
議会の解散の請求	有権者の（　C　）以上〔原則〕	選挙管理委員会
議員・首長の（　D　）の請求	有権者の3分の1以上〔原則〕	選挙管理委員会

47 ☆☆

地方自治における直接請求権に関する記述として正しいものはどれか。

① 条例の制定・改廃の請求は，有権者の50分の1 以上の署名で，議会議長に請求する。

② 事務の監査の請求は，有権者の30分の1以上の署名で，監査委員に請求する。

③ 議会の解散の請求は，原則として有権者の3分の1以上の署名で，選挙管理委員会に請求し，署名が適正であると確認されれば，その時点で議会は解散する。

④ 議員の解職の請求は，原則として有権者の3分の1以上の署名で，地方公共団体の長に請求する。

⑤ 首長の解職の請求は，原則として有権者の3分の1以上の署名で，選挙管理委員会に請求し，その後の住民投票で過半数の同意があったときに職を失う。

48 ☆☆

次のうち，住民の直接請求権によって請求できないものはどれか。

① 地方議会の解散　② 首長の解職　③ 国会議員の解職
④ 当該地方公共団体の事務に関する監査　⑤ 条例の制定・改廃の請求

49 ☆☆

次の文章を読み，各問いに答えよ。

憲法第92条は「地方公共団体の組織及び運営に関する事項は，a地方自治の本旨に基いて，b法律でこれを定める」と規定している。

地方公共団体は，cかつては国の事務の多くを行い，財源基盤も弱かったが，地方分権改革により，自治の割合が拡大している。現在，地方の事務は，地方公共団体自らが主体的に行うことのできる自治事務と，本来は国の事務である（　　　）の二種類に分けられるが，前者の比率の方が高くなっている。財政面においても，小泉政権下で行われたd三位一体の改革によって，地方自治を推進する基盤整備が図られた。

(1)　下線部aについて，地方自治の本旨を表すものの組み合わせとして正しいものを選べ。

①　住民自治，地方分散
②　住民自治，団体自治
③　団体自治，住民参加
④　団体自治，地方分散
⑤　住民参加，地方分散

(2)　下線部bの法律は何か，答えよ。

(3)　下線部cの現象を揶揄して，かつて「（　　　）自治」とよばれたことがある。（　　　）に入る語句を答えよ。

(4)　文中の空欄に入る語句を答えよ。

(5)　下線部dの三位一体の改革の内容を3つ挙げよ。

(6)　イギリスの政治学者ブライスは，「地方自治は（　　　）である」と述べている。（　　　）に入る言葉を答えよ。

50 ☆☆☆

地方自治について，各問いに答えよ。

(1)　三位一体改革の「三位」に該当しないものをア～エから一つ選べ。

ア．市町村合併
イ．国から地方への税源移譲
ウ．地方交付税の見直し
エ．補助金の廃止・削減

⑵　全国の市町村数（2023年6月現在）として，妥当なものをア～エから一つ選べ。

ア．約15,000

イ．約10,000

ウ．約3,200

エ．約1,700

51　☆☆

次の文中の空欄に適語を入れよ。

⑴　国税の一部を地方自治体に使途を限定せずに配分するものを（　A　）といい，自治体の財源の約2割を占めているが，国の三位一体の改革によりその配分額が抑制されつつある。

⑵　地方自治体が資金調達のために発行する（　B　）の起債には，発行に際して，総務大臣または都道府県の許可が必要であったが，2006年度から事前協議制度に移行した。

3 現代政治の特質

●解答解説P235～237

●傾向と対策

重要度：B

選挙制度の出題が多い。衆議院・参議院の選挙制度のしくみや選挙区制（小選挙区制，大選挙区制）ごとの長所・短所などが問われている。また，近年の公職選挙法の改正の動向なども頻出である。改正の動向については，かなり細かく問われることから，新聞などで最新情報をチェックしておこう。

選挙制度以外では，政党・圧力団体なども問われることがあるので，基本事項は押さえておく必要がある。

52 ☆

小選挙区制の特徴として正しいものはどれか。

① 1選挙区から2～5名を選出する。
② 死票が多い。
③ 選挙費用が高くなりやすい。
④ 少数政党に有利である。
⑤ 大衆の意見が反映されやすい。

53 ☆

日本の選挙の基本原則として誤っているものを1つ選べ。

① 間接選挙　② 普通選挙　③ 平等選挙
④ 秘密選挙　⑤ 直接選挙

54 ☆

選挙制度と政党に関する記述として正しいものはどれか。

① 小選挙区制では，ゲリマンダーが発生する危険性が低い。
② 比例代表制は，二大政党制となる傾向が強く，政局が安定する。
③ 普通選挙とは，財産，性別などで選挙権を制限しない選挙のことをいう。
④ 政党は自己の特殊利益実現のために結成されるのに対して，圧力団体は国民的利益増進のために組織される。
⑤ 政権についている政党のことを野党，政権についていない政党のことを与党という。

55 ☆☆

我が国の衆議院議員選挙で行われている小選挙区比例代表並立制に関する記述として正しいものはどれか。

① 我が国の小選挙区比例代表並立制では，400人を小選挙区から選出する。
② 我が国の小選挙区比例代表並立制では，242人を比例代表で選出する。
③ 我が国の小選挙区比例代表並立制では，小選挙区の候補者は同時に各ブロックごとの比例代表選挙の名簿登載者とはなれない。
④ 我が国の小選挙区比例代表並立制では，小選挙区の各選挙区の定数は最低でも2人である。
⑤ 衆議院の議員定数を計算･配分する際に人口比をより反映しやすくする「アダムズ方式」を2022年以降に導入することが決定した。

56 ☆☆

我が国の参議院議員選挙に関する記述として誤っているものはどれか。

① 定数248人のうち，148人を選挙区で，100人を比例代表で選出する。
② 比例代表では，政党は当選順位を記載しない候補者名簿を提出する。
③ 比例代表では，有権者は政党名のみならず，候補者個人名でも投票することができる。
④ 比例代表は，全国を11のブロックに分けて行う。
⑤ 比例代表の獲得議席数は政党名と個人名の得票数を合算して決定され，個人の得票数に従って当選者が決定する。

57 ☆☆☆

次の我が国の選挙事情に関する文を読み，各問いに答えよ。

我が国の衆議院議員選挙で普通選挙法が制定されたのは（　A　）年のことである。このときは満25歳以上の男子のみが対象とされたが，1945年以降，満20歳以上の男女にa選挙権が与えられた。2015年6月には，選挙権年齢を（　B　）歳以上とする改正公職選挙法が成立した。

一方，近年では，投票率の低下が深刻な問題となっている。b投票時間の拡大や不在者投票の要件緩和などで投票所に足を運びやすくしているものの，c政治的無関心層は増大する一方である。

⑴　文中の空欄A・Bに入る数字を答えよ。Aには西暦年が入る。

⑵　下線部aに関連して，衆議院議員と参議院議員の被選挙権が与えられる年齢をそれぞれ答えよ。

⑶　下線部bに関して，現在の選挙投票日当日における投票時間は原則として何時から何時までとされているか。

⑷　下線部cに関して，政治的無関心を伝統型無関心と現代型無関心に分類した社会学者は誰か。次のア～オより選べ。

ア．リースマン　　イ．ラズウェル　　ウ．フロイト
エ．マズロー　　オ．エリクソン

⑸　我が国の国政選挙・地方選挙の実施に関する基本的ルールを定めた法律を何というか答えよ。

58 ☆☆☆

我が国の選挙制度に関する記述として正しいものはどれか。

①　国会議員などの選挙の立候補者は供託金を納めなければならないが，これは国などの選挙事務費用を調達するためである。

②　選挙運動としての戸別訪問は禁止されているが，これは買収や脅迫行為を未然に防ぎ選挙の公正を確保するためである。

③　選挙区ごとの議員一人あたりの有権者数の格差のことを「一票の格差」というが，我が国では，毎年，人口の増減に応じて選挙区の変更が行われることから一票の格差は生じていない。

④　当選した候補者が自ら買収などの選挙犯罪を犯さない限り，その当選が無効となることはない。

⑤　外国籍住民にも，地方選挙に限り選挙権，被選挙権が認められている。

59 ☆☆☆

選挙制度改革に関する記述のうち，正しいものを3つ選ぶとき，正しいものの組み合わせを選べ。

ア．電子投票とは，コンピュータ端末を利用したタッチパネル方式の投票方式をいい，2002年の電子投票法の施行により，国政選挙・地方選挙の双方において導入された。

イ．衆議院議員選挙では，小選挙区と比例代表に重複立候補できるが，小選挙区で一定の得票率に到達せずに敗北した候補者については，比例代表で復活当選することはできない。

ウ．比例代表で選出された議員が，選挙後に従来からある別の政党や選挙後新たに誕生した政党に移籍することはできず，無所属になることも認められていない。

エ．期日前投票とは，選挙権の確定時期を投票時点に改めた制度であり，不在者投票では，二重封筒に入れて投票していたものが，直接有権者が投票箱に入れる方式に改められている。

オ．在外投票とは，海外に在住している日本人が登録の上，在外公館などで投票できることをいい，国政選挙・地方選挙いずれにおいても制度化されている。

カ．何人も，ウェブサイト等を利用する方法により選挙運動を行うことができる。ただし，電子メールを利用する方法による選挙運動用文書図面については，候補者，政党等に限り頒布できる。

① ア，イ，エ　② ア，ウ，オ　③ イ，ウ，オ
④ イ，エ，カ　⑤ ウ，オ，カ

5
経済
Open Sesame

1 現代経済の特徴と働き

●解答解説P238～243

●傾向と対策

重要度：**B**

需要供給曲線，独占・寡占，国民所得，中央銀行の役割，金融政策，財政政策，租税などが頻出である。しかし，問われることはいたって基本的なことが中心なので，基本理論の修得に努めておこう。過去問題を数多くこなしておくと，よく問われている事柄がみえてくるので，過去問題の演習を積み重ねて実践力を養おう。そして，関連する時事問題にも注意を払っておくこと。

1 ☆

価格機構に関する記述として正しいものはどれか。

① 供給曲線は右上がりの曲線である。
② 需要曲線は右上がりの曲線である。
③ 需要が増えると，価格は下がる。
④ 供給が増えると，価格は上がる。
⑤ 価格が下がると，需要は減る。

2 ☆

次の図は，需要・供給量と市場価格の関係を表したものである。需要曲線が矢印の方向に動いて破線で示す需要曲線になった場合の記述として正しいものはどれか。

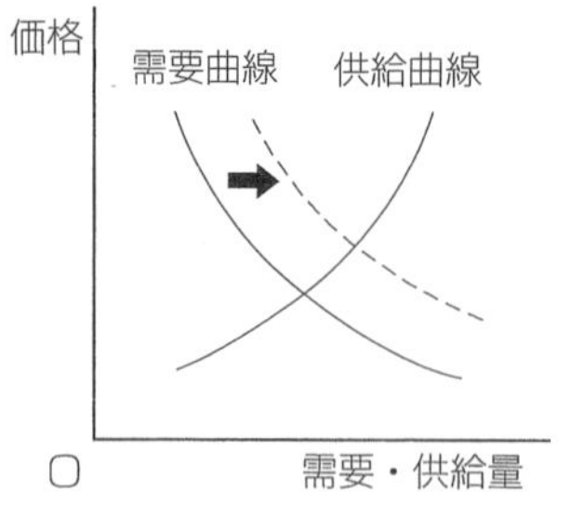

① 供給量が減って，価格が下がった。
② 供給量が増えて，価格が下がった。
③ 需要量が減って，価格が上がった。
④ 需要量が増えて，価格が上がった。
⑤ 需要量も供給量も増えて，価格が上がった。

3 ☆

次の文を読んで各問いに答えよ。

完全競争市場においては，価格が上がると需要量は（　A　）し，価格が下がると需要量は（　B　）する。一方，価格が上がると供給量は（　B　）し，価格が下がると供給量は（　A　）する。その結果，価格は需要量と供給量が一致した点で定まる。このときの価格のことを（　C　）という。こうしたメカニズムは，経済学者<u>アダム＝スミス</u>が説明している。

(1)　空欄A～Cにあてはまる語句の組み合わせとして正しいものを選べ。

	A	B	C
①	増加	減少	均衡価格
②	増加	減少	公定価格
③	減少	増加	均衡価格
④	減少	増加	生産価格
⑤	減少	増加	公定価格

(2)　下線部について，アダム＝スミスは著書『国富論』の中で，こうしたメカニズムについて神の「（　　　）」が作用していると形容した。（　　　）にあてはまる語句を記せ。

4 ☆☆☆

次の図は，需要・供給曲線を示したものであり，当初A点で需給は均衡しているとする。ここで技術革新によって生産の費用が削減されたときの新しい均衡点として正しいものはどれか。

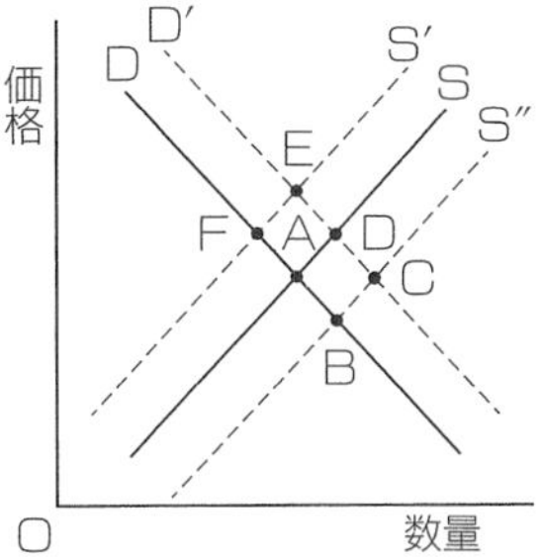

①　B点
②　C点
③　D点
④　E点
⑤　F点

5 ☆☆

独占，寡占に関する記述として誤っているものはどれか。

① 市場の独占は，独占禁止法により禁止されている。

② 寡占市場では，非価格競争が行われやすい。

③ 寡占市場では，管理価格になることはほとんどない。

④ プライス＝リーダーが出現し，価格の先導をするようになるのは寡占市場においてである。

⑤ 寡占市場では，完全競争市場と比較して価格の下方硬直性が強い。

6 ☆☆

企業の特徴に関する記述として正しいもののみをすべて挙げているものはどれか。

ア．カルテルとは，同種の産業の企業が独立性を失って合併することをいう。

イ．トラストとは，同種の産業の企業が価格や生産量などで協定を結ぶことをいう。

ウ．コンツェルンとは，親会社が異なる産業の企業を株式保有などを通じて系列化し，支配する企業集団をいう。

エ．コングロマリットとは，ある企業が国内のみならず国際的に企業活動を行うことをいう。

オ．M＆Aとは，企業を合併・買収し，経営規模を拡大したり，経営の多角化を図ることをいう。

① ア，ウ　② ア，エ　③ イ，エ　④ イ，オ　⑤ ウ，オ

7 ☆☆☆

企業に関する記述として正しいものはどれか。

① 現代の企業の中心である株式会社は，「所有（資本）と経営の一体」が特徴であることから，株主の経営責任が明確になりやすい。

② 少数の大企業によって市場が占められている寡占市場では，商品を少しでも安く提供しようとすることから，品質・サービス面での競争ではなく，価格競争が激化する。

③ 企業は市場支配力を高めるために，価格や生産量，販路などを取り決める

カルテルや同種の企業同士が合併して一つの大企業になるトラストで企業の結合を高める。

④　主に持株会社が，株式の保有を通じて異なる業種の複数の企業を支配していくことをコンツェルンというが，我が国では，持株会社は社会的影響力が大きいことから禁止されている。

⑤　大企業の中には，独創性や新規性を軸に新規市場の開拓を進めていこうとする企業があり，これをベンチャー＝ビジネスというが，ベンチャー＝ビジネスは中小企業にはみられないものである。

8　☆

経済循環に関する次の図中の空欄にあてはまる語句の組み合わせとして正しいのはどれか。

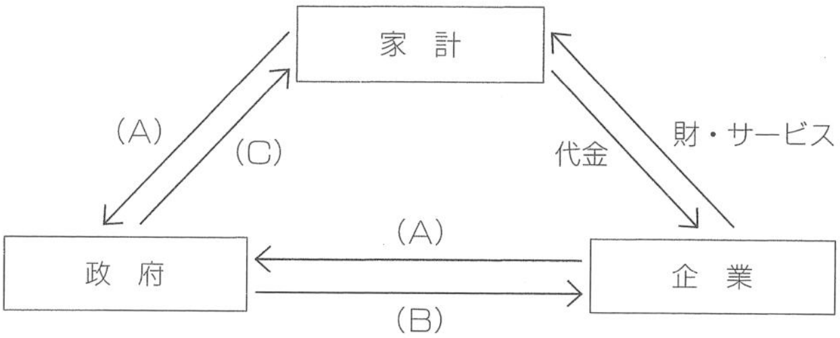

	A	B	C
①	租税	賃金	資本
②	租税	補助金	社会保障
③	労働力	補助金	資本
④	労働力	賃金	租税
⑤	賃金	労働力	社会保障

9　☆☆

次の文は，国民所得に関する記述である。空欄Ａ～Ｄに適する語句を記せ。

国民所得とは，国全体の経済活動の水準を数量的に捉えるための概念であり，いくつかの指標が用いられる。

特に代表的なものは，国内総生産（GDP）で，国内産出額（総生産額から海外からの純所得を差し引いたもの）から（　Ａ　）を差し引くことで示される。

GDPから（　B　）を差し引いたものが国内純生産（NDP）である。

このほかに国民総所得（GNI）なども主要な指標として用いられる。

国民経済の純生産物の流れを生産面から捉えたのが生産国民所得であり，各産業の付加価値を合計して算出する。生産の過程で各経済主体は所得を得るが，この面からみるのが（　C　）国民所得である。そして，所得は消費や投資によって支出に向けられる。これを支出国民所得という。これら3つの国民所得の大きさは原理的に一致するはずであり，このことを（　D　）の原則という。

10　☆☆☆

国民所得の諸概念に関する記述として正しいものはどれか。

①　国内総生産は，ある期間にある国内で生産される付加価値の総額である。

②　最近では国内総生産ではなく，国民総生産を経済指標として重要視している。

③　国内総生産は，国民総所得に海外からの純所得を加えたものに等しい。

④　主婦の家事労働は国内総生産に含まれるが，キャピタルゲインは国内総生産に含まれない。

⑤　公害は国内総生産に含まれるが，農家の自家消費は国内総生産に含まれない。

11　☆

次のうち，A－3～4年前後の周期，B－8～10年前後の周期，C－50年前後の周期をもつ景気変動の波の組み合わせとして正しいものはどれか。

	A	B	C
①	キチンの波	クズネッツの波	コンドラチェフの波
②	キチンの波	ジュグラーの波	コンドラチェフの波
③	ジュグラーの波	コンドラチェフの波	キチンの波
④	ジュグラーの波	クズネッツの波	キチンの波
⑤	クズネッツの波	ジュグラーの波	コンドラチェフの波

12 ☆

経済用語に関する記述の組み合わせとして正しいものはどれか。

A．景気停滞下で，物価が持続的に上昇すること。

B．通貨供給量の不足などにより，物価が下落すること。

C．通貨の増発などにより，物価が持続的に上昇すること。

	A	B	C
①	インフレーション	デフレーション	スタグフレーション
②	スタグフレーション	デノミネーション	インフレーション
③	インフレーション	デノミネーション	デフレーション
④	スタグフレーション	デフレーション	インフレーション
⑤	デノミネーション	インフレーション	デフレーション

13 ☆

インフレーション期に関する記述として正しいものはどれか。

① 企業の合理化が行われ，失業者が増大する。

② 貨幣価値が上昇し，物価が下落する。

③ 労働者の労働意欲が低下する。

④ 企業の利潤が増大し，生産が拡大する。

⑤ 設備投資が減少し，設備の改廃が行われる。

14 ☆

次の文は，日本銀行の機能，及び業務と役割についての記述である。空欄A～Cにあてはまる語句の正しい組み合わせはどれか。

日本銀行は，数多くの金融機関のうちで我が国における唯一の（　A　）銀行であり，しかも，国庫金の出納及び国債の償還・利払・登録等国債事務の代行等を行う（　B　）の銀行としての側面ももっている。また，通貨価値の安定，金融の調整，及び信用制度の保持育成を図るために各種の金融政策を発動するが，現在は，有価証券の売買を行う（　C　）が金融政策の中心的手段となっている。

	A	B	C
①	発券	政府	公開市場操作
②	国策	銀行	公開市場操作
③	特殊	政府	公開市場操作

④　国策　　銀行　　預金準備率操作
⑤　発券　　銀行　　預金準備率操作

15　☆☆

日本銀行に関する記述として正しいものはどれか。

① 発券銀行として，我が国が保有する金の範囲内で兌換紙幣である日本銀行券を発行する。

② 政府の銀行として，住宅・道路整備などに投・融資する財政投融資の資金を供給する。

③ 銀行の銀行として，市中金融機関の支払準備金を預金として受け入れたり，手形の再割引を行う。

④ 国の歳入が不足しているときに，独自の判断で国債の発行額を決定し，財政支援を行う。

⑤ 金融政策として，景気が停滞しているときに，売りオペレーションを行い，景気を刺激する。

16　☆

次の文の空欄Ａ～Ｄに適当な語句を記せ。

日本銀行は経済安定を図るうえで重要な役割を占めており，その金融政策には，主に公開市場操作，預金準備率操作がある。

公開市場操作は景気過熱時には民間金融機関との間での債券の（　Ａ　）オペレーション，不景気時には（　Ｂ　）オペレーションを行う。また，預金準備率操作は景気過熱時には支払準備率を（　Ｃ　）げて民間の資金量を減らし，不景気時にはこれを（　Ｄ　）げて資金量を増やすといった方法で景気の調節を行う。

17　☆

政府の行う財政政策，日本銀行の行う金融政策のうち，景気を刺激するものの組み合わせとして正しいものはどれか。

Ａ．支払準備率引き下げ
Ｂ．政府支出削減
Ｃ．売りオペレーション
Ｄ．所得税減税

① A，B　② A，D　③ B，C　④ B，D　⑤ C，D

18 ☆

政府の経済活動である財政には，資源配分の調整，所得の再分配，経済の安定化及び適度の経済成長の実現という4つの役割がある。次に挙げた財政政策のうち，主として所得の再分配の役割を担っているものはどれか。

① 公共投資政策　② フィスカル＝ポリシー
③ 公債発行政策　④ ビルトイン＝スタビライザー
⑤ 累進課税制度

19 ☆☆☆

財政の機能に関する記述として誤っているものはどれか。

① 市場機構に委ねることでは全くあるいは不十分にしか供給されない「公共財」の調整を行うような，資源配分機能を果たしている。
② 高所得者には重く，低所得者には軽く課税する一方で，生活保護や年金，失業手当などの社会保障給付などを低所得層に対して支出することにより，所得再分配機能を果たしている。
③ 景気の悪いときに税収は減り，社会保障給付は増加して，景気の刺激作用をもち，景気の良いときにはその逆に働くというビルトイン＝スタビライザーによって，景気調整機能を果たしている。
④ 不況期には歳出を増加させ，あるいは減税を実施して，経済全体の需要を増加させることによって，景気を上向かせるという，フィスカル＝ポリシーによって，景気調整機能を果たしている。
⑤ 歳入と歳出のバランスをとり，赤字予算を避けることによって，すなわち，均衡予算をとることによって，景気調整機能を果たしている。

20 ☆

次の各問いに答えよ。

(1) 次の文中の空欄に適語を入れよ。

公的な有償資金を原資として，特殊法人や地方公共団体に対して行われる投資や融資のことを(　　　)といい，その内容については，国会の審議・議決を受ける。

(2) 『雇用・利子及び貨幣の一般理論』を著したのは誰か，次の①～⑤から選べ。

① アダム＝スミス　② マルクス
③ ケインズ　④ リカード
⑤ J.S.ミル

21 ☆

税目とその区分が正しく組み合わされているものはどれか。

① 所得税――――直接税――――地方税
② 相続税――――間接税――――国税
③ 固定資産税――間接税――――地方税
④ 酒税―――――直接税――――国税
⑤ 自動車税―――直接税――――地方税

22 ☆☆

税の分類についての組み合わせとして正しいものはどれか。

	〔直接税〕	〔間接税〕	〔国税〕	〔地方税〕
①	固定資産税	事業税	所得税	相続税
②	関税	消費税	法人税	事業税
③	法人税	酒税	消費税	固定資産税
④	地方たばこ税	住民税	関税	法人税
⑤	所得税	消費税	住民税	関税

23 ☆

我が国の所得税の説明として適切なものをすべて挙げている組み合わせはどれか。

A．間接税である。

B．直接税である。

C．累進課税である。

D．逆進課税である。

E．所得の再分配の機能をもっている。

① A，D　② A，D，E　③ B，C，E

④ A，C，E　⑤ B，D

24 ☆☆☆

我が国の租税に関する記述の正誤を○×で示した場合，その組み合わせとして正しいものはどれか。

ア．租税には直接税と間接税があり，直接税には所得税，法人税，関税が，間接税には消費税，相続税，固定資産税がある。

イ．直接税と間接税の比率のことを直間比率というが，我が国の国税についてみた場合，約4：6で間接税の比率の方が高い。

ウ．租税は国民から強制的に徴収する性質を有することから，憲法では，租税の新設や変更の際には，国会が制定する法律に基づかなくてはならないと規定している。

エ．間接税は，所得の高低に応じて負担割合が異なる累進性をもつことから，直接税に比べて所得の再分配効果が大きい。

	ア	イ	ウ	エ
①	○	○	×	×
②	○	×	○	×
③	×	×	○	×
④	×	○	×	○
⑤	×	×	○	○

25 ☆

所得以外の企業活動を示す指標を課税の基準として，税額を決める課税方式を何というか。

26 ☆☆

我が国の国債に関する記述として正しいものはどれか。

① 国債とは，政府が借金のために発行する債券のことで，日本銀行が直接引き受けることを原則としている。

② 建設国債は，道路や公園など将来世代も利用できる社会資本を建設するために発行される。

③ 赤字国債は，人件費や事務経費を補うために発行されるもので，財政法により発行が認められている。

④ 国債を大量に発行すると，デフレーションをまねく上，元本・利子返済のための国債費が増大し，財政を圧迫する。

⑤ 2023年度の新規国債発行額は前年度に比べて増加し，40兆円を超えた。

27 ☆☆☆

次のア～オの記述のうち，正しいものはいくつあるか，①～⑤から選び答えよ。

ア．デノミネーションとは，通貨呼称単位を切り下げたり，新しい通貨呼称単位に切り替えたりすることをいう。

イ．インフラとは，官民が連携して公共事業を行ったり，公共サービスを供給するしくみのことである。

ウ．不良債権とは，銀行などが行った融資のうち，融資先の財務状況などから回収が不能，または困難になっている債権のことをいう。

エ．企業物価指数とは，日銀が毎月発表している，企業間で取引される商品の価格を示す指数で，従来の「卸売物価指数」を改め，用いられるようになった。

オ．会社法は，会社に関する法律を見直し一つに統合した企業経営の基本法であり，有限会社の廃止や最低資本金制度の強化が規定されている。

① 0　② 1　③ 2　④ 3　⑤ 4

28 ☆☆

経済用語とその説明に関する記述として誤っているものを選べ。

① ペイオフ……金融機関が破綻した際に，預金者の預金を保護するために，元本1,000万円までとその利息を保証するもので，2005年4月からは決済用預金を除き，普通預金でも実施されるようになった。

② インフレターゲット……物価目標ともいい，物価の安定を図るため，目標とするインフレ率に意図的な誘導を行う手法のことをいうが，日本では導入されていない。

③ プライマリー・バランス……国債発行額を除いた歳入（税収など）と過去に発行された国債の元利払い（国債費）を除いた歳出の差のこと。この差が均衡することが望ましいとされる。

④ TOB……主に経営支配権の獲得を目的として，不特定多数の株主に対して公告による株式売却申し込みの勧誘を行い，買い付けを実施すること。

⑤ コーポレート・ガバナンス……企業がその目的に照らし，適切に経営されるよう監視･けん制するしくみのことで，企業統治と一般に訳されている。

29 ☆

次のア，イの説明はある語句の意味を示しているものである。正しい説明を示している語句の組み合わせとして妥当なものを選べ。

ア．企業や行政機関などが行う諸活動に関して説明責任を負うこと。

イ．企業が法令・規則を遵守したり，製品・サービスの安全性や自由競争原理，環境問題に配慮したりすること。

a．アカウンタビリティー	b．ダイバーシティ
c．コンプライアンス	d．セーフティーネット
e．イノベーション	

	ア	イ
①	a	b
②	a	c
③	d	c
④	d	e
⑤	e	b

2 日本経済史と現代社会の課題

●解答解説P244～245

●傾向と対策

重要度：**B**

日本経済史は，第二次世界大戦後から現在に至るまでのおおまかな経済の流れが問われる。時代背景を踏まえながら高度経済成長期，安定成長期，1990年代以降とポイントとなる歴史的事項を理解しておく必要がある。

現代社会の課題は，消費者問題に関する出題が中心である。消費者関連の法律やクーリング・オフ制度などについて押さえておこう。特に法改正・制度改正があった直後は出題される可能性が高くなる傾向にあるので，日頃から新聞には目を通すようにしておこう。

30 ☆☆

日本経済史に関する記述として誤っているものはどれか。

① 第二次世界大戦後，我が国は連合軍の占領下において，農地改革，労働関係の民主化，財閥解体といった経済の民主化が行われ，経済復興とその後の経済成長の基礎がつくられた。

② 第二次世界大戦後，我が国では原材料の不足から鉱工業生産が低迷していたので，国内産業全体の基礎となる石炭や鉄鋼などの生産増大に重点をおいた傾斜生産方式が実施された。

③ 1955年から1970年代はじめにかけて，日本経済は平均して年間約10％もの実質経済成長率のプラス成長を続けたが，これは高度経済成長期とよばれる。

④ 1973年の第一次石油危機により，大幅に石油価格が上昇し，翌年我が国は戦後初めて実質経済成長率が前年度を下回るマイナス成長を経験した。

⑤ 1980年代後半，高齢化社会に備え福祉財源の確保を図るため，大幅な税制改革を行い，所得税・法人税の引き上げ，税率7％の福祉目的税の導入を実施した。

31 ☆

次の語句は，我が国のある時期の経済状況の特徴を示す語句である。年代の古い順に並べかえたとき，順番が正しいのはどれか。

ア.「特需景気」　　イ.「バブル経済」　　ウ.「狂乱物価」
エ.「失われた20年」　　オ.「所得倍増計画」

① ア→ウ→イ→オ→エ
② ア→オ→ウ→イ→エ
③ ア→オ→エ→イ→ウ
④ オ→ア→イ→エ→ウ
⑤ オ→ア→ウ→エ→イ

32 ☆☆

次のA～Eの説明と，その説明が示す法律名とを正しく組み合わせているものはどれか。

A. 製造物の欠陥によって身体・財産に損害が発生した場合，製造業者に無過失責任を負わせる法律である。

B. 2001年に施行された，個人と企業の取引のうち，労働契約を除くすべての契約を対象に消費者の保護を図る法律である。

C. 2001年に施行された，訪問販売法を改正し，消費者保護のための規制対象を拡大し，内容を強化した法律である。

D. 2004年に消費者保護基本法を改正して施行された，国と地方公共団体が消費者政策を推進する責務を負うとともに，消費者の自立支援などを定めた法律である。

ア．消費者契約法	イ．ＰＬ法	ウ．特定商取引法
エ．消費者基本法	オ．独占禁止法	カ．JAS法

① A－ア　B－イ　C－オ　D－カ
② A－ア　B－イ　C－エ　D－オ
③ A－イ　B－ア　C－ウ　D－エ
④ A－イ　B－エ　C－カ　D－ウ
⑤ A－ウ　B－カ　C－オ　D－ア

33 ☆☆

消費者問題に関する次の文を読み，以下の各問いに答えよ。

資本主義の発達が高度に進展すると，少数の大企業による寡占が進み公正な自由競争ができなくなり，ア消費者は企業の経済活動に従属することになる。これを防ぐ目的で1947年に（　　　）が制定された。1960年代に入るとアメリカのケネディ大統領が提唱したイ「消費者4つの権利」にも影響され，我が国でも消費者保護を目的とした法律が制定された。今日ではウクーリング・オフ制度やＰＬ法などが消費者問題の対策として活用されている。

問1　文中の空欄に入る法律名を書け。

問2　下線部アに対して，市場での購買行動を通じて生産のあり方を最終的に決定するのは消費者だとする考え方のことを何というか。

問3　下線部イの「消費者4つの権利」として正しいものを選べ。

①　知る権利，選択する権利，安全である権利，意見を反映させる権利

②　知る権利，選択する権利，公開を求める権利，意見を反映させる権利

③　知る権利，契約する権利，安全である権利，公開を求める権利

④　選択する権利，契約する権利，安全である権利，意見を反映させる権利

⑤　選択する権利，安全である権利，公開を求める権利，意見を反映させる権利

問4　下線部ウについて，マルチ商法では契約書面が交付されてから，何日以内であれば，契約を解除できるか。

34 ☆☆

クーリング・オフ制度の記述として誤っているものはどれか。

①　訪問販売や割賦販売（クレジット契約）の場合，起算日から8日以内であれば適用される。

②　自ら店舗等に出向いて買い物した場合は適用されない。

③　3,000円未満の商品を現金で一括払いした場合は適用されない。

④　解約の意思表示は口頭でよく，書面で行う必要はない。

⑤　消費者側から一方的に無条件で契約解除できる。

3 労働問題と社会保障

●解答解説P245～248

●傾向と対策

重要度：A

労働問題では，労働三法，労働三権，男女雇用機会均等法，育児・介護休業法などの法律に関する出題が多い。近年では，DV防止法なども含め，労働法制のみならず，女性保護諸法全般にわたり出題されるケースも多い。法律の要旨と法律の改正時にはその概要を正確に押さえておこう。

社会保障では，年金・介護保険，社会保障関連の用語，少子・高齢化に関する出題が多い。政策，立法，合計特殊出生率は特に注意しておこう。

35 ☆

労働三法をすべて挙げよ。

36 ☆☆

労働に関する法令に関する記述として誤っているものはどれか。

① 使用者は，労働者に，1週間について40時間を超えて，労働させてはならない。

② 使用者は，労働者に対して，毎週少なくとも1回の休日を与えなければならない。

③ 1歳未満の子どもをもつ女性労働者は，1日2回各々少なくとも30分，その子を育てるための時間を請求することができる。

④ 国籍・信条・社会的身分などによる，労働条件の差別的取扱いを禁止している。

⑤ 男女労働者は，要介護状態にある対象家族を介護するため，最長6ヵ月間の休暇を申し出ることができる。

37 ☆☆☆

我が国の労働法制に関する記述として適切でないものを選べ。

① 労働基準法は，労働時間や休日などについて労働条件の最低基準を定めた法律である。女性保護規定としては，産前産後の休暇・育児時間などが認められているが，深夜業については原則として禁止されていない。

② 労働組合法は，労働者の団結権の保障を目的に制定されたものであり，争議行為を含む正当な組合活動には，刑事及び民事上の責任が免除される。

③ 男女雇用機会均等法は，職場での男女平等を目指すことを目的に1985年に成立した法律で，事業主は，セクシュアル･ハラスメントの防止に関して，男女双方を対象として，雇用管理上の防止措置を講じなければならないとしている。

④ 育児・介護休業法は，少子・高齢化対策のために制定された法律で，育児休業については，1歳未満の子どもを養育するために最大2年の休暇を保障するものだが，パートタイム労働者やアルバイトには認められていない。

⑤ 労働契約法は，労働契約に関する原則やルールなどを定めた法律で，2007年に制定された。2013年の改正法施行により，有期労働契約が5年を超えて反復更新された場合，労働者からの申込により，期間の定めのない労働契約（無期労働契約）に転換させる仕組みが新たに導入された。

38 ☆☆☆

労働に関する次の文の空欄に入る語句を答えよ。

(1) 2012年に（　A　）法が改正され，2013年4月以降に有期労働契約を締結･更新した場合，5年後の2018年4月から，労働者は有期雇用契約を無期への転換を申し入れることができるようになった。

(2) 2015年に（　B　）法が改正され，派遣先の同一の事業所に対し派遣できる期間（派遣可能期間）は原則3年が限度となった。

39 ☆☆

次のグラフは，日本，アメリカ，フランス，ドイツ，韓国における完全失業率の推移を示したものである。日本に該当するものをａ～ｅから選べ。

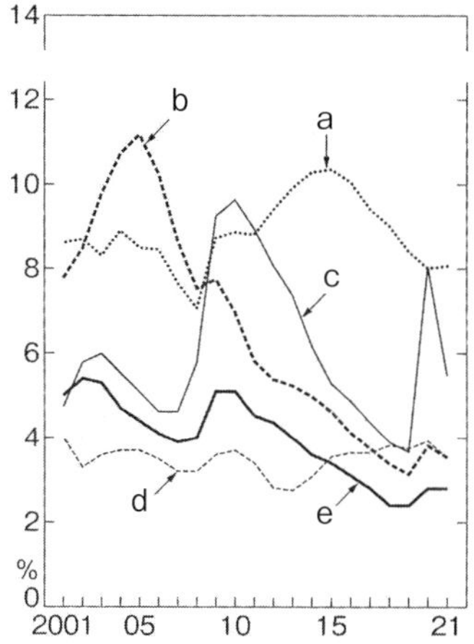

（世界国勢図会2022/23）

40 ☆☆

女性に関する記述として誤っているものを選べ。

① DVとは，配偶者や恋人などに対する暴力行為のことを指し，DV防止法により，配偶者からの暴力の防止と被害者の保護を図っている。しかし，保護の対象となるのは，配偶者に限定しており，子どもや元妻については対象外である。

② 男女雇用機会均等法は，募集・採用・配置・昇進などについての男女差別を禁止している。このため，原則として男性のみや女性のみの募集，性別による採用人数の設定などを行うことはできない。

③ 男女共同参画社会基本法は，男女が社会の対等な構成員としてあらゆる分野の活動に参画する機会を確保する法律である。男女が性別により差別を受けないなど，男女の人権の尊重をかかげ，国・地方公共団体にその施策を求めている。

④ 女性労働力人口を年齢階層別に表した場合，30代の部分が落ち込むM字カーブを描くが，近年，Mのへこみが浅くなり，中高年労働力率があまり低下しないことから，全体的に上方に移動した。

⑤　間接差別とは，採用などにあたって，企業が仕事の内容とは関係なく，身長や体力など一方の性（特に女性）が不利を被る条件を課すことをいう。

41　☆☆

次のア～オの説明とその語句の組み合わせとして正しいものを選べ。

ア．社会的・構造的な差別によって不利益を受けている集団に対して実質的な機会均等を確保すること。

イ．配偶者や恋人など親密な関係にある，又はあった者から振るわれる暴力のこと。

ウ．性の自己決定権のことで，子どもを産むか否かの権利が女性に保障されること。

エ．生物学･生理学的ではなく，文化的･社会的に形成される性や性差別のこと。

オ．相手の意に反した性的言動を行い，仕事などを遂行する上で不利益を与えたり，職場環境を悪化させたりすること。

a．ジェンダー	b．セクシュアル・ハラスメント
c．ドメスティック・バイオレンス	d．エンパワーメント
e．アファーマティブ・アクション	f．ワークシェアリング
g．リプロダクティブ・ライツ	h．ニート

	ア	イ	ウ	エ	オ
①	a	b	g	d	c
②	a	c	e	h	b
③	e	c	g	a	b
④	e	b	a	d	c
⑤	h	c	g	a	f

42 ☆

次の文の空欄にあてはまる語句・人名の組み合わせとして正しいものを選べ。

社会保障制度は，19世紀後半にドイツの（　A　）が制定した社会保険3法，第二次世界大戦中にイギリスで出された（　B　）報告が今日の基盤となっている。特に後者は「（　C　）」をスローガンに，ナショナル＝ミニマムを全国民に保障したことで，世界の社会保障に多大な影響を与えた。なお，世界で初めて社会保障法を制定したのは（　D　）である。

	A	B	C	D
①	ビスマルク	エリザベス	ゆりかごから墓場まで	スウェーデン
②	ビスマルク	ベバリッジ	ゆりかごから墓場まで	アメリカ
③	ビスマルク	ベバリッジ	アメとムチ	アメリカ
④	ベバリッジ	エリザベス	ゆりかごから墓場まで	ニュージーランド
⑤	ベバリッジ	ビクトリア	アメとムチ	スウェーデン

43 ☆

我が国の社会保障制度である社会保険，公的扶助，社会福祉，公衆衛生の4部門のうち，次のA～Dの記述に該当する部門の組み合わせとして正しいものはどれか。

A．生活上のさまざまな危険に対して相互扶助を行う制度で，給付対象としては疾病・労働・災害・失業・老齢・介護などがある。

B．生活環境の整備などによって，国民の健康の保持・増進を図ろうとするもので，担当する機関として保健所が各地に置かれている。

C．老人・身体障害者・母子家庭などが安定した生活を営めるように，老人ホーム・保育所などの施設を通じて，公的サービスを提供する。

D．生活保護制度が中心であり，生活困窮者に対して，生活・教育・住宅・医療などに関わる援助を公費負担で行うこととしている。

	A	B	C	D
①	社会保険	公衆衛生	社会福祉	公的扶助
②	社会保険	社会福祉	公衆衛生	公的扶助
③	公的扶助	社会福祉	公衆衛生	社会保険
④	公的扶助	公衆衛生	社会保険	社会福祉
⑤	公的扶助	公衆衛生	社会福祉	社会保険

44 ☆☆

我が国の社会保障制度に関する記述として正しいものはどれか。

① 社会福祉とは，国が国民の健康増進あるいは伝染病の予防などを行う制度のことで，保健所がこれを担当している。

② 公的扶助とは，国や地方公共団体が生活困窮者に対して必要な保護を行い，最低限度の生活を保障する制度のことである。

③ 社会保険のうち医療保険には，民間の被用者や公務員などを対象とするもの（国民健康保険）と，その他の国民を対象とするもの（健康保険）とがある。

④ 国民年金には被扶養者である配偶者は加入することができないが，一定の所得を有する配偶者は加入しなければならない。

⑤ 民間の被用者で加入希望のある人は，だれでも厚生年金保険に加入することができる。

45 ☆☆☆

日本の社会保障制度に関する記述として正しいものはどれか。

① 障害者政策は，障害のあるなしにかかわらず，地域において普通の生活を送ることができる社会をつくる，いわゆるノーマライゼーションの理念に基づき策定されている。

② 急速に進行する少子化にもかかわらず，子育てのために一定期間仕事を休む育児休業制度は，国レベルにおいては未だ法制化されていない。

③ 生活保護には，生活扶助，教育扶助，住宅扶助，医療扶助などがあり，現金給付ではなく現物給付を原則としている。

④ 年金制度には，厚生年金，国民年金などの諸制度があるが，各制度間で同水準の給付を保つための国庫補助が財政の負担となっており，制度の統合が課題となっている。

⑤ 社会保障制度では，誰もが何らかの年金を受けることができ，健康保険等に加入することができる「国民皆年金，皆保険」を目指しているが，全国民に加入を義務付けるには至っていない。

46 ☆☆

介護保険法で定められている介護保険制度に関する記述として正しいものはどれか。

① 介護保険制度の加入者は，原則として60歳以上の国民であり，60歳未満の者については任意加入が認められている。

② 要介護状態にある40歳以上の者は，通勤途中の事故が原因で脳卒中になっても，介護サービスの受給資格を有する。

③ 介護サービスを受けるためには，介護サービスの利用希望者が市町村・特別区の介護認定審査会で要介護・要支援の認定を受けなければならない。

④ 介護サービスを受ける利用者の負担額は，利用者の介護の必要度や介護サービスの種類にかかわらず無料とされる。

⑤ 現在の介護保険法による介護認定区分は，「要支援」「要介護1～7」の8段階である。

47 ☆☆

語句とその説明に関する記述のうち，誤っているものを選べ。

① ノーマライゼーション――――障害のある人もない人も，子どもも高齢者も，すべての人がともに普通の生活を送ることができる社会の実現を目指そうとする考え方のこと。

② デイサービス――――施設などで，入浴，排せつ，食事等の介護など，日常生活の世話および機能訓練を行う。

③ プライマリ・ケア――――末期のがんなど死期が近い患者に対して完治を目的とした医療ではなく痛みの緩和を目的とした医療を施すこと。

④ インフォームド・コンセント――医師が患者に対して，治療法や治る確率などを十分に説明して，患者が納得・同意した上で治療を受けること。

⑤ セカンド・オピニオン――――患者が，現在治療・診察を受けている主治医以外から，現在の治療・診察について意見を求めること。

48 ☆

次の説明に該当する語句を①～⑤から選べ。

「障害をもつ人や高齢者などが，安心して快適に暮らせる環境をつくるために，社会から障害をなくしていこうとする考え方」

① バリアフリー

② ハンディキャップ

③ ロハス

④ ユニバーサルデザイン

⑤ リハビリテーション

49 ☆☆☆

次のア～オは，少子化対策に関する記述である。正しいものを2つ選ぶとき，その組み合わせとして適切なものはどれか。

ア．我が国の2022年における合計特殊出生率は2.30と過去最低の水準となり，この数値は世界で最も低くなっている。このため，国は様々な少子化対策を策定して問題解決にあたっている。

イ．育児休業制度とは，1歳未満の子どもを養育する女子労働者に1年間の育児休暇を保障する制度である。しかし，休業中は所得保障がないこともあり，2021年度における女性の育児休業の取得率は3割ほどにすぎない。

ウ．次世代育成支援対策推進法は，都道府県・市町村およびすべての企業に対し，子育て支援に関する行動計画を義務付け，その取り組みを集中的に推進することを目的とした法律で，子育て期間中の残業時間短縮などを数値目標化し，計画実現に取り組むことを求めている。

エ．少子化社会対策基本法に基づき，内閣府に「少子化社会対策会議」が設置され，少子化社会対策大綱が策定された。それには，子育て支援政策を一層充実，男女の働き方改革などが重点課題としてかかげられている。

オ．政府は，保育所等の待機児童数の解消を図るため，待機児童解消加速化プランを推進して，希望するすべての人が子どもを預けて働くことができるための保育サービスの充実に努めている。

① ア，イ　② ア，ウ　③ ア，エ　④ ア，オ　⑤ イ，ウ

⑥ イ，エ　⑦ イ，オ　⑧ ウ，エ　⑨ ウ，オ　⑩ エ，オ

50 ☆

次の文の空欄Ａ・Ｂに入る語句を答えよ。

1人の女性が一生の間に産む平均の子どもの数である（　Ａ　）率は，日本では，近年1.3～1.4台という低い水準で推移している。このような状態を（　Ｂ　）という。そのための対策として，政府は子ども・子育て支援制度を2015年度から本格的に実施し，子育てしやすい社会の実現を目指している。

51 ☆☆

次の表は，アメリカ，スウェーデン，ドイツ，日本，フランスの5ヵ国の総人口に占める65歳以上人口の割合の推移と予測を示している。ＡとＥにあたる国の組み合わせとして正しいものはどれか。

	1980	1990	2000	2010	2021	2030	2050
A	16.3	17.8	17.3	18.3	20.1	21.8	24.8
B	15.7	14.9	16.4	20.5	22.2	26.4	30.5
C	14.0	14.1	16.2	17.0	21.3	24.4	28.5
D	11.3	12.3	12.3	13.0	16.7	20.5	23.6
E	9.3	12.4	17.8	23.6	29.8	31.4	37.5

（世界国勢図会2022/23）

	A	E
①	フランス	日本
②	フランス	アメリカ
③	スウェーデン	日本
④	ドイツ	アメリカ
⑤	スウェーデン	ドイツ

52 ☆☆

我が国の近年の高齢化問題に関する次の文章を読んで，以下の各問いに答えよ。

我が国では，近年老年人口の増大が深刻な問題となっている。国連の定義によると，65歳以上人口の比率が14％を超えると（　A　）としているが，我が国ではその比率は（　B　）％（2021年）となっており，世界で最も老年人口比率の高い国の一つといえる。このため，政府は1999年にゴールドプラン21を策定して以来，様々な施策を推進してきた。

(1) 文中の空欄にあてはまる語句・数字の組み合わせとして正しいものはどれか。

	A	B
①	高齢社会	15.4
②	高齢社会	35.7
③	高齢社会	28.9
④	高齢化社会	28.9
⑤	高齢化社会	15.4

(2) 下線部に関して，2000年度から導入された，高齢者問題を社会全体で支えていく社会保険制度のことを何というか。

53 ☆☆

次の各問いに答えよ。

(1) 家計の消費支出に占める飲食費の割合を何というか。

(2) 国内の製造業が海外に生産拠点を移転した結果，日本国内の産業が衰退していった現象を何というか。

(3) その地域で栽培されている農産物をその地域で消費しようとする取組みを何というか。

(4) 1950～60年代にかけて発生した四大公害をすべて挙げよ。

(5) ICTを利用し，時間や場所を有効に活用できる柔軟な働き方を何というか。

(6) 人件費抑制や経営効率化の観点から，仕事の実績に応じて賃金に格差をつけることを何というか。

(7) 一人の女性が生涯に産む平均の子どもの数を示したものを何というか。

(8) 外見上や内面的な違いにかかわりなく，多様な人材を積極的に活用しようという考え方を何というか。

6

国際関係

Open Sesame

1 国際政治

●解答解説P249～256

●傾向と対策

重要度：**A**

国際政治の中では，国際連合に関する出題が圧倒的に多い。そのしくみ，及び専門機関の正式名称・欧文略語・役割は，確実に覚えておく必要がある。また，その他にはEU・国際組織・核軍縮についての出題が多くみられる。

時事問題の出題も非常に多いことから，最近の国際政治，国際社会の動きには日頃から注意を払っておこう。

1 ☆☆

国際連合に関する記述として正しいものはどれか。

① 国連総会の議決において，常任理事国は2票を有するが非常任理事国は1票しか有しない。

② 安全保障理事会の常任理事国はアメリカ・ロシア・イギリス・フランス・ドイツの5ヵ国である。

③ 安全保障理事会においては，実質事項の決議につき5大国に拒否権を認めているので，5大国の利害が対立する事項について拒否権が行使されると理事会の機能が麻痺し，総会も何ら措置を講じられない。

④ 国連の分担金は，アメリカより中国の方が多い。

⑤ 国連総会も安全保障理事会も国際安全平和に関する責任を有するが，総会は理事会と異なり加盟国を拘束する決定はできない。

2 ☆☆

次の国連に関する文の空欄に入る語句を答えよ。

国連の（　A　）理事会において各理事国は，それぞれ（　B　）票の投票権を持ち，手続き事項に関する決定は15理事国のうち（　C　）理事国の賛成投票によって行われる。

一方，その他の実質事項に関する決定は，すべての（　D　）の賛成を含む9理事国の賛成によって行われる。(　D　)の中の1ヵ国でも反対するとその議案は否決されるところから，(　D　)が反対することを(　E　)という。

3 ☆☆

国際連合に関する記述として正しいものはどれか。

① 第一次世界大戦後に，アメリカ大統領ウィルソンの提唱により創設された。

② 設立当初の加盟国は51ヵ国であったが，現在では，スイスや北朝鮮など一部の国を除く世界の大半の国が加盟している。

③ 平和の破壊や侵略行為に対しては軍事的措置をとることができ，常設の国連軍がオランダのハーグにおかれている。

④ 国連の予算は，個人や非政府組織(NGO)からの寄付金でまかなわれており，加盟国は国連に対しては資金を拠出しない。

⑤ 国際平和，安全の維持を目的とする安全保障理事会の5常任理事国には，大国一致の原則により拒否権が認められている。

4 ☆☆

国連に関する次の各問いに答えよ。

(1) 国連の本部のある都市はどこか。

(2) 安全保障理事会において常任理事国がもつ，一国でも反対すれば理事会の決定ができない権限を何というか。

(3) 国連の公用語として誤っているものはどれか。

ア．英語　　イ．ロシア語　　ウ．ドイツ語　　エ．スペイン語
オ．中国語

(4) 国連専門機関ではないものはどれか。

ア．UNESCO　　イ．UNHCR　　ウ．IMF　　エ．IBRD
オ．WHO

5 ☆

次の(1)〜(3)の国連専門機関を欧文略語で記せ。

(1) 国際労働機関

(2) 国際通貨基金

(3) 世界保健機関

6 ☆

次のア～エの記述と，国連専門機関などの機関の組み合わせとして正しいものはどれか。

ア．食糧生産等の向上と飢餓克服を目的に設立されたが，環境問題にも活動を広げ，1997年には「世界の森林現況」を発表した。

イ．国際通貨への協力等を目的に設立されたが，1990年代以降は旧社会主義国に対する技術支援や通貨危機の際の経済の安定化に大きな役割を果たしている。

ウ．核不拡散条約に基づき，原子力の平和利用促進のための技術開発，原子力の軍事転用防止のための現地査察を行っている。

エ．発展途上国の児童の長期的援助を目的に，医療や食糧援助などを行っている。

	ア	イ	ウ	エ
①	IAEA	IMF	FAO	UNICEF
②	IMF	UNICEF	FAO	IAEA
③	FAO	IMF	IAEA	UNICEF
④	FAO	UNICEF	IAEA	IMF
⑤	IAEA	FAO	UNICEF	IMF

7 ☆

国際機関の欧文略語とその国際機関の特徴に関する記述の組み合わせとして正しいものはどれか。

① WTO――――世界各国民の健康保持と増進をはかるため，伝染病の撲滅や麻薬問題，さらには環境問題にいたるまで幅広く活動している国連専門機関である。

② UNCTAD――第一次世界大戦後に設立された労働者の権利と社会正義の実現を目指し，労働関係改善のための国際基準や条約の起草を行う国連専門機関である。

③ ILO――――加盟国間の健全な為替取り引きを維持することや加盟国の実質所得の促進に寄与するとともに，国際収支悪化国に対して収支改善支援を行う国連専門機関である。

④ WIPO――――原子力の平和利用のための開発を促進し，原子力が軍事目

的の助長に利用されないよう，核物質の査察を行う国連専門機関である。

⑤　UNESCO――教育・科学・文化面における国家間の協力を促進し，世界平和に寄与することを目的とし，世界遺産の登録にも携わる国連専門機関である。

8　☆

次に挙げる国際機関に関する記述として正しいものはどれか。

①　WTO ――― 国連の専門機関の1つで各国民の相互理解を深め，教育・科学・文化を通じて世界の平和達成を目的とする。

②　IMF ――― 先進工業国が中心となってつくった国際的経済機構。国際経済の発展のため，加盟国が経済成長によって雇用増大や生活水準の向上をはかることを目的とする。

③　OECD ――― 国連の専門機関の1つで，国際収支の赤字国に対し，短期資金を貸与し，国際通貨制度の混乱を防止することなどを目的としている。

④　UNHCR ――― 国連総会の補助機関で，難民に国際的保護を与え，難民の安全かつ自発的な帰還，または定住先の社会への統合を容易にするための援助を提供する。

⑤　UNESCO ―― 国連の専門機関の1つで，労働条件の改善を国際的に実現することを目標としている。

9　☆☆

次の文を読んで，各問いに答えよ。

国際連合は，第二次世界大戦後の1945年に設立された普遍的国際機構である。主要機関としては，a総会・安全保障理事会・経済社会理事会・国際司法裁判所・国連事務局などがある。この国連はb地域紛争が発生した場合には，cPKOの派遣などを通して紛争の平和的解決を図っている。

(1)　下線部aについて，組み合わせとして正しいものはどれか。

ア．総会の議決は，全加盟国の投票によって行われ，重要事項については3分の2以上の多数決で，一般事項については過半数により決せられる。

イ．安全保障理事会は，平和と安全に関して主要な責任を負う機関であり，任期無期限の5常任理事国と任期4年の15非常任理事国からなる。

ウ．経済社会理事会は国連専門機関と連携して広範な活動を行っているが，国連専門機関には，ILOやWTO，IAEAなどがある。

エ．国際司法裁判所は，加盟国間の紛争処理，及び個人の犯罪を裁く機関で，15人の裁判官で構成されるが，これまでに日本人が裁判官を務めたことはない。

オ．国連事務総長は総会の議決によって主に大国以外の出身者から選出され，2023年6月現在の事務総長はポルトガル出身のアントニオ・グテーレスである。

① ア，エ　② ア，オ　③ イ，ウ
④ イ，エ　⑤ ウ，オ

(2) 下線部bについて，次の地域紛争の説明とその地域を結びつけたとき，該当する説明のない地域を，地図中のA～Fから選べ。

ア．国内からの分離とアイルランドへの併合を求める少数派のカトリック系住民と,国内の統治を望む多数派のプロテスタント系住民が対立した紛争。

イ．国内のフランス系住民の大部分が居住するケベック州で起こっている分離独立運動で，1995年の住民投票では僅差で独立は否決された。

ウ．1990年から1994年まで行われた少数派民族ツチ族の反政府ゲリラ組織と多数派民族フツ族の政府軍とによる内戦。1994年にツチ族が全土を制圧し，紛争は終結した。

エ．1991年に国内からの独立を宣言したが，国内側がこれを認めず軍隊を派遣したため，内戦となった。2009年に紛争の終結が宣言された。

オ．多数派仏教徒シンハラ人と少数派ヒンドゥー教徒タミル人との間の民族紛争。四半世紀にわたる内戦は2009年に終結した。

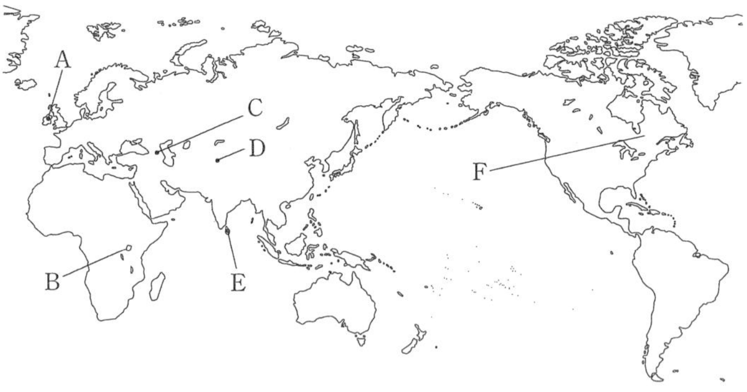

(3) 下線部cのPKOについて述べた文として誤っているものはどれか。

ア．PKOとは国連平和維持活動のことで，平和を脅かす局地的な紛争や事態の拡大の防止のために行われる。

イ．PKOには，国連平和維持軍（PKF）や停戦監視団などがあり，前者は武器を携帯するが，武器使用は自衛のために認められている。

ウ．PKOは，安全保障理事会の常任理事国が提供する要員で構成されている。

エ．南スーダンPKOに参加していた陸上自衛隊は，2017年5月末をもって南スーダンから完全撤収した。

オ．PKOは，受け入れ当事国の同意に基づき行われることを原則としている。

10 ☆☆☆

21世紀に入ってからの国際社会の動向についてＡさんとＢさんが会話をしている。これに関して，次の各問いに答えよ。

Ａ：「2003年にフセイン政権が崩壊して，2006年にはイラクにも正式な新政府が樹立したね」

Ｂ：「フセイン元大統領は（　　　）では裁かれず，イラク国内のイラク特別法廷で裁判されて，死刑判決となって処刑もされたね」

Ａ：「それにしてもイラク戦争はブッシュ元政権のa一国単独主義が国連を軽視したととられても仕方ないね」

Ｂ：「国連では，イラク戦争の反省から国連改革が行われようとしているよ」

Ａ：「その中心は安保理改革ね。日本政府は，bお金をたくさん出しているのだから，常任理事国に加えてほしいと言っているみたいね」

Ｂ：「c加盟国数が増えているのに，理事国数が増えてないのはやはり，不合理かもしれないね。でも，大切なのは安全保障のために正しく機能するかだよ」

(1) 文中の空欄には，2002年に発足した，非人道的な行為を犯した個人を裁く常設の裁判所名が入るが，この裁判所を何というか答えよ。

(2) 下線部aのことをカタカナで何というか。次のア～オより選べ。

ア．ポピュリズム　　　　イ．ユニラテラリズム

ウ．マルチラテリズム　　エ．マルチカルチュラリズム

オ．ネオコンサバティズム

⑶　下線部bについて，次のグラフは国連予算分担率（2022～24年）を示したものであるが，日本にあてはまるのはア～オのうちのどれか。

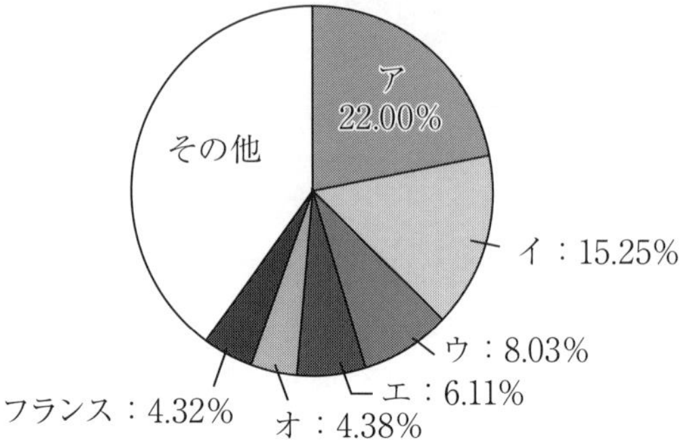

⑷　下線部cについて，2023年6月現在の国連加盟国数と常任理事国の組み合わせとして正しいものはどれか。

	加盟国数	常任理事国
①	118ヵ国	アメリカ，フランス，ブラジル，ロシア，中国
②	151ヵ国	アメリカ，イギリス，フランス，ロシア，中国
③	151ヵ国	アメリカ，フランス，ロシア，中国，インド
④	193ヵ国	アメリカ，イギリス，フランス，ロシア，中国
⑤	193ヵ国	アメリカ，イギリス，ドイツ，ロシア，中国

11　☆

次は，ヨーロッパ統合の変遷に関する記述である。空欄Ａ～Ｄに入る語句の組み合わせとして正しいものはどれか。

ECの基本法であったローマ条約は改正され，1993年に（　Ａ　）として発効された。ここでは，経済・通貨統合と外交・安全保障政策の統合の推進などが規定されている。それに伴い，ECを基盤とする（　Ｂ　）（欧州連合）が設立された。

1997年には（　Ｃ　）を結び，共通外交・安全保障政策の基盤を強化した。そして，1999年1月1日に歴史上最大規模となる通貨統合がスタートし，各国通貨のかわりに単一通貨（　Ｄ　）が導入された。

	A	B	C	D
①	ロメ協定	EU	マーストリヒト条約	ECB
②	マーストリヒト条約	EU	アムステルダム条約	EURO
③	スワップ協定	EEC	マーストリヒト条約	ECB
④	ロメ協定	EU	マーストリヒト条約	EURO
⑤	マーストリヒト条約	EEC	アムステルダム条約	ECB

12 ☆☆

EU（欧州連合）に関する記述として正しいものはどれか。

① EUの前身はEC（欧州共同体）であり，ECの原加盟国は，フランス，イギリス，西ドイツ（当時），ベルギー，オランダ，ルクセンブルクの6ヵ国である。

② 1993年，マーストリヒト条約の発効によりEUが正式に発足し，同時に加盟国の間で単一通貨ユーロが導入された。

③ EUは，ヒト・モノ・サービス・資本の自由移動のみならず，政治統合や共通安全保障などもめざしている。

④ 通貨統合にはすべての加盟国が参加しているわけではなく，ベルギーとノルウェーの2ヵ国は参加していない。

⑤ 2013年にトルコが新規加盟を果たし全加盟国数は30ヵ国となったが，その後イギリスが離脱したため，現在は29ヵ国体制である。

13 ☆☆

次のEU（欧州連合）に関する文を読んで，各問いに答えよ。

①EUでは2002年より単一通貨②ユーロが市場で流通を開始した。しかし，すべての加盟国でユーロが使用されているわけではなく，③加盟国であっても通貨統合に参加せず，ユーロを使用できない国もある。

⑴ 下線部①について，EUに関する記述として正しいものはどれか。

ア．EUは経済統合のみならず，政治統合も目的としている。

イ．EUの本部はフランスの首都のパリである。

ウ．EUは西欧・北欧諸国のみで構成されており，東欧諸国は加盟国には含まれていない。

エ．EUの公用語は英語，フランス語，ドイツ語，イタリア語の4つの言語のみである。

(2) 下線部②について，ユーロに関する記述として正しいものはどれか。

ア．ユーロの金融政策はECB（欧州中央銀行）が行う。

イ．ユーロは固定為替相場制が採用されており，1ユーロ＝1ドルで固定されている。

ウ．ユーロは今日ではドルにかわって世界の基軸通貨としての地位を完全に築いている。

エ．ユーロの導入後，USMCA（米国・メキシコ・カナダ協定）加盟国内でもEUに対抗するため，通貨統合が行われた。

(3) 下線部③について，EU加盟国でありながら通貨統合に参加していない国の通貨単位として正しいものはどれか。

ア．リラ　　イ．ペソ　　ウ．クローナ　　エ．ギルダー

14 ☆

次の欧文略語とその説明の組み合わせとして誤っているものはどれか。

① ASEAN ——東南アジア地域の協力機構で，1967年にタイ・シンガポール等5ヵ国で結成され，現在はミャンマーやカンボジアなども加わり，10ヵ国で構成されている。

② APEC ——アジア太平洋地域の経済協力を進めるための政府間協議体のことで，ボゴール宣言に基づき，加盟国・地域間の貿易の自由化が進められている。

③ OPEC ——石油輸出国による国際機構のことで，国際石油資本などから石油産出国の利益を守ることを目的としている。

④ MERCOSUR —アフリカ諸国の貿易・投資の自由化を推進するための協力機構のことであり，アフリカの大半の国々が加盟している。

⑤ EU ——欧州連合のことで，1993年のマーストリヒト条約の発効で正式に発足した。域内の経済統合のみならず，政治統合までをも目的としている。

15 ☆☆

次の文は，東南アジア諸国連合（ASEAN）について述べたものである。文中の（　A　）（　B　）内にあてはまる国名を，次の①～⑥からそれぞれ1つずつ選んで，その番号を書け。

東南アジア諸国連合（ASEAN）は，共産主義勢力に対抗することを目的として，1967年に，タイ，マレーシア，フィリピン，（　A　），シンガポールの5ヵ国で設立された。その後，加盟国が増加し，1999年には（　B　）の加盟により，加盟国は10ヵ国となった。

①　インドネシア　　②　ブルネイ　　③　ミャンマー
④　ラオス　　⑤　ベトナム　　⑥　カンボジア

16 ☆

欧文略語に関する記述として正しいものはどれか。

①　EUROとは，欧州共同体のことである。
②　WHOとは，世界貿易機関のことである。
③　ODAとは，政府開発援助のことである。
④　APECとは，石油輸出国機構のことである。
⑤　AFTAとは，国連平和維持活動のことである。

17 ☆☆

次の①～⑤の欧文略語について，正式名称を【語群】からそれぞれ選べ。

①　ARF　　②　ASEM　　③　AFTA
④　FTAA　　⑤　AU

【語群】
a．アセアン自由貿易地域　　b．米州自由貿易地域
c．アセアン地域フォーラム　　d．アジア欧州会議
e．アフリカ連合　　f．南アジア地域協力連合

18 ☆☆☆

第二次世界大戦後の東西対立に関する記述として正しいものはどれか。

① 1947年, アメリカは共産主義勢力を封じ込める宣言を発するとともにヨーロッパへの大規模な経済復興援助計画(マーシャル＝プラン)を発表した。

② 1948年, アメリカがベルリンのソ連占領地区への侵入を図ったことから, ソ連はベルリンの壁を築いてこれに対抗し, 東西ドイツの分裂が決定的なものになった。

③ 1949年, アメリカが中心となって西側諸国軍事同盟のNATO (北大西洋条約機構) が結成されると, ソ連は1955年にCOMECON (東欧経済相互援助会議) を設立してこれに対抗した。

④ 1956年, ソ連はフルシチョフの死後, スターリンが政権を握るとそれまでの急進的な社会主義政策を改め, 漸進的な社会主義をめざすことを宣言した。

⑤ 1962年, ソ連がキューバ国内にミサイル基地を建設していることが発覚すると, アメリカのジョンソン大統領は対抗策として, キューバ海域を封鎖することを宣言した。

19 ☆☆

次の出来事に関係の深いアメリカ大統領を【語群】からそれぞれ選べ。

① 共産主義の拡大を阻止すべく, ソ連を封じ込める政策を提唱した。

② キューバでのソ連の支援によるミサイル基地建設をめぐってキューバ危機が発生した。

③ ベトナム戦争に介入し, 北ベトナムへの爆撃を開始した。

④ ウォーターゲート事件が発覚したため, 辞任に追い込まれた。

⑤ マルタ会談において, 冷戦の終結を宣言した。

【語群】

トルーマン	アイゼンハワー	カーター	ジョンソン
レーガン	ニクソン	ケネディ	ブッシュ(父)

20 ☆☆☆

朝鮮半島の歴史に関する記述として正しいものはどれか。

① 金日成の後継者となった金正日は，南北両朝鮮の首脳会談を実現するなど対話重視の政策を推し進め，2003年には核拡散防止条約を締結し，核抑止政策を積極的に推進した。

② 中華人民共和国の成立に危機感を抱いたアメリカは，大韓民国とともに北緯38度線をこえて武力北侵を図ったことから，朝鮮戦争が開始された。

③ 朝鮮戦争では，大韓民国側には，アメリカの他に国連が，朝鮮民主主義人民共和国側には，ソ連・中国が参戦し，激しい攻防が繰り広げられたが，朝鮮民主主義人民共和国の圧勝に終わり，平壌和平条約が締結された。

④ 日本は，1965年に佐藤栄作内閣が大韓民国の李承晩大統領との間で日韓基本条約を締結したが，朝鮮民主主義人民共和国との間では未だに正式な国交は結ばれていない。

⑤ 2000年に大韓民国の金大中大統領と朝鮮民主主義人民共和国の金正日総書記との間で平壌において南北首脳会談が行われ，南北統一・人道問題などを内容とする南北共同宣言が発表された。

21 ☆

ラッセルとアインシュタインの提唱によって，1957年に開かれた科学者たちが核兵器廃絶を主張した会議を何というか。次の①～⑤より選べ。

① バンドン会議　② コロンボ会議　③ パグウォッシュ会議
④ ベルリン会議　⑤ アルヘシラス会議

22 ☆

次の文の空欄にあてはまる語句の組み合わせとして正しいものはどれか。

1963年に米・英・ソ3国間において，大気圏内・宇宙空間・水中における核実験を禁止する（　A　）が締結された。1968年には核保有5ヵ国以外の核保有を禁止する（　B　）が国連総会で採択された。冷戦終結後の1996年になると，あらゆる核実験を禁止する（　C　）が国連総会で採択されたが，アメリカ・中国など批准していない国もあり，未発効のままである。

① A――部分的核実験禁止条約
　B――戦略兵器制限条約

C——戦略兵器削減条約

② A——部分的核実験禁止条約

B——核拡散防止条約

C——包括的核実験禁止条約

③ A——核拡散防止条約

B——部分的核実験禁止条約

C——戦略兵器削減条約

④ A——核拡散防止条約

B——戦略兵器制限条約

C——包括的核実験禁止条約

⑤ A——戦略兵器制限条約

B——核拡散防止条約

C——包括的核実験禁止条約

23 ☆

核軍縮を目的とする条約名と欧文略語の組み合わせとして正しいものはどれか。

① 核拡散防止条約————NPT

② 第1次戦略兵器制限条約 ——START Ⅰ

③ 中距離核戦力全廃条約———CTBT

④ 第1次戦略兵器削減条約 ——SALT Ⅰ

⑤ 包括的核実験禁止条約———INF条約

24 ☆☆

包括的核実験禁止条約に関する記述として誤っているものはどれか。

① 核兵器の実験的爆発を禁止する条約であるが，核爆発を伴わない未臨界実験は禁止対象外である。

② 条約の発効には44ヵ国の批准が必要であるが，核保有国のアメリカ，ロシア，中国が批准しておらず，発効のめどが立っていない。

③ 部分的核実験禁止条約（PTBT）は，地下核実験を禁止していなかったため，これを含めたあらゆる核実験を全面的に禁止するための条約である。

④ インドは，核兵器国が時期を明示して核兵器廃絶を約束しない限り署名を拒否する方針を示している。

⑤ 署名後3年たっても発効しない場合，批准国の過半数の要請で検討会議を

開き，別の発効条件を決めることになっている。

25 ☆☆

次の人権に関する条約について，国連で採択された年の古い順に並べ替えたとき，4番目にくるものはどれか。

ア．児童の権利条約
イ．世界人権宣言
ウ．女子差別撤廃条約
エ．国際人権規約
オ．難民の地位に関する条約

26 ☆☆☆

人権に関する条約についての記述として正しいものはどれか。

① 世界人権宣言は，第二次世界大戦後，国際平和の維持と国際協調による人権尊重のため，国連総会によって採択された人権に関する世界最初の条約である。法的拘束力のある人権保障の基準としてその後の人権に関する条約に多大な影響を与えた。

② 国際人権規約は，社会権規約（A規約）と自由権規約（B規約）から成り，内外人平等主義を定める社会権規約は外国人の人権保障の上で重要な意味をもつとされる。しかし，我が国は社会権規約については批准しておらず，自由権規約のみの批准にとどまる。

③ 女子差別撤廃条約は，1979年の国連総会で採択された女性の権利保障を高めるための条約である。我が国では女子の差別を撤廃する法制度が整備されていないことから批准が大幅に遅れていたが，1999年に男女共同参画社会基本法を成立させ，ようやく批准した。

④ 児童の権利条約は，1989年の国連総会で採択された18歳未満の子どもを身体的・精神的暴力から守るため，締約国に立法上の措置と教育上の配慮を求めている条約である。子どもを権利行使の主体として認め，意見表明権についても保障している。

⑤ 死刑廃止条約は，死刑の廃止について定めた条約であり，アメリカ・アジアの国々の賛成を得て1989年に発効した。条約の制定当初，我が国は死刑廃止に反対の立場をとっていたため，批准を先送りしてきたが，このほど条約を批准し，以後，死刑の執行は停止されている。

27 ☆☆

次の条文が記載されている国際間の取り決め(条約など)の組み合わせとして正しいものはどれか。

A:「戦争は人の心の中で生まれるものであるから，人の心の中に平和のとりでを築かなければならない。」

B:「すべての人間は，生れながらにして自由であり，かつ，尊厳と権利とについて平等である。」

	A	B
①	国際連合憲章	国際人権規約
②	国際連合憲章	世界人権宣言
③	ユネスコ憲章	世界人権宣言
④	ユネスコ憲章	国際人権規約
⑤	世界人権宣言	ユネスコ憲章

28 ☆

次の各問いに答えよ。

⑴ 国家の三要素をすべて挙げよ。

⑵ 国際法の父とよばれているオランダの法学者で『戦争と平和の法』の著者は誰か。

⑶ 国家間の合意に基づき成文化された取り決めを何というか。

2 国際経済

●解答解説P256～262

●傾向と対策

重要度：B

国際経済の中では，為替相場（レート），国際収支，南北問題，サミットが頻出である。戦後の国際経済体制を理解し，為替相場，国際収支，国際経済組織の名称・欧文略語・活動内容を中心に整理しておく必要がある。サミットについては，直近の開催における議題なども問われるので，最新情報に注意しておこう。

国際経済は，各々について深い知識よりも幅広い知識が要求される分野でもある。

29 ☆

1970年代以降の国際経済の出来事を年代の古いものから順に並べたとき，順番が正しいものはどれか。

ア．キングストン合意　　イ．ニクソン＝ショック　　ウ．ルーブル合意
エ．スミソニアン協定　　オ．プラザ合意

① イ→ア→エ→オ→ウ
② イ→エ→ア→オ→ウ
③ イ→エ→ア→ウ→オ
④ エ→イ→オ→ア→ウ
⑤ エ→イ→ア→ウ→オ

30 ☆

戦後の国際通貨制度と日本に関する記述として正しいものはどれか。

① ブレトン＝ウッズ協定の下で，日本の円は1ドル＝308円であった。
② 1971年のキングストン協定で，日本は固定相場制を維持した。
③ 日本の円が変動相場制に移行したのは，1980年のことである。
④ 1985年のプラザ合意の後，円ドル為替ルートは円高の方向に動いた。
⑤ 2013年以降，急速に円高が進んでいる。

31 ☆☆

円高（ドル安）に関する記述として誤っているものはどれか。

① アメリカにおいて，インフレーションが発生するとおこる。

② 外国為替市場で「ドル売り円買い」の方が「円売りドル買い」より注文が増えるので需要供給の関係で円が上がる。

③ 一般に日本の輸出関連企業は輸出が大幅に伸び，その利益は増大する。

④ 円高（ドル安）とは，1ドル＝120円が1ドル＝100円になることをいう。

⑤ 一般に輸入商社や輸入品（主として原燃料）を使って物をつくる企業は，円高の利益が大きい。

32 ☆

次の為替レートの変化に関する文の空欄A～Dにあてはまる語句の組み合わせとして正しいものはどれか。

為替レートの変化は，貿易に大きな変化を及ぼす。（　A　）になれば，日本製品の（　B　）海外価格は，国内価格は変わらないのに上昇する。一方，（　C　）になれば，日本製品の（　D　）海外価格は，国内価格が変わらないのに下落する。

	A	B	C	D
①	ドル高	ドル建て	ドル安	円建て
②	円高	円建て	円安	円建て
③	円安	円建て	ドル高	ドル建て
④	円高	ドル建て	円安	ドル建て
⑤	ドル安	ドル建て	円安	円建て

33 ☆☆☆

為替相場の変動に関する記述として正しいものはどれか。

① 円高になると，日本国内では輸入品の価格が上昇し，輸入が減少する。

② 円安になると，国内製造業が海外へ生産の拠点をうつすことから，国内産業の空洞化がおこる。

③ 日本国内でインフレーションが発生すると，円高が進行する。

④ 日本からの輸出が増大し，アメリカとの間で貿易黒字が拡大すると，円安

が進行する。

⑤　日本国内の金利が，アメリカの金利より高ければ，円高が進行する。

34　☆☆

為替相場の変動により，円高・ドル安になった場合に関する記述として正しいものはどれか。

①　日本からの輸出が増大し，アメリカからの輸入が減少して，貿易収支の黒字幅が拡大する。

②　石油などの原材料費が上昇し，輸入品の国内価格も高くなることから，国内の物価が上昇する。

③　日本からの海外旅行が割高となり，相対的に賃金が低くなることから，外国人労働者も減少する。

④　製造業を中心に，海外に工場が移転し，国内製造業の空洞化をもたらす。

⑤　国内産業では，重化学工業の比重が高まり，付加価値の高い高技術先端産業の比重は低下する。

35　☆☆

国際収支は2014年に大幅に見直されたが，旧統計と新統計を比較した図の空欄A～Eにあてはまる語句を，【語群】からそれぞれ選び，記号で答えよ。

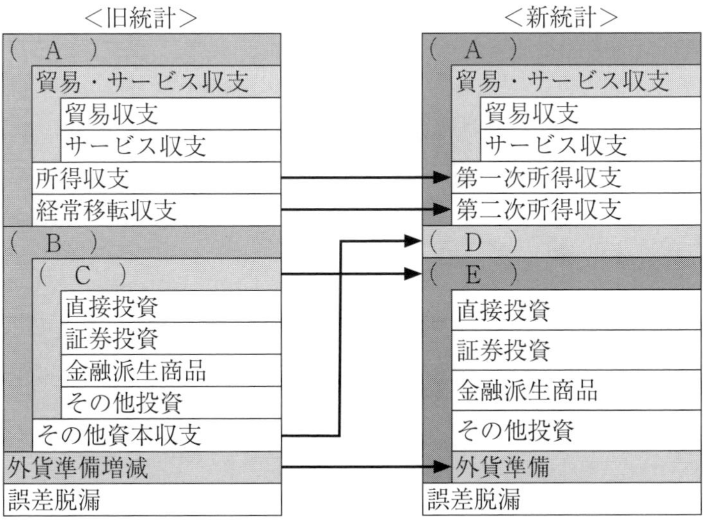

【語群】
ア．金融収支　イ．資本収支　ウ．投資収支
エ．経常収支　オ．資本移転等収支

36 ☆☆

次の国で使用されている通貨単位を【語群】から選び記号で答えよ。
①　タイ　②　インド　③　韓国　④　イギリス　⑤　ロシア

【語群】
a．ユーロ　b．ルーブル　c．ルピー　d．ウォン
e．ポンド　f．レアル　g．バーツ　h．元

37 ☆☆

貿易に関する記述として正しいものはどれか。

①　リカードは，輸入商品が自国商品より安い場合，自国産業を保護するために，輸入商品に対して高い関税をかけるべきだとする保護貿易を主張した。
②　国際分業には，垂直的分業と水平的分業があるが，水平的分業とは発展途上国と先進諸国との間で一次産品と高度工業製品とを貿易することである。
③　第二次世界大戦後，世界貿易の拡大を目的として，自由・無差別・多角を原則とするブレトン＝ウッズ協定に基づき，OECDが創設された。
④　我が国の貿易収支は，2011年以降黒字が続いている。
⑤　我が国では，戦前は綿織物や生糸といった繊維品の輸出が中心だったが，現在では，機械類の輸出が最も多く，自動車がこれに次いでいる。

38 ☆☆

我が国の貿易・国際収支に関する記述として正しいものはどれか。

①　輸出を品目別にみた場合（金額ベース），戦前の1935年頃は綿織物・生糸といった繊維品が最も多かったが，2021年では，自動車が最も多く約4割を占め，機械類がこれに次いで多くなっている。

② 輸入品目では，戦前からエネルギー資源や原料が多く，近年では，機械類や衣類といった製品の輸入も増大し，2021年には機械類が最も多く，5割を上回っている。
③ 2021年の貿易相手国は，経済成長が著しい中国の割合が高まりつつあるものの，輸出・輸入とも依然としてアメリカが最大であり，中国はともに第2位となっている(円ベース)。
④ 貿易収支とは商品の輸出入による外国との代金の支払いと受取りの収支のことをいう。2022年の貿易収支は，エネルギー価格等の高騰で輸入額が膨れ上がり，大幅な赤字となった。

39 ☆☆

GATTとWTOに関する記述として誤っているものをすべて選べ。
① GATTは国際機関ではなかったが，WTOは正式な国際機関である。
② GATTはモノの貿易が中心であったが，WTOはサービス貿易や知的所有権も対象としている。
③ WTOはGATTに比べて紛争処理機能が強化されている。
④ GATTは先進国のみで構成されたが，WTOは発展途上国も加盟している。
⑤ GATTは農産物については議論されなかったが，WTOは農業分野についても議論の対象とされている。

40 ☆

次の文のA～Cに入る語句の組み合わせとして正しいものはどれか。
1993年のGATT（　A　）ラウンドの妥結から1年，WTOが正式な国際機関として発足した。WTOは自由貿易を推進しているものの，輸入品の増大により国内産業に影響を及ぼす場合には，輸入数量を制限する（　B　）を発動することを認めている。なお，近年では，WTOによる多国間の貿易交渉が進展しないこともあって，二国間や地域間の（　C　）を締結する国々も多くなっている。

	A	B	C
①	東京	セーフガード	BIS
②	東京	ペイオフ	FTA
③	ウルグアイ	セーフガード	FTA
④	ウルグアイ	ペイオフ	SDR
⑤	ケネディ	セーフガード	BIS

41 ☆☆

次の説明が意味している語句を①～⑤から選べ。

「特定の国・地域間における関税や輸入制限などの貿易障壁を撤廃するための自由貿易協定（FTA）を発展させ，人の移動や投資ルールなど幅広い分野での経済的な協力を含めた協定。我が国でも，シンガポールやメキシコなどと締結している。」

①　ISO　②　EPA　③　セーフガード　④　WTO　⑤　SAARC

42 ☆☆

国際経済協力機関に関する記述として正しいものはどれか。

①　OAPECには，中東のみならず，南米のベネズエラやアジアのインドネシアなども加盟している。

②　WTOは，ブレトン＝ウッズ協定に基づき，国際的な通貨混乱を防止する目的で設立された国際金融機関である。

③　COMECONは，社会主義諸国間の結束の強化，経済発展を目的とする機関であり，アメリカのマーシャル＝プランに対抗して結成されたが，1991年に解体した。

④　UNCTADは，先進諸国間の経済協力により自由で多角的な世界貿易を拡大するとともに，発展途上国への援助を推進するために創設された。

⑤　OECDは，世界経済の重要問題である発展途上国問題を国際的な協力によって解決しようとするものである。

43 ☆☆

国際経済協力に関する記述として正しいものはどれか。

①　世界銀行は現在，発展途上国の経済発展援助を中心に活動しているが，資金の融資先はこれらの諸国に限定されている。

②　WTOは国際金融や為替の面で国際貿易の発展を支える国連専門機関である。

③　UNCTADはアジア地域の発展途上国が国連の援助によって，これらの諸国間の貿易の促進と経済発展を目的として設立した共同体である。

④　OECDは自由主義先進諸国を中心として組織された協力機関で，経済政策，開発援助，貿易など幅広い問題に取り組んでいる。

⑤　EUの主な目的は加盟国間の最恵国待遇供与と対日貿易赤字の解消である。

44 ☆

南北問題に関する記述として誤っているものはどれか。

① 南北問題とは，発展途上国と先進国との間の経済格差の問題をいう。

② 発展途上国の経済発展を困難にしている原因の一つとして，一次産品のみを生産するモノカルチャー経済が挙げられる。

③ 国連総会は，南北問題を解決するために1964年にUNCTAD（国連貿易開発会議）を設立した。

④ 途上国の中でも，急速に工業化を進め，高度成長を遂げた国・地域のことを総称してBRICSという。

45 ☆☆

次の文を読んで，以下の各問いに答えよ。

先進国の国際石油資本（　A　）による濫採掘を制限しようと石油輸出国は1960年に石油輸出国機構（　B　）を結成し，原油価格の引き上げや生産調整でこれに対抗した。天然資源の採掘・開発・利用権は資源保有国にあるとする考え方は1962年の国連総会でも「天然資源に対する恒久主権」宣言によって唱えられている。

⑴ 文中の空欄A・Bには直前の語句の略語が入る。Aはカタカナで，Bは欧文略語で答えよ。

⑵ 下線部のような考え方を何というか答えよ。

⑶ 次のうち，南北問題または南南問題とは関係ない語句を選べ。

ア．プレビッシュ報告　イ．NIEO宣言　ウ．NIEs
エ．UNCTAD　オ．ILO

46 ☆

次のうち，日本が加盟している国際機関・地域協力機構として正しいものはどれか。

ア．NATO　イ．EU　ウ　ASEAN　エ．OECD　オ．OPEC

47 ☆

国際機関の欧文略語とその正式名称の組み合わせとして正しいものはどれか。

① IMF ――――― 国際労働機関

② AIIB ――――― アジアインフラ投資銀行

③ OECD ―――― 石油輸出国機構

④ OPEC ―――― 経済協力開発機構

⑤ UNCTAD ―― 国際復興開発銀行

48 ☆☆

日本のODA（政府開発援助）に関する記述として正しいものはどれか。

① 近年，市民団体等の非政府組織による発展途上国への援助活動が活発となってきているが，未だ政府との連携は図られていない。

② 2015年に閣議決定した「開発協力大綱」では，災害援助などの非軍事目的であっても他国軍への支援は認められていない。

③ DAC加盟国のODA援助総額（贈与相当額ベース）はアメリカに次いで世界第2位となっている（2021年）。

④ 援助の実施は，政府の決定を受けた外務省が国連の専門機関であるIMF（国際通貨基金）に委託して実施している。

⑤ 2015年に閣議決定した「開発協力大綱」では，戦略として「国益の確保に貢献する」という文言を初めて明記した。

49 ☆☆

我が国のODA（政府開発援助）に関する記述のうち，正しいものをすべて選べ。

ア．我が国のODAは国際目標であるGNI比0.7％以上を達成している（2021年）。

イ．ODAの実施機関は，独立行政法人のJICA（国際協力機構）が一元的に取り行っている。

ウ．我が国のODAは，国際機関への出資・拠出などよりも，二国間援助の額面が多いのが特徴である。

エ．我が国がODAを開始したのは，バブル経済がはじまった1986年のことである。

50 ☆☆

次の日本のODAに関する文の空欄A～Cにあてはまる語句・数字の組み合わせとして正しいものはどれか。

ODA（政府開発援助）には二国間援助と多国間援助があり，二国間援助は（　A　）と政府貸付等（有償資金協力）に分けることができる。2021年における日本のODA実績（贈与相当額ベース）は，世界第（　B　）位であり，二国間援助では（　C　）に対する供与額が最も大きくなっている。

	A	B	C
①	贈与	3	インド
②	贈与	4	ベトナム
③	贈与	3	ベトナム
④	キャッシュ・フロー	4	バングラデシュ
⑤	キャッシュ・フロー	5	インド

51 ☆☆

次の表は，2021年におけるDAC（開発援助委員会）加盟国のODA（政府開発援助）実績贈与相当額の割合を示したものである。ア，イ，オに入る国名の組み合わせとして正しいものはどれか。

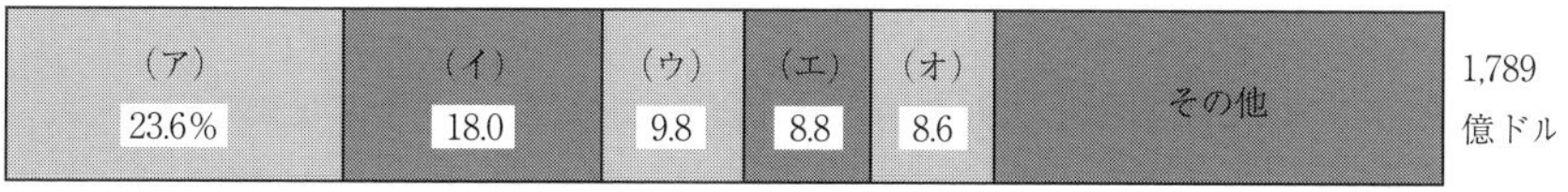

（世界国勢図会2022/23）

	ア	イ	オ
①	アメリカ	日本	イギリス
②	アメリカ	ドイツ	フランス
③	日本	アメリカ	フランス
④	日本	ドイツ	イギリス
⑤	フランス	アメリカ	日本

52 ☆☆

サミット（主要国首脳会議）に関する記述のうち，正しいもののみを挙げているものはどれか。

ア．1975年にアメリカのケネディ大統領の提唱で始まった。

イ．議題は，当初は経済問題が主であったが，最近は政治色が強まるとともに，エイズ・麻薬問題，地球環境問題も取り上げられ多様化している。

ウ．会議には，主要国の首脳の他，EU委員長も参加する。

エ．会議は毎年開催されており，会議の議長国は，輪番制になっている。

オ．ロシアは，1992年のミュンヘンサミットより正式に参加している。

① ア，イ，ウ

② ア，ウ，エ

③ ア，ウ，オ

④ イ，ウ，エ

⑤ ウ，エ，オ

53 ☆☆☆

サミット（主要国首脳会議）に関する記述として正しいものはどれか。

① サミットは，ニクソン・ショック後の世界経済の建て直しをはかるため，アメリカ，ワシントンのスミソニアン博物館で第1回会議が開かれて以来現在まで30回以上開催されている。

② 第1回からサミットに参加している国は，アメリカ・イギリス・フランス・ドイツ・カナダ・日本の6ヵ国である。

③ 近年では，新興国の影響力が高まりつつある中で，G20サミット（金融・世界経済に関する首脳会議）の存在意義が増していることから，G7サミットは以前ほどの影響力をもたなくなったと指摘されている。

④ 日本では通算7回サミットが開催されたことがあるが，北海道での開催を除いては，いずれも東京が開催地となった。

⑤ サミットは，経済問題を討議する場であるので，政治問題や環境問題などは議題の対象外であり，これまでに話し合われたことはない。

54 ☆☆☆

次の表は，ある国の一人あたり国民総所得を示したもの（2020年）であるが，表中のA～D国にあてはまる国名の組み合わせとして正しいものはどれか。

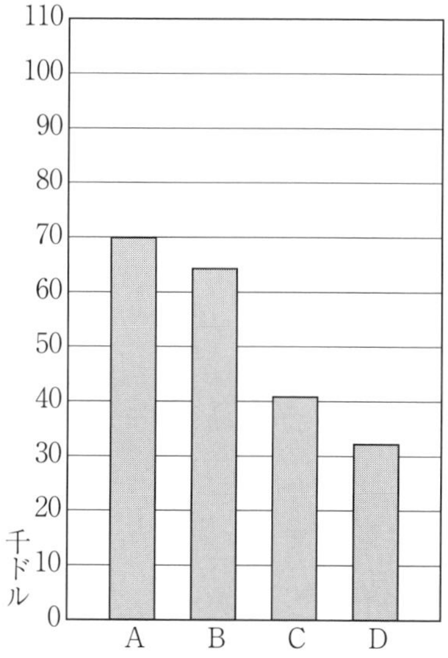

（世界国勢図会2022/23）

	A	B	C	D
①	ノルウェー	アメリカ	日本	韓国
②	ノルウェー	日本	韓国	アメリカ
③	日本	韓国	ノルウェー	アメリカ
④	日本	アメリカ	ノルウェー	韓国
⑤	アメリカ	ノルウェー	韓国	日本

55 ☆☆

2008年9月にアメリカの大手証券会社がサブプライムローンの巨額損失によって経営破綻したことに端を発して，世界的金融危機が発生したことを何というか。

7

環境

Open Sesame

1 地球環境問題

●解答解説P263～264

●傾向と対策

重要度：A

地球環境問題に関する出題は頻度が高いが，基本的な知識を問う問題が大半を占めているため，基本事項を押さえておけば十分対応できる。環境問題としては，地球温暖化，オゾン層の破壊からの出題が多い。また，世界遺産条約とラムサール条約に登録されている日本の地域とその位置を押さえておこう。

1 ☆

地球規模で生じている環境問題とその主な原因の関係として，誤っているものを選べ。

① オゾン層の破壊―――――フロン
② 砂漠の拡大――――――過放牧や過耕作
③ 地球温暖化――――――二酸化炭素の増加
④ 酸性雨による森林の被害―農薬の散布
⑤ 熱帯林破壊――――――商業伐採

2 ☆☆

次の文の空欄 A～E にあてはまる語句の組み合わせとして正しいものを選べ。

地球規模の環境問題の1つとして，地球温暖化が挙げられる。これは，化石燃料の大量消費により（　A　）などの温室効果ガス濃度が増加し，地球の平均気温が上昇する現象をいう。海面水位の上昇や異常気象を引きおこし，生態系に悪影響を及ぼすおそれがある。そのため，京都議定書に代わる，新たな国際枠組みとして（　B　）が採択され，（　B　）は 2016年に発効した。

また，オゾン層の破壊という問題もある。これは，オゾン層が（　C　）により破壊され，地表に届く有害な（　D　）の量が増加する現象をいう。これにより，皮膚がんの増加や農産物の収穫量の減少などといった被害が引きおこされる。そのため，（　E　）の改正によって特定（　C　）の生産が全廃された。

	A	B	C	D	E
①	二酸化炭素	パリ協定	フロン	紫外線	モントリオール議定書
②	二酸化炭素	ウィーン条約	メタン	紫外線	バーゼル条約
③	窒素酸化物	ウィーン条約	メタン	紫外線	バーゼル条約
④	窒素酸化物	パリ協定	フロン	赤外線	バーゼル条約
⑤	硫黄酸化物	パリ協定	フロン	赤外線	モントリオール議定書

3 ☆☆

酸性雨とはpHいくつ以下の雨のことをいうか，答えよ。

4 ☆☆

地球の環境問題に関する次の文のうち，正しいものを選べ。

① フロンは，半導体の洗浄剤やクーラーの冷媒などとして使用されていたが，大気圏において人体に有毒なオゾン層を発生させるため，問題となっている。

② アフリカのサハラ砂漠周辺地域における砂漠化は，大気汚染による木々の枯死，雨季の土砂流失が主な原因であると考えられている。

③ 熱帯林破壊は，二酸化炭素の増加につながり，その二酸化炭素が地球を取り巻いている熱を逃がさなくなるため，地球の温暖化が加速される。

④ 化石燃料の消費や自動車の排気ガスによって発生する窒素酸化物，塩素酸化物が，大気中で硝酸イオンや塩酸イオンに化学変化して，酸性度の高い雨となって降る現象を酸性雨という。

⑤ 海洋汚染の主な原因は，工場などから排出される窒素酸化物が海中で化学反応をおこし，アルカリ度が高まるためである。

5 ☆☆

次の文の空欄にあてはまる語句を答えよ。

1980年代に入って急速に地球規模化してきた環境問題に取り組むため，1992年にブラジルのリオデジャネイロで国連（　A　）会議，通称「（　B　）」が開催された。ここでは（　C　）を基本理念とするリオ宣言が採択され，環境問題に対する今後の取り組みへの国際的な協力がよびかけられた。そして，その10年後の2002年には，南アフリカ共和国のヨハネスブルクで（　D　）サミットが開催された。

6 ☆☆☆

パリ協定に関する次の文のうち，正しいものを選べ。

① 先進国の削減目標についてのみ達成義務を設け，目標に到達できない場合の罰則規定が設けられている。

② 長期目標は世界の平均気温上昇を産業革命以前から比べて5℃未満に抑えることになっている。

③ 日本は2030年度までに温室効果ガスの排出を2013年度の水準から40%削減することを目標としている。

④ 長期目標の到達度合いについては，全体的な進捗を測るため，2023年から5年ごとに，実施状況を確認することになっている。

⑤ 発効条件は，㋐55か国以上の参加，㋑世界の排出量のうち50%以上をカバーする国が批准すること，の2点である。

7 ☆

ユネスコの世界遺産リストに登録されている日本の自然遺産5つを次から選び，記号で答えよ。

ア．富士山　　イ．瀬戸内海　　ウ．屋久島
エ．釧路湿原　　オ．白神山地　　カ．奄美大島
キ．知床　　ク．佐渡島　　ケ．小笠原諸島

8 ☆

次のうち，世界文化遺産として登録されていないものを選び，記号で答えよ。

ア．日光の社寺　　イ．厳島神社　　ウ．原爆ドーム
エ．松江城　　オ．紀伊山地の霊場と参詣道

9 ☆☆

次の一般的に使われている条約名の正式名称をア～エより選び，記号で答えよ。

(1) ワシントン条約
(2) ラムサール条約
(3) ロンドン条約

ア．有害廃棄物の越境移動及びその処分の規制に関する条約

イ．廃棄物その他の物の投棄による海洋汚染の防止に関する条約
ウ．絶滅のおそれのある野生動植物の種の国際取引に関する条約
エ．特に水鳥の生息地として国際的に重要な湿地に関する条約

2 日本の環境問題

●解答解説P264～265

●傾向と対策

重要度：B

我が国における環境保護法制については，2000年に循環型社会形成推進基本法が施行され，個別のリサイクル法も制定されていることから，家電リサイクル法などの概要について確認しておく必要がある。環境に関する用語についても見られるため，それらの定義を押さえておこう。

10 ☆☆☆

公害に関する次の文のうち，正しいものを選べ。

① 公害問題は，第二次世界大戦後に発生したものであり，明治時代には社会問題として認識されていなかった。

② 高度経済成長期には，四大公害が発生し，その訴訟ではいずれも被告である企業側が勝訴している。

③ 1970年の公害国会では，公害対策基本法に「公害対策と経済発展との調和条項」が追加規定された。

④ 大気汚染防止法や水質汚濁防止法には，公害被害者保護の観点から過失責任の原則が規定されている。

⑤ 地球規模の環境問題にも対処するため，1993年に公害対策基本法に代わり環境基本法が制定された。

11 ☆☆

公害による環境破壊の防止に関する次の文の空欄にあてはまる語句を答えよ。

公害による環境破壊を防止する対策としては，まず，汚染発生源でこれを防止することが重要であり，そのため，公害防止費用についての（　A　）がとられている。また，被害が生じた場合に企業などに故意や過失が認められなくとも損害賠償の責任を負わせる（　B　）の原則の確立が必要である。さらに，有害物質の排出規制措置もとられなければならず，各種有害物質について，（　C　）規制のみならず，（　D　）規制が求められている。

12 ☆☆

BODの日本語名と内容の組み合わせとして，正しいものを選べ。

① 化学的酸素要求量————地下水の汚染を測る代表的指標

② 化学的酸素要求量————土壌の汚染の汚濁を測る代表的指標

③ 生物化学的酸素要求量——湖沼・海域の汚濁を測る代表的指標

④ 生物化学的酸素要求量——河川の汚濁を測る代表的指標

⑤ 生物化学的酸素要求量——大気の汚濁を測る代表的指標

13 ☆☆☆

ダイオキシン類に関する次の文のうち，正しいものを選べ。

① ダイオキシン類は，発がん性，催奇形性作用があるなど，非常に強い毒性を有する有機塩素化合物である。

② ダイオキシン類は，環境中で分解されにくい物質で，水に溶けやすく油脂に溶けにくいという性質をもつ。

③ ダイオキシン類の発生源としては，主に自動車の排気ガスが挙げられる。

④ ダイオキシン類は，大気や食べ物などを通じて体内に取り込まれるが，大気からの取り込みが大半を占めると考えられている。

⑤ ダイオキシン類は，野菜などの生ゴミを家庭用の小型焼却炉を使って低温で不完全燃焼の状態で燃やすと発生しやすいことから，大型焼却炉への転換が求められている。

14 ☆☆

不要となった家電製品について，製造業者にリサイクル，小売店に引き取り，消費者にリサイクル料金の負担を義務付けた法律の名称を書け。

15 ☆☆

次の記述のうち，誤っているものを選べ。

① 容器包装リサイクル法では，容器･包装廃棄物を消費者が分別して排出し，自治体が回収を，事業者が再商品化を行うことが義務付けられている。

② 家電リサイクル法では，家庭電化製品のリサイクルにかかる諸費用は，その製品の製造業者が負担することになっている。

③ グリーン購入法は，国や地方公共団体が，再生品や省エネ品など環境に配慮した製品を優先的に購入するとともに情報提供することによって，環境物品の需要拡大を図ることを目的としている。

④ 小型家電リサイクル法は，正式名を「使用済小型電子機器等の再資源化の促進に関する法律」といい，国民が排出した小型家電を市町村が分別して回収し，認定事業者に引き渡し，その後，金属資源としてリサイクルすることになっている。

⑤ 家電リサイクル法をはじめ，近年制定されたリサイクルに関する法律の基本的な枠組みとなる法律を「循環型社会形成推進基本法」という。

16 ☆

ごみ減量のため「3R運動」が進められている。3Rとは何という言葉の頭文字をとったものか。また，その意味を簡潔に答えよ。

17 ☆☆

次の記述は何について説明したものか答えよ。

(1) 動植物が共存共生できる生態系をもった生息・生育空間。

(2) 製品やサービスを購入する際に，できるだけ環境への負担が少ないものを優先的に購入すること。

(3) 貴重な自然や歴史的建造物などを保護し，保存することを目的とする団体や市民運動。

(4) 環境保全を重視し，価格が多少高くても環境にやさしい商品を選ぶ消費者。

(5) ある産業の製造工程から出る廃棄物を別の産業の原料として利用し，廃棄物の排出をできるだけ少なくすること。

(6) エネルギー源として永続的に利用することができるエネルギーの総称。太陽光，風力，地熱，太陽熱，バイオマスなどをエネルギー源とする。

(7) 大気中に浮遊している2.5μm以下の小さな粒子。

解答解説

Open Sesame

1 世界史

1 古代

1

③

解説

① モヘンジョ＝ダロ（モエンジョ＝ダーロ）はインダス文明を代表する遺跡である。

② 楔形文字はメソポタミアで使われた。

④ 神聖文字（ヒエログリフ）はエジプトで使われた。

2

④

解説

① ハンムラビ王によって法典が制定されたのはメソポタミア文明である。

② 太陽暦や測量術が発達したのはエジプト文明である。

③ 甲骨文字が使用されたのは中国文明の後に誕生した殷王朝である。

⑤ メソポタミア文明はシュメール人によって発達した。モヘンジョ＝ダロ（モエンジョ＝ダーロ）はドラヴィダ人によってつくられたインダス文明を代表する遺跡である。

3

④

解説

ピタゴラスは万物の根源を数と考え，「ピタゴラスの定理」を発見した。

プラトンはイデア論を説き，『国家』を著した。

ホメロスは叙事詩『イリアス』や『オデュッセイア』を著した。

ヘシオドスは叙事詩『労働と日々』を著した。

4

(1) オクタウィアヌス　(2) ②

解説

(2)① ネルウァ帝は五賢帝の最初の皇帝である。

③ マルクス＝アウレリウス＝アントニヌス帝は五賢帝最後の皇帝である。

④ カラカラ帝は五賢帝には入らない。ローマ帝国の全自由人に市民権を与えた皇帝である。

⑤ コンスタンティヌス帝は五賢帝には入らない。ミラノ勅令（313年）でキリスト教を公認した皇帝である。

5

① イ　② ア　③ エ

解説

ウ．サータヴァーハナ朝は前1世紀ごろに成立したドラヴィダ系の王朝である。デカン地方を支配しクシャーナ朝と対立した。

オ．ヴァルダナ朝は7世紀前半に成立した

北インド統一王朝である。

6

(1) **レオ3世**　(2) ③

解説

イスラーム教徒の侵入などで混乱した西ヨーロッパの統一に成功したカール大帝(シャルルマーニュ)は800年，ローマ教皇レオ3世より戴冠されて皇帝となり(「カールの戴冠」)，西ヨーロッパの復活を唱えた。また，これによりゲルマン・ローマ・キリスト教文化が強く結びつき，西ヨーロッパ文化発展の基礎となった。

(2) ①はカール大帝の父，②はカール大帝の祖父，④は962年に教皇から戴冠されて神聖ローマ帝国の皇帝となったドイツ王である。

2 中世

7

②

解説

① 325年，コンスタンティヌス帝が教義統一のために開いた。
② 1095年に開催された。
③ 431年，ネストリウス派が異端とされた。
④ 1545～63年，宗教改革の動きに対抗して開かれた。
⑤ 1414～18年，教会大分裂(大シスマ)を解消するために開かれた。

8

①

解説

インノケンティウス3世ではなくウルバヌス2世である。インノケンティウス3世は教皇権の絶頂期を現出し，第4回十字軍を提唱した。

9

A. ②　B. ⑤　C. ③

解説

アッラーはイスラーム教の唯一神で，ムハンマドはアッラーの啓示を受けてイスラーム教を創始した。預言者とは，神から預けられた言葉を伝える者のことで，啓示を受けたときに彼は預言者と自覚した。また，彼の伝えた神の言葉をまとめたものがコーラン(クルアーン)で，イスラーム教の聖典である。

10

④

解説

① ウマイヤ朝は732年，ピレネー山脈を越えてフランク王国に侵入したが，宮宰カール＝マルテルによって撃退された。

② ウマイヤ朝時代では先住民がイスラーム教に改宗しても免除されなかった。改宗すると免除されるようになるのは，アッバース朝以降である。

③ アッバース朝は，バグダードを都としていた。

⑤ ゼロの概念を発見したのは，インドである。

11

A ② B ⑤ C ④

解説

A．マルコ＝ポーロはヴェネツィアの旅行家で，元を訪れフビライ（クビライ）に仕えた。

B．玄奘は唐の僧侶でインドから多くの仏典を持ち帰り，漢訳に努めた。

①はイブン＝バットゥータに関する記述である。

③はマテオ＝リッチに関する記述である。

12

⑤

解説

A．732年

B．1096年

C．800年

D．1339年

3 近 世

13

②

解説

① 『カンタベリ物語』はチョーサーの作品である。ボッカチオの作品では『デカメロン』が有名である。

③ 『ヴィーナスの誕生』はボッティチェリの作品である。ミケランジェロの作品には，『最後の審判』，『天地創造』，『ダヴィデ像』などがある。

④ 『愚神礼賛』はエラスムスの作品である。モンテーニュは『随想録』を著した。

⑤ 『ドン＝キホーテ』はセルバンテスの作品である。シェークスピアの作品には，『ハムレット』，『ロミオとジュリエット』などがある。

14

(1) イサベル

(2) バルトロメウ＝ディアス

(3) マゼラン（マガリャンイス）

(4) ピサロ (5) 銀

解説

(1) コロンブスはイサベル女王の援助で西航し，サンサルバドル島に到達した。彼が，この地をインドと信じたことから，やがて西インド諸島とよばれるようになった。しかし，後の探検で新大陸の一部ということが分かり，探検者アメリゴ＝ヴェスプッチの名をとってアメリカとよばれるようになった。

(2) ポルトガル王ジョアン2世の命で，1488年にインド航路発見のために出発した。喜望峰は暴風に流されて発見された。その後，ヴァスコ＝ダ＝ガマは喜望峰を回り，アフリカ東岸のマリンディでイスラーム教徒を案内人としてカリカットに到達した。帰路は季節風を利用してリスボンに到着し，インド航路を確立した。

⑶　1519年に出航したマゼラン（マガリャンイス）は，南アメリカ南端の水路（マゼラン海峡）を通り，大洋へ出た。彼はここを太平洋と名づけ，その後フィリピンに達したが，セブ島で殺害された。

⑷　新大陸へのスペイン征服者たちをコンキスタドレスとよぶ。彼らは残忍な征服活動をおこない，1521年コルテスがアステカ帝国を滅ぼしてメキシコを征服すると，1533年にはピサロがインカ帝国を滅ぼしペルーを征服した。

⑸　新大陸が征服されたことにより，南米から大量の銀がヨーロッパへ持ち込まれ，物価が高騰する現象（価格革命）がおこった。

15

②

解説

①　コロンブスは大西洋を横断し，サンサルバドル島を発見した。航路はCである。

③　マゼランは一行とともにモルッカ諸島をめざしてフィリピン諸島に到達した。彼自身はそこで先住民に殺害されたが，一行はその後世界周航を達成した。航路はBである。

④　カブラルはブラジルに漂着し，その地をポルトガル領とした。航路はDである。

⑤　バルトロメウ＝ディアスはアフリカ南端の喜望峰に到達した。航路はEである。

16

②

解説

マルティン＝ルターは，「九十五カ条の論題」で，魂の救いはキリスト教の福音を信じることのみによるとする信仰義認説を説いた。カルヴァンは，『キリスト教綱要』を公刊し，魂が救われるかどうかはあらかじめ神によって決定されているとする予定説を説いた。またカルヴァンの思想は，勤労の結果としての蓄財を認めることになったため，後に新興商工業者に広く受け入れられた。

17

①

解説

②　ポルトガル王（位1481〜95年）で，アフリカ西岸航路の開拓を奨励した。

③　イギリス国王（位1509〜47年）で，国王至上法（首長法）を発布した。

④　スペイン初代女王（位1479〜1504年）で，コロンブスを援助した。

⑤　フェリペ2世の父（位1516〜56年）で，神聖ローマ皇帝カール5世（位1519〜56年）と同一人物である。

18

③

解説

①　アレクサンドル2世はロシアの皇帝であり，1861年に農奴解放令を出した。

「朕は国家なり」と自ら言ったのはフランスのルイ14世である。

② 「太陽の沈まぬ国」といわれたのは，フェリペ2世時代のスペインである。ルイ14世は，「太陽王」といわれ，コルベールの重商主義のもと全盛期を現出した。また，ヴェルサイユ宮殿を建設したことでも知られる。

④ 百年戦争はフランスとイギリス間でおこった戦争である。マリア＝テレジアはオーストリアの女帝で，第1回ポーランド分割などに参加した。

⑤ ネルチンスク条約を締結したのはロシアのピョートル1世と清の康熙帝である。この条約で両国の国境が画定された。プロイセンのフリードリヒ2世はオーストリア継承戦争や七年戦争によってプロイセンを強国にした啓蒙専制君主である。

19

③

解説

イギリスの東インド会社の設立は1600年である。

① 1467～77年
② 1543年
③ 1600年
④ 1641年
⑤ 1716～45年

4 近 代

20

イギリス(ピューリタン)革命

解説

スチュアート朝のチャールズ1世は，1628年に可決された権利の請願を無視して議会を解散，専制政治を続けたため，1640年王党派と議会派との間に内戦がおこった。その後クロムウェルによって統率された議会派が1649年，国王チャールズ1世を処刑し，共和政をうちたて，クロムウェルの軍事独裁を経て1660年に王政復古にいたった。このイギリス革命とのちの名誉革命(1688～89年)の2つの市民革命によってイギリスは議会主権に基づく立憲王政が確立されていった。

21

③

解説

① 独立宣言は，トマス＝ジェファソンによって起草された。ワシントンは独立戦争時の総司令官であり，アメリカ合衆国の初代大統領である。

② フランスはイギリスと対立していたためアメリカ側に立って参戦していた。またロシアをはじめとする北欧諸国は武装中立同盟を結成し，イギリスを外交的に孤立させたため，しだいにアメリカ優勢となった。

④ 初代大統領はワシントンである。リンカンは第16代大統領で，アメリカ南北戦争時に，奴隷解放宣言を発表した。

⑤ イギリス(ピューリタン)革命(1640

〜60年）は，独立戦争より前の出来事である。独立戦争は，フランスの自由主義思想に影響を与え，フランス革命の一因となった。

22

⑤

解説

ア：1775〜83年
イ：1688〜89年
ウ：1789〜99年
エ：1640〜60年

23

②

解説

木綿工業から産業革命が始まった理由は，国内やアメリカ植民地での綿布に対する需要が増大し，またアフリカでの奴隷購入に綿布が使用されるようになると，インドやアメリカの綿花を使った生産がイギリス国内で急激に増加したこと，また新興産業のためギルドの規制がほとんどなく，毛織物工業などと比べて新技術の採用が容易だったことなどが挙げられる。

24

③

解説

A．クロムウェルはイギリス（ピューリタン）革命時の指導者で，その後，独裁政治を行った。マザランはルイ14世時代の宰相で，絶対王政を推進した。
B．ルイ＝フィリップは七月革命（1830年）で国王に即位したが，二月革命（1848年）をまねき失脚した。
C．トラファルガーの海戦（1805年）はイギリス艦隊がフランス・スペイン連合艦隊を撃破した戦いであり，この敗北によりナポレオンは対英上陸作戦を断念し，大陸制覇に方針を変えた。アウステルリッツの戦い（1805年）はナポレオンがロシア・オーストリア両軍を撃破した戦いである。
D．パリ会議（1919年）は，第一次世界大戦の処理のために開催された会議である。

25

ビスマルク

解説

ビスマルクは1862年首相に就任すると，議会を無視して軍備拡張を強行した。

また内政においては，社会保険制度を整備する一方で社会主義者を弾圧する，いわゆる「アメ」と「ムチ」の政策を実施した。

26

①

解説

モンロー大統領が発したモンロー教書（宣言）は，アメリカ大陸諸国とヨーロッパ大陸諸国の相互不干渉を宣言したものである。
② イギリスの外相で，ラテン＝アメリカの独立を支持した。
③ 第7代大統領で，ジャクソニアン＝デモクラシーとよばれる，農民や小市民の側に立った政治を推し進めた。
④ 第16代大統領で，南北戦争中に奴隷

解放宣言を出した。

27

A．リンカン　　B．アメリカ連合国
C．奴隷解放

解説

北部と南部は，保護関税政策か自由貿易か，連邦主義か反連邦主義か，奴隷制の廃止か存続かで激しく対立していた。こうした状況の中で，奴隷制廃止を主張する共和党からリンカンが大統領に選出されたことで確執は決定的となり，南北戦争に発展した。

28

②

解説

A．イギリスは18世紀半ば以来，東インド会社を通じてインドの領土経営に乗り出し，インドをイギリスの原料供給地・商品販売市場としていった。

B．阮朝の成立（1802年）以来ベトナムと関わりがあったフランスは，仏越戦争（1858～62年）・清仏戦争（1884～85年）を通じてここを保護国化し，1887年にはインドシナ連邦を成立させた。これに対しイギリスは1886年にビルマを征服し，さらにタイをフランス勢力との緩衝地帯とした。

C．1875年にスエズ運河株を買収した後，エジプトの内政に干渉したイギリス・フランス両国に対し，1881年ウラービー（オラービー）の反乱がおこった。イギリスは単独出兵してこれを鎮圧し，以後ここを軍事占領し事実上の保護国とした。

D．ケープ植民地は1652年にオランダによって建設された。オランダ系移民の子孫であるブーア人は，北部の奥地にトランスヴァール共和国・オレンジ自由国を建てたが，これらは南アフリカ戦争（1899～1902年）の結果，イギリス領となった。

E．アルジェリアは1830年にフランスのシャルル10世によって占領され，後に直轄領となった。フランスはさらに1881年にチュニジアを保護国化し，ついで南下してサハラ砂漠を占領，ここからジブチに向かうアフリカ横断政策を展開した。スーダンは1898年にイギリス・フランス両勢力が衝突した地であり（ファショダ事件），フランス軍の撤退によりイギリス・エジプトの共同管理地となった。

29

③

解説

イギリスは，ケープタウン・カイロ・カルカッタを結ぶ3C政策を行った。ドイツは，ベルリン・ビザンティウム（イスタンブル）・バグダードを結ぶ3B政策を行った。

30

②

解説

① 1870～71年
② 1814～15年
③ 1868年
④ 1851～64年
⑤ 1853～56年

5 現 代

31

⑤

解 説

① オーストリア皇位継承者夫妻がセルビア人に暗殺されたため，オーストリアがセルビアに宣戦した。

② ロシアを中心とするパン＝スラヴ主義とドイツ・オーストリアを中心とするパン＝ゲルマン主義によって民族対立が激化していた。

③ イタリアは当初中立であったが，「未回収のイタリア」など領土獲得の見返りを約束されたため，連合国側に立って参戦した。

④ イギリスは「光栄ある孤立」政策をとっていたが，ロシアの南下政策をおそれ，1902年に日英同盟を結び政策転換をすると，1904年にはフランスと英仏協商を結び1907年にはロシアと英露協商を成立させた。このため，第一次世界大戦では，ロシア・フランスとともに連合国側に立って参戦した。

32

②

解 説

① レーニンの死後，独裁政治を行った。

③ 第1次ロシア革命（1905年）後首相となり，反動政治を強行した。

④ ロマノフ王朝最後の皇帝で，ロシア革命後処刑された。

⑤ レーニンと共に十月（十一月）革命を指導したが，レーニンの死後スターリンと対立し，国外に追放された。

33

(1) **ウィルソン**
(2) **ジュネーヴ**　(3) ②　(4) ④

解 説

(1) アメリカ第28代大統領（任1913～21年）。新自由主義を掲げ，内政では反トラスト法，禁酒法，婦人参政権などを実現した。十四カ条は1918年に発表し，国際連盟創設に尽力したことでノーベル平和賞を受賞した。

(2) 国際連盟の本部はスイスのジュネーヴに設置された。なお，国際連合の本部はアメリカのニューヨークにある。

(3) 国際連盟の提唱国であるアメリカは，孤立主義を主張する共和党が上院で加盟を拒否したため，国際連盟には参加しなかった。

(4) ワシントン会議は，アメリカ大統領ハーディング（任1921～23年）の提唱で，1921～22年に開催された。参加国は，アメリカ・イギリス・日本・フランス・イタリア・中国・ポルトガル・ベルギー・オランダで，主に海軍軍備と太平洋・中国問題について討議された。

④ 不戦条約は，ワシントン会議後アメリカ国務長官ケロッグとフランス外相ブリアンが提唱し，国際紛争の解決に武力を用いないことを約した条約で1928年に調印された。

34

③

解 説

世界恐慌は，1929年ニューヨークのウォール街にあるニューヨーク株式取引所での株価の大暴落を契機に，世界中の資本主義諸国に広まった史上最大規模の恐慌であった。その中にあってソ連は，スターリン指導のもと社会主義国家建設が進んでおり，世界恐慌の影響を受けず，五カ年計画によって，工業生産が飛躍的に増大した。

35

④

解説

第二次世界大戦は，領土拡大を目論むドイツ・イタリア・日本などのファシズム国家(枢軸国)とそれを阻止したいアメリカ・イギリス・ソ連・フランス・中国など(連合国)との戦いであった。当初，枢軸国側が優勢であったが，ヨーロッパ戦線におけるスターリングラードの戦いでドイツが大敗を喫し，また太平洋戦線におけるミッドウェー海戦で日本海軍が敗北すると形勢は逆転した。1945年ドイツ・日本が相次いで降伏して終戦を迎えた。

36

①

解説

カサブランカ会談(1943年1月)に参加したのはスターリンではなくチャーチルである。この会談で，北アフリカ・地中海作戦とともに，ドイツの無条件降伏も協議された。

37

③

解説

③　アメリカが1949年にNATOを結成すると，それに対抗してソ連は1955年にワルシャワ条約機構を結成した。

38

①

解説

①　ガンディーは非暴力・不服従を訴え反英運動を展開し，インド独立に大きく貢献した。

②　ホメイニはイラン革命をおこした中心人物である。キューバ革命をおこしたのは，カストロである。

③　スカルノはインドネシアの初代大統領で，アジア＝アフリカ(バンドン)会議で活躍した。平和五原則は，インドのネルーと中国の周恩来が発表したものである。

④　ナセルはエジプトの大統領である。スエズ運河の国有化を宣言し，スエズ戦争がおこった。

⑤　ネルーはガンディーとともに反英闘争の指導者として活躍し，インド独立後に初代首相となった。

39

(1)　⑤　　(2)　**塩の行進**

解説

(1)A．1906年　　B．1919年
C．1929年　　D．1857年

40

D

解説

A．1993年9月

B．1999年12月

C．1997年12月

D．1996年9月

E．1991年1～2月

41

②

解説

① 朝鮮戦争参戦（1950年）はアイゼンハワーではなく，トルーマンである。アイゼンハワーはジュネーヴ四巨頭会談（1955年）に参加した大統領である。

③ ベトナム戦争介入（1965年）はトルーマンではなく，ジョンソンである。トルーマンは朝鮮戦争参戦（1950年）時の大統領である。

④ 米ソINF全廃条約調印（1987年）はカーターではなく，レーガンである。カーターは米中国交正常化した（1979年）時の大統領である。

⑤ 米中国交正常化（1979年）はニクソンではなく，カーターである。ニクソンは戦後初めて中国を訪問した（1972年）大統領である。

42

①

解説

② アラブ人ではなく，ユダヤ人がイスラエルを建国した。

③ 海上封鎖を行ったのは，ケネディ大統領である。ソ連のミサイル建設撤回によってこの戦争は回避された。

④ アメリカは南ベトナムを支援し，北ベトナムを空爆した。

⑤ 大躍進ではなく，プロレタリア文化大革命についての記述である。大躍進とは，1958年に開始された工業・農業の急速な発展を目指す第2次五ヵ年計画のスローガンのことである。

43

④

解説

① ベルリンの壁開放（1989年）→ソ連消滅（1991年）→EU成立（1993年）が正しい。

② トルーマン＝ドクトリン（1947年）→キューバ危機（1962年）→ニクソン訪中（1972年）が正しい。

③ 東京オリンピック（1964年）→沖縄復帰（1972年5月）→日中国交回復（1972年9月）が正しい。

④ イスラエル建国（1948年）→スエズ戦争（1956～57年）→第4次中東戦争（1973年）

⑤ プロレタリア文化大革命（1966年）→天安門事件（1989年）→香港返還（1997年）が正しい。

44

③

解説

① 1303年

② 1936年

③ 1898年

④ 1937年

⑤ 1773年

45

③

解説

① 1894～95年
② 1618～48年
③ 1898年
④ 1339～1453年
⑤ 1899～1902年

46

③

解説

① メアリ2世ではなくクロムウェルである。国王の専制政治に反発したクロムウェル率いる議会派が国王チャールズ1世を処刑した。メアリ2世は名誉革命後，夫ウィリアム3世とともに王位についた女王である。
② 毛沢東ではなく孫文である。孫文は三民主義を唱え組織的な革命運動を展開し，1912年南京にて中華民国の建国を宣言した。毛沢東は中華人民共和国の初代国家主席である。
④ サダトではなくナセルである。ナセルは自由将校団とともにムハンマド＝アリー朝を倒し，1953年エジプト共和国を成立させた。サダトは1979年エジプト＝イスラエル平和条約締結時のエジプト大統領である。
⑤ ホメイニではなくカストロである。この革命によってキューバはアメリカ大陸初の社会主義国となった。ホメイニは1979年イラン革命をおこしパフレヴィー朝を倒した。

6 中国史

47

④

解説

① 殷は国事すべてについて神意を占い，それに基づいて王が決定する祭政一致の神権政治を行った。封建制度は西周の時代である。
② 周の都は初め鎬京であった（西周）が，異民族犬戎によって都が攻略されたので，都を洛邑（洛陽）に移した（東周）。
③ 董仲舒は前漢の武帝に仕えた儒学者。司馬遷も武帝時代の人で，紀伝体の歴史書『史記』を著した。

48

③

解説

① 後漢末におこった（184年）。
② 新のときにおこった（18～27年）。
③ 875～84年。
④ 前漢のときにおこった（前154年）。
⑤ 元末におこった（1351～66年）。
⑥ 唐のときにおこった（755～63年）。

49

④

解説

① 宋の王安石の新法のうちの1つである。
② 明で行われた税制である。
③ 隋・唐で行われた税制である。

⑤　唐代中期で行われた税制である。

50

③

解説

①　前漢で行われた官吏登用法である。
②　三国時代の魏で行われた官吏登用法である。
③　科挙は隋から始まり，清朝まで行われた官吏登用法である。
④　殿試は皇帝自ら試験官となって行う最終試験で，（北）宋から行われた。

51

⑤

解説

①　天津・南京などの11港開港や外国公使の北京駐在などは，アロー戦争後の北京条約（1860年）の内容。南京条約では広州などの5港開港，公行の廃止，香港島の割譲等を認めた。
②　洪秀全は“滅満興漢”を唱えた。“扶清滅洋”は義和団のスローガン。
③　洋務運動は旧体制の延命策だったので，技術の導入にとどまり，社会・政治制度の改革には至らなかった。
④　康有為・梁啓超らの変法運動（変法自強）は，日本の明治維新を模範とした立憲君主制を目指すものだった。

52

④

解説

はじめイギリスでは中国との貿易において一方的に，当時ヨーロッパで流行していた茶を輸入し，アメリカ大陸で得た銀を代価として支払っていた。18世紀に入るとイギリスでの茶の需要がますます増加し大量の銀が中国に流入した。そのためイギリスでは茶を買うための銀が不足し始めたのでインドでアヘンを栽培させ，そのアヘンを中国に輸出させた。同じ頃，イギリスの植民地政策を通じて伝統の綿工業を壊滅させられたインドではイギリスの綿製品の購買力が高まり，その結果イギリスの綿製品をインドへ，インドのアヘンを中国へ，中国の茶をイギリスへという三角貿易が成立した。

53

戦争名：アヘン戦争
条約名：南京条約

解説

中国では，アヘンの購入のため大量の銀が国外に流出したことから，これを防ぐため，広州に林則徐を派遣し，イギリス商人所有のアヘンを強制的に没収，処分した。これに怒ったイギリスが，中国に対し宣戦布告し，アヘン戦争がおこった。アヘン戦争敗北後結ばれた南京条約によって，清は香港の割譲や，上海・寧波・福州・厦門・広州の5港の開港などを認めることとなった。

54

①

解説

②　初代首相である。
③　共産党との内戦に敗れたため台湾に逃れ，台湾で中華民国国民政府を維持した。

④　プロレタリア文化大革命時に失脚するが，四人組打倒後に復権し，四つの現代化政策などを打ち出した。

⑤　1959年，毛沢東にかわり国家主席に就任したが，プロレタリア文化大革命によって失脚した。

55

(1)　③　　**(2)　高麗**

(3)　訓民正音(ハングル)　　**(4)　④**

解説

(1)　朝鮮4郡は前108年，武帝が衛氏朝鮮を征服して設置した直轄領である。帯方郡は，後漢末期(3世紀初頭頃)に公孫氏が楽浪郡南部に設置した。

(2)　高麗は，918年に王建が建国し，936年に半島を統一した。金属活字印刷は，高宗(位1213～59年)のときに行われたといわれている。また，宋の制度・文化を学び，「高麗青磁」にみられるような優れた製陶技術をもっていた。

(3)　第4代の王・世宗(位1418～50年)のときに制定された音標文字である。

(4)①　1876年の出来事である。前年の江華島事件を機に日本が朝鮮と結んだ不平等条約である。朝鮮の自主独立，釜山・仁川・元山の3港開港などが主な内容である。

②　1910年に日本が韓国を植民地として併合した出来事である。以前より韓国への干渉を強めていた日本は，韓国民衆の反日義兵闘争を武力で鎮圧すると，韓国の領土を日本に併合し，朝鮮総督府をおいて統治した。

③　1907年の出来事である。日本の侵略行為に対し，第2回ハーグ平和会議に密使を派遣して提訴したが，逆に日本からの圧迫が強まり，第3次日韓協約を締結することとなった。

④　1884年の出来事である。清仏戦争で清が敗北したのを受けて，開化派が日本の武力援助のもと事大党政権を倒した政変である。

⑤　1875年，日本軍艦が朝鮮の江華島付近で朝鮮軍に砲撃されたことに対し，日本が上陸作戦を行って衝突した事件である。

2 日本史

1 原始・古代

1

③

解説

①の大森（東京都）はモースが発掘した貝塚。②の加曽利（千葉県），④の鳥浜（福井県），⑤の津雲（岡山県）はいずれも縄文時代の貝塚。③の唐古（奈良県）は弥生時代前期から後期にかけての農耕遺跡。

2

⑤

解説

弥生時代においては，防御的な濠（堀）をめぐらした環濠集落が多く発掘されている。繊維を編む技術は縄文時代からあり，弥生時代に大陸から機織の技術が伝えられた。屈葬は縄文時代の風習で，弥生時代は伸展葬が多い。

3

②

解説

①は1世紀，③は7世紀，④は3世紀，⑤は5世紀のできごと。

4

③

解説

① 円墳・方墳・前方後円墳の違いは時代の違いの決め手にならない。

② 前・中期は竪穴式石室や粘土槨などの竪穴系，後期は横穴式石室にかわる。

④ 古墳時代の前・中期には弥生土器の系統をひく素焼の土師器が，後期は朝鮮の技法をうけて高温で焼いた須恵器が用いられた。

⑤ 前期は碧玉製の腕輪形宝器や銅鏡が中心で，中期になると武具や馬具が多くみられるようになった。

5

⑤

解説

史料は「倭王武の上表文」で，478年に武が宋の順帝に奉った文書。『宋書』倭国伝に記されている。

6

⑤

解説

① 大仙陵古墳（仁徳天皇陵）は日本最大の規模を誇る。誉田御廟山古墳（応神天皇陵）は大仙陵古墳につぐ第2位の大きさである。

② 「獲加多支鹵大王」は雄略天皇に比定される倭王武を指すものと解されている。倭王武は478年宋に遣使・上表し安東大将軍倭王に補任されている。

③ 岩宿遺跡の調査により更新世に堆積し

た関東ローム層から打製石器が確認され日本旧石器文化の存在が明らかになった。

④　高地性集落は弥生中～後期，大阪湾の沿岸から瀬戸内海沿岸の海抜100m以上の山頂・丘陵上に営まれた軍事・防衛的な小集落である。

7

A．摂政　B．蘇我馬子　C．隋
D．飛鳥

解説

A．摂政とは天皇が女性もしくは幼少の時，天皇にかわり国政を執る職。

B．蘇我馬子（？～626年）は稲目の子で，587年排仏派の物部守屋を倒し，592年には崇峻天皇を暗殺して推古天皇を擁立した。

C．隋（581～618年）は北朝から興り，南朝の陳を滅ぼして589年南北朝を統一した。煬帝の時，唐に滅ぼされた。

D．7世紀前半，推古朝を中心とする時代の文化。中国の南北朝文化，朝鮮文化，さらに西方要素の文化の影響がみられる。

8

②

解説

ア．正しい。

イ．十七条の憲法は天皇権威を強調し，役人の心がまえを説いたもので，律令とは性格を異にする。

ウ．聖徳太子は隋との対等外交を求めて，小野妹子を遣隋使として派遣。隋に渡った高向玄理や僧旻が帰国するのは聖徳太子の死後のことであり，彼らは大化の改新で国博士となる。

エ．正しい。

オ．聖徳太子と蘇我馬子が編纂したのは『天皇記』『国記』。『帝記』は大王（天皇）の系譜を，『旧辞』は朝廷の神話や伝承や歌謡をまとめたもので，天平文化のもの。『古事記』や『日本書記』のもととなった。

9

A．中大兄皇子　B．天智天皇
C．壬申の乱　D．大宝律令

解説

A・B．大化の改新は，645年中大兄皇子と中臣鎌足が蘇我蝦夷・入鹿を殺害した事件（乙巳の変）に始まる一連の改革である。のちに中大兄皇子は天智天皇となり，中臣鎌足は臨終の際，朝廷より藤原の姓を賜る。

C．壬申の乱は672年天智天皇の皇位継承をめぐって大海人皇子と大友皇子が争ったものである。

D．大宝律令は701年文武天皇が刑部親王と藤原不比等に命じて作成させたものである。律は刑法に当たり，令は行政法・民法に当たる。

10

⑤

解説

①　賤民のなかでも，陵戸・官戸・公奴婢は良民と同じ口分田を支給されたが，家人と私奴婢は良民の3分の1の口分田が支給された。

②　女子は男子の3分の2の口分田が支給された。

③　班田収授は6年ごとに行われたので，戸籍も6年ごとに作成された。計帳は毎

年作成された。

④　口分田は死ぬまで耕作できるが，売買は許されず，死者の口分田は6年ごとの班田の年に収公された。

11

②

解説

①　出挙は国が春に稲を貸し，秋に利息をつけて返させる貸し出し制度。はじめは貧民救済，のちに強制貸付となった。

③　運脚で中央に運ばれたのは調・庸。租は地方財政に用いられるため，各国郡の正倉に貯蔵された。

④　雑徭はすべて国司が使役した地方での労役。

⑤　兵士は正丁3～4人に1人の割合で戸から集められた。健児は軍団廃止後，主に郡司の子弟を兵士として採用したもの。

12

A．聖武　　B．鎮護国家
C．国分寺建立の詔
D．大仏造立の詔

解説

A．在位724～749年。文武天皇の皇子で皇后は光明子。

B．鎮護国家の思想により，仏教は国家の保護・支配の下におかれた。僧侶は国家公認の官僧のみが認められ，許可なく得度する僧（私度僧）は禁じられた。

C．国分寺・国分尼寺の正式名称はそれぞれ，金光明四天王護国之寺・法華滅罪之寺である。

D．大仏造立事業は紫香楽宮で開始され，平城京で完成した。752年孝謙天皇の時，大仏開眼供養が挙行された。

13

④

解説

①　中臣（藤原）鎌足の子藤原不比等は刑部親王とともに大宝律令（701年）に関わり，後に養老律令を編集（718年）。不比等の四子は藤原四家として勢力を拡大，不比等の娘の宮子は文武天皇に嫁ぎ，聖武天皇の母となり，光明子は聖武天皇の皇后となった。しかし，藤原氏が摂関家として権勢をふるうのは平安時代になってからである。

②　聖武天皇は政情不安，社会不安から国分寺建立の詔・大仏造立の詔と鎮護国家の思想による仏教政策を推進した。しかし，道鏡を寵愛したのは孝謙上皇（重祚して称徳天皇）である。

③　公地公民制は大化の改新の基本政策の一つ。大和政権は有力豪族の連合体的性格をもち，私有地や私有民が認められていた。なお，口分田の不足から墾田の開発が奨励されるが（三世一身法，墾田永年私財法），あくまでも班田収授が土地政策の基本であった。

⑤　菅原道真の建議により遣唐使の派遣が中止されたのは平安時代（894年）。天平文化は盛唐文化の影響をはじめ，国際的な文化の色彩が強い。

14

②

解説

ア．平安京は奈良ではなく，京都である。

ウ．清少納言は『竹取物語』ではなく『枕草子』を著した。『竹取物語』は9世紀末から10世紀初めに書かれたもので作者不詳である。

15

A．摂関政治　**B．（藤原）道長**
C．平等院鳳凰堂　**D．（藤原）頼通**

解説

A．藤原氏が外戚として摂政・関白を独占し国政を左右した。摂関の職は良房・基経がその例を聞き，安和の変後に常置された。

B．4人の娘を天皇の后とし，3代の天皇の外戚として権勢を振るった。1016年摂政，1017年太政大臣。晩年には法成寺を造営し，御堂関白といわれた。

C．1053年建立。頼通の宇治の別荘を阿弥陀堂にしたもの。定朝作の平等院鳳凰堂阿弥陀如来像は有名。

D．3代の天皇の摂政・関白となった。宇治に平等院鳳凰堂を建て，宇治関白とよばれた。

16

⑤

解説

ア．969年
イ．740年
ウ．1083～87年
エ．672年

17

④

解説

①　天平文化　②　飛鳥文化
③　国風文化　⑤　白鳳文化

2 中　世

18

A．保元の乱　**B．平治の乱**
C．太政大臣　**D．宋**

解説

A．1156年，崇徳上皇・後白河天皇兄弟，関白藤原忠通・弟頼長の対立がからみ，乱に発展した。院政の混乱と武士の進出を示す事件。

B．保元の乱後，実権を掌握した藤原通憲（信西）と同じ後白河天皇側近の藤原信頼が，武士の棟梁である平清盛，源義朝とそれぞれ結び勢力を争った事件。義朝・信頼は敗死。

C．清盛は太政大臣となって政権を握ると，娘の徳子の産んだ幼帝安徳天皇を擁立し，権勢を強めた。

D．960年建国された統一王朝。1279年元に滅ぼされた。平清盛は大輪田泊（神戸）を修築し，音戸の瀬戸（広島）を開くなどして宋との貿易を積極的に行った。宋銭などが輸入された。

19

③

解説

①　時政の子。2代執権。1205年時政にかわって政所別当となり，1213年和田義盛を滅ぼして侍所別当をも兼ね，執権としての幕府内の実権を確立した。

②　源頼朝の妻政子の父。初代執権。

③　北条泰時は3代執権。

④　時頼の子。8代執権。元寇に際して元軍の侵入を阻止した。また，南宋からの

渡来僧無学祖元を鎌倉に招いて，円覚寺を開いた。

⑤　泰時の孫。5代執権。主な業績は皇族将軍擁立，引付衆創設など。また蘭溪道隆を鎌倉に招いて建長寺を開いた。

20

⑤

解説

①　朝廷の支配下では公家法，荘園領主のもとでは本所法が効力をもっていた。御成敗式目（貞永式目）は鎌倉幕府の基本法で，頼朝以来の「先例」と「道理」とよばれた武家社会の慣習を成文化したもので，御家人の権利義務や所領相続に関わる規定が多い。

②　京都の摂関家より摂家将軍，のち皇族将軍が迎えられた。しかし，実質上執権の北条氏が幕府を支配していた。

③　文永の役（1274年），弘安の役（1281年）とよばれる2度の元寇は，元皇帝フビライ（クビライ），執権北条時宗の時代のこと。

④　年代に誤りがある。壇の浦の戦いは1185年のこと，侍所は1180年，問注所は1184年，政所は1190（前身の公文所としては1184）年に設置され，源頼朝が征夷大将軍になるのは後白河法皇没後の1192年のこと。

21

④

解説

A．チンギス＝ハンはフビライ（クビライ）＝ハンの祖父でモンゴル帝国を建設した。

B．北条時政・時頼については，19の解説②・⑤を参照。

C・D．文禄・慶長の役（1592～96年，1597～98年）は豊臣秀吉が行った朝鮮出兵。

22

⑤

解説

臨済宗は栄西によって創始され，坐禅と公案により悟りを開くという教義である。一遍・踊念仏は，時宗についての事項。

23

④

解説

ア．時宗の開祖一遍。踊念仏がキーワード。

イ．浄土宗の開祖法然。称名念仏がキーワード。

ウ．曹洞宗の開祖道元。只管打坐がキーワード。

エ．臨済宗の開祖栄西。坐禅・公案がキーワード。

オ．浄土真宗（一向宗）中興の祖蓮如。御文がキーワード。

カ．日蓮宗（法華宗）の開祖日蓮。法華至上主義がキーワード。題目を唱えることによって救われると説く。

キ．浄土真宗の開祖親鸞。悪人正機説がキーワード。

24

A．足利尊氏　　B．建武の新政

C．足利義満　　D．日明貿易

解説

A．足利尊氏は1338年北朝の光明天皇より征夷大将軍に任命されて京都に幕府を開いた。

B．後醍醐天皇は公家中心の政治を行ったため武家の反発をまねき世の中が乱れた。その様子が二条河原落書に表されている。

C．3代将軍足利義満の時に南北朝が統一された。

D．中国（明1368～1644年）との貿易には倭寇（海賊行為をはたらく集団）と正式な貿易船を区別するために勘合符という証票を用いたため，日明貿易は勘合貿易ともよばれる。

25

②

解説

① 狩野派の祖。幕府の御用絵師となり，狩野派発展の基礎を築いた。

③ 茶の湯の開祖。一休に参じて禅の精神を身に付け，茶会を茶の湯にまで高めた。茶の湯は桃山時代，千利休により大成される。

④ 室町時代随一の学者。太政大臣・関白。有職故実・古典研究などの著書が多いが政治上の意見書もある。主著『公事根源』『樵談治要』。

⑤ 正風連歌を確立し，西行・芭蕉と並び称される。連歌集に『新撰菟玖波集』がある。

26

②

解説

史料は1428年におこった正長の徳政一揆（土一揆）に関するものである。

ア．加賀の一向一揆のことで，1488年一向宗徒が守護の富樫政親を倒し，その後1580年の織田信長の家臣，柴田勝家による加賀制圧までの約100年間，国人・坊主・農民の寄合が加賀1国を自治支配した。

イ．明徳の乱のことで1391年におこった。将軍義満の挑発を受けた氏清は京都に兵を進めたが敗れた。

ウ．応仁の乱のことで1467～77年。公家勢力・将軍権威は失墜し，戦国時代に入る。

エ．南北朝の合体は，足利義満の仲介により1392年に実現した。南朝の後亀山天皇が京に帰り，北朝の後小松天皇に神器を伝えて半世紀に及んだ対立に終止符が打たれた。

オ．1404年，足利義満が開始した。その後足利義持が朝貢形式を嫌って中止したが，義教が再開した。寧波の乱（1523年）後大内氏に貿易の主導権が移ったが，1551年大内氏の滅亡で廃絶。

27

ア，イ，ウ，オ

解説

エ，カ，キ，クはいずれも鎌倉文化。

28

①

解説

② 一遍が開いたのは時宗。浄土宗を開いたのは法然である。

③ 世阿弥は父・観阿弥とともに能楽を大成した。

④ 宗祇は正風連歌を確立した。

⑤　足利義政は京都東山に銀閣を建立。金閣を建立したのは足利義満である。

29

⑤

解説

①　二毛作は畿内・西日本に普及した。

②　鎌倉時代には三斎市が開かれた。六斎市は室町時代。

③　借上が生まれたのは鎌倉時代。室町時代の金融機関は土倉。

④　惣は鎌倉時代後期に生まれ，南北朝の動乱の中で各地に広がっていった。

3 近　世

30

(1)　①　　(2)　③

解説

(1)　種子島である。島主の種子島時尭は漂着したポルトガル人から鉄砲を購入し，製法も学ばせた。

(2)①　1570年，近江国姉川で信長・家康の連合軍が浅井長政・朝倉義景の連合軍を破った戦い。

②　1560年，桶狭間で信長が今川義元を破った戦い。

③　1575年。

④　1582年，秀吉が山城の山崎天王山で明智光秀を破った戦い。

31

②

解説

①　尾張の城。1555年より信長の居城となる。

③　京都にあった秀吉晩年の邸宅を兼ねた城郭。

④　播磨平野にある池田輝政の居城として慶長年間に築城。

32

②

解説

②　一国一城令は1615年，江戸幕府が大名統制のために出した法令。諸大名の居城以外の城をすべて破却させた。

33

A．天守閣　B．書院造
C．狩野永徳　D．千利休

解説

A．当時の城として代表的なものとして安土城・大坂城・伏見城・姫路城などがある。

B．校倉造（奈良時代），寝殿造（平安時代），武家造（鎌倉時代）を経て書院造が生まれた。

C．狩野永徳の作品には他に，「洛中洛外図屏風」・「檜図屏風」などがある。狩野永徳の門人狩野山楽は「牡丹図」・「松鷹図」などを描いた。

D．茶道は村田珠光，武野紹鷗を経て千利休によって大成された。

34

①

解説

①　武家諸法度は1615年の2代将軍秀忠の元和令を初めとする。

35

④

解説

ア．鎖国令（1633年）

イ．禁中並公家諸法度（1615年）

ウ．寛政異学の禁（1790年）

エ．寛永の武家諸法度（1635年）

36

⑤

解説

家光の治世には参勤交代など諸制度が整備され，また田畑永代売買の禁止令などの農村支配の基調となった法令が発せられ，さらに禁教令（キリスト教禁止令）に基づいて1639年鎖国が断行された。

⑤　御成敗式目（貞永式目）は鎌倉時代，公事方御定書は享保の改革で編纂された。

37

④

解説

④　『日本永代蔵』は井原西鶴の浮世草子である。近松門左衛門は『曽根崎心中』・『国性（姓）爺合戦』などの浄瑠璃作者。

38

A．朱印船　B．出島　C．鎖国
D．中国　E．朝鮮
（D，Eは順不同）

解説

A．主に東南アジアで中国船と出会貿易を行った。

B．1634年建設。1636年にはポルトガル人を収容。

C・D・E．鎖国完成後，1854年まで中国（清）・オランダ2国のみに長崎貿易が許可され，朝鮮・琉球王国からは使節が来日した。

39

①

解説

三大改革の主な政策さえ理解していれば簡単に解ける。

40

④

解説

① 新井白石の政治。
② 8代将軍吉宗の改革。
③ 老中松平定信の改革。

41

③

解説

狂歌は寛政の改革を皮肉ったものである。歌の中の「白河」は白河藩主から老中となって寛政の改革を進めた松平定信を，「田沼」は賄賂政治で失脚した前老中・田沼意次を指している。①・②は享保の改革，④は天保の改革で実施されたもの。

42

④

解説

① 大君から国王に改めさせた。
② 吉宗は小石川の薬園内に養生所を設け，貧民の救済を図った。石川島は寛政の改革の時に人足寄場が造られた場所である。
③ 秤量貨幣だったのを計数貨幣とした。
⑤ 1843年に出された上知令は大名・旗本のはげしい反対により，失敗に終わっている。

43

ウ

解説

ウ．古義堂は伊藤仁斎が設立した。大槻玄沢は芝蘭堂を設立した。

44

④

解説

④ 露（ロシア）ではなく英（イギリス）である。

45

A．十返舎一九　**B．曲亭（滝沢）馬琴**
C．喜多川歌麿　**D．葛飾北斎**

解説

江戸時代の著名な文学作品や絵画は作者名とともに正確に覚えておくこと。

46

①

解説

① 『万葉考』は宣長の師・賀茂真淵の著作。宣長の著作としては『古事記伝』が有名である。

47

④

解説

イ．江戸時代初期（寛永期）の文化に関する記述である。

ウ．化政文化に関する記述である。

48

②

解説

① 最初の蘭日対訳辞書『ハルマ和解』を刊行したのは，稲村三伯。平賀源内は寒暖計・エレキテルの発明で有名。

③ シーボルトは長崎に医学塾・鳴滝塾を開いた。懐徳堂は儒者・中井甃庵が門下の大坂の豪商とともに設立した。

④ 心学を広めたのは石田梅岩。中江藤樹は日本陽明学の祖として知られる。

⑤ 安藤昌益は『自然真営道』を著して農本主義の平等社会を主張した。

49

④

解説

ア．1858〜59年

イ．1709〜16年

ウ．1637〜38年

エ．1716〜45年

4 近代・現代

50

③

解説

③ 平民（もとの百姓・町人）も華・士族との婚姻を認められるようになった。この他，苗字（名字）が許され，移住・職業選択の自由も認められた。

51

西郷隆盛

解説

維新の三傑といわれるのは，薩摩藩の西郷隆盛・大久保利通，長州藩の木戸孝允（桂小五郎）である。西郷隆盛は征韓論に敗れて政府を辞職したが，帰郷後の1877年，私学校生ら鹿児島士族を中心に反乱をおこした（西南戦争）。

52

A．民撰議院設立の建白書
B．国会開設の勅諭
C．自由党　　D．立憲改進党

解説

自由民権運動について，運動に対する政府の弾圧法規なども押さえておくこと。

53

③

解説

A・B．寺島宗則は国内産業育成のため税権回復を主眼として交渉を進めたがイギリスなどの反対で失敗。

C．井上馨は法権回復を主眼とし，極端な欧化政策をとり外国人判事の任用を認めるとしたので各方面から反対され失敗。

D．大隈重信の改正案も大審院に外国人判事を任用するとしたので反対され失敗。

E．イギリスがロシアとの対抗上，日本に接近し青木周蔵外相のとき，交渉はうまくいったが大津事件（1891年）で失敗。1894年，日清戦争の直前，陸奥宗光外相のとき，領事裁判権撤廃。1911年，小村寿太郎外相のとき，税権（関税自主権）の完全回復を実現し，ここに条約改正は完了した。

54

②

解説

条約改正の一連の流れは日本の近代化と結びついている。背景まで含めて理解しておこう。

55

③

解説

① 日清戦争は1894年，韓国併合は日露戦争後の1910年である。

② アメリカの斡旋によりポーツマス条約を結んだのは日露戦争である。日清戦争の講和条約は下関条約である。

④ 日清戦争の賠償金を準備金として新貨条例を実施し，金本位制を採用した。

⑤ 日本の紡績製品の輸出先は，主に中国・朝鮮であった。また，日清戦争の頃の貿易状況は，原料品や重工業製品の輸入が増加したため輸入超過であった。

56

⑤

解説

① 東学の乱（甲午農民戦争）ではなく義和団事件（1900年）である。東学の乱（1894年）は日清戦争のきっかけとなった朝鮮南部の農民峰起である。

② ポーツマス条約の斡旋をしたのは，セオドア＝ローズヴェルト米大統領である。フランクリン＝ローズヴェルト米大統領（在任1933～45年）は世界大恐慌時のニューディールで有名。

③ ポーツマス条約は日本の朝鮮に対する優越権を認めていた。

④ 賠償金は全くとれなかった。このため，大幅な増税に耐えて戦争を支えた国民は講和条約に不満を爆発させ，日比谷焼き打ち事件がおこった。

57

④

解説

① 国際連盟の本部はスイスのジュネーブにおかれていた。

② 満州事変の発端となった事件は，盧溝橋事件ではなく，柳条湖事件とよばれる。

③ 五・一五事件で射殺されたのは政友会総裁で内閣総理大臣の犬養毅である。原敬は1921年東京駅で刺殺された。

⑤ 日中戦争の発端は柳条湖事件ではなく，盧溝橋事件である。

58

③

解説

大戦終了後，列国はまもなくシベリアから撤兵したが，日本だけは1922年に撤兵した。

59

A．サンフランシスコ平和条約
B．日米安全保障条約
C．日ソ共同宣言
D．国際連合（国連）

60

(1)　④　　(2)　②　　(3)　①

解説

(1)①　薩摩藩出身で1877年に西南戦争をおこした。
②　薩摩藩出身で明治初期政府の実質上の最高指導者。1878年不平士族の島田一郎に，東京紀尾井坂で暗殺された。
③　土佐藩出身で1881年に自由党を結成した。
⑤　土佐藩出身で1866年の薩長同盟を成立させた。1867年暗殺された。
(2)①　政友会総裁として1906年，1911年と2度内閣を組織した。1919年ベルサイユ会議に全権として出席した。
③　1894年，イギリスと日英通商航海条約を結んで領事裁判権の撤廃に成功した時の外務大臣。
④　1905年，ポーツマス条約をロシアのウィッテと結んだ。1911年アメリカと交渉して関税自主権の回復に成功した外務大臣。
⑤　1938年，国家総動員法を制定して戦時体制を確立した内閣総理大臣。太平洋戦争後，A級戦犯に指名されて服毒自殺した。
(3)②　憲政会総裁で1925年に治安維持法・普通選挙法を制定した時の内閣総理大臣。
③　1901年，1908年，1912年と3度内閣を組織して，日英同盟締結，日露戦争・韓国併合を処理した。第3次内閣は第一次護憲運動でわずか53日で崩壊した。
④　薩摩藩出身で1889年大日本帝国憲法制定時の内閣総理大臣，後に枢密院議長となる。
⑤　立憲民政党総裁として1929年に内閣を組織，1930年のロンドン会議の時に統帥権干犯問題がおきる。1930年東京駅で凶弾に倒れ翌年死去。

61

④

解説

①　日本の領事裁判権の承認，無関税特権を獲得するなど不平等条約であった。
②　薩・長の2藩ではなく，薩・長・土・肥の4藩である。
③　江藤新平ではなく西郷隆盛である。江藤新平は佐賀の乱（1874年）をおこした。
⑤　遼東半島の清国への返還を勧告してきたのは，ロシア・ドイツ・フランスの三国である。

62

②

解説

A．日韓基本条約に調印したのは佐藤栄作首相（在任1964～72年）。

B．日中共同声明に調印したのは田中角栄首相（在任1972～74年）。

C．日中平和友好条約に調印したのは福田赳夫首相（在任1976～78年）。

63

④

解説

A．1925年　B．1911年　C．1885年　D．1889年

64

⑤

解説

①は日清戦争，②は伊藤博文，③は西園寺公望，④は日露戦争であれば正しい。

65

(1) イ　(2) イ　(3) ア　(4) イ　(5) エ

解説

(1) 征韓論は西郷隆盛や板垣退助らによって唱えられた。

(2) 遣外使節団は，1871年，右大臣岩倉具視が大使として派遣された不平等条約改正派遣団のことであり，岩倉使節団ともいわれる。

(3) 五・一五事件は，1932年5月15日，海軍士官学校生徒による軍事クーデタで，首相官邸・警視庁・日本銀行が襲撃され，当時の首相の犬養毅が暗殺された。

(4) 普通選挙法は，1925年，憲政会の加藤高明内閣のもとで制定された。

(5) 沖縄返還は1972年，第三次佐藤栄作内閣で実現した。

66

④

解説

A．侍所ではなく問注所である。

C．皇室の直属民は名代・子代とよばれ，直轄地は屯倉とよばれた。豪族の私有民は部曲，私有地は田荘である。

D．農地改革の目的は，寄生地主制と高率の小作料から農民を解放し，自作農を創設することにあった。

H．調・庸は成年男子に課せられた。

67

①

解説

② 月に3回，市がたったというのは鎌倉時代の三斎市のこと。平城京・平安京に設けられた東市・西市では，市は正午に開かれ日没に閉じられた。

③ 江戸時代は金貨・銀貨・銭貨の三貨体制であった。しかし，「江戸の金遣い，上方の銀遣い」といわれたように大坂では銀貨が主に用いられた。江戸時代では，江戸と上方で中心となる本位貨幣が異なっていたために，貨幣経済の発達にともない，貨幣の両替を行う両替商が誕生するのである。

④ 鈴木商店は渋沢栄一とは関係ない。渋沢栄一は第一国立銀行などを設立した。

⑤ 江戸幕府が株仲間を活用したことは決して誤りとはいえないが，田沼意次のよ

うに積極的に奨励した者もいれば，松平定信や水野忠邦のように株仲間の存在を否定的にみる者もいた。

68

⑤

解説

① 徳川家光の出した1639年の鎖国令によって幕府の鎖国政策は一応完成した。しかし，その後もオランダ（長崎・出島），中国（長崎・唐人屋敷），朝鮮（対馬・宗氏）との交渉は続いた。

② 第一次世界大戦の終結は1918年。不平等条約の改正は，1894年，日英通商航海条約の締結で外相陸奥宗光により領事裁判権の廃止と関税自主権が一部回復した。その後，1911年，外相小村寿太郎によって関税自主権が完全に回復したことにより解決した。

③ 金印は皇帝が臣下に与える印綬の一つ。聖徳太子は，隋に対し，朝貢外交ではなく，対等外交を行った。

④ 国際連合ではなく，国際連盟である。

69

②

解説

① 応仁の乱は1467～77年，承久の乱は1221年，大塩の乱は1837年。

③ 日明貿易は室町時代，日宋貿易は平安時代，南蛮貿易は戦国時代。

④ 上知令は天保の改革，棄捐令は寛政の改革，相対済し令は享保の改革。

70

④

解説

① 平安京遷都，平安時代である。

② 浄土宗，鎌倉時代である。

③ 刀狩令を出したのは豊臣秀吉である。織田信長は楽市令を出した。

⑤ 天皇機関説を唱えたのは美濃部達吉である。吉野作造は民本主義を唱えた。

71

⑤

解説

①正倉院は天平文化。②『平家物語』は鎌倉文化。③薬師寺東塔は白鳳文化。④『新古今和歌集』は鎌倉文化。⑤『解体新書』は杉田玄白・前野良沢らによって1774年（化政文化期）に訳述された。

72

③

解説

ア．日明貿易（室町時代）

イ．日宋貿易（平安時代～鎌倉時代）

ウ．朱印船貿易（戦国時代～江戸時代初期）

エ．元寇（鎌倉時代）

オ．長崎貿易（江戸時代）

73

(1) ④　(2) ②　(3) ③　(4) ①
(5) ④　(6) ⑤　(7) ①

4 近代・現代

解説

(1)①・② 金沢文庫は鎌倉時代中期，北条義時の孫である北条実時が武蔵国金沢（現・横浜市内）称名寺内に開設した私設図書館。

③・④・⑤ 足利学校は下野国足利（現・栃木県足利市）にあった学校。鎌倉時代に足利氏が一族の学校として建てたが，上杉憲実が1439年再興してから発展。戦国時代，「坂東の大学」とよばれた。

(5)④ 塙保己一は和学講談所を設立した。

(6)⑤ 松下村塾は吉田松陰が受け継いだ私塾。

(7)② 学校令は森有礼により公布された。

③ 国家主義重視であった。

④ 極めて高く，1907年では90％を超えていた。

⑤ 教育の指導原理を示したのは教育に関する勅語（教育勅語）である。教育基本法は1947年制定。

3 地理

1 人類と地球

1

③

解説

赤道は南アメリカ大陸のアマゾン川流域，アフリカ大陸のギニア湾岸，東南アジアのインドネシアなどを通っている。

2

②

解説

① シンガポールは北緯約1度にある。メキシコは北緯15度から北緯35度の間に位置している。
② エクアドルは国名そのものがスペイン語の「赤道（ecuador）」である。
③ エチオピアは北緯5度から北緯15度の間に位置している。
④ インドは北緯5度から北緯35度の間に位置している。
⑤ チリは南緯15度から南緯55度の間に位置している。

3

⑤

解説

① 地球は，東西（赤道）方向にやや膨らんだ球形である。
② 面積比は陸地：海洋＝3：7で，海洋の面積の方が広い。
③ 三大洋のうち，太平洋が最も広い。
④ 赤道に平行な線を緯線，北極点と南極点を結ぶ線を経線という。

4

③

解説

西経75度を標準時子午線とするニューヨークと東経135度を標準時子午線とする日本とでは，75＋135＝210で210度の経度差がある。経度差15度ごとに1時間の時差が生じるから，210÷15＝14で14時間の時差がある。ニューヨークの方が時刻が遅いので，日本の時刻から14時間遅らせればよい。

5

2月1日午後10時（22時）

解説

日本時間の2月1日午後6時から13時間かかってロンドンに到着しているので，到着時間は日本時間の2月2日午前7時になる。日本の標準時子午線は東経135度で，ロンドン（本初子午線，経度0度）とは9時間（経度15度で1時間の時差が生じるので135÷15＝9）の時差があるため，2月2日午前7時より9時間遅れの2月1日午後10時となる。

6

⑴　**10時間**

⑵　**12月20日14時（午後2時）**

解説

⑴　日本とロサンゼルスの時差を求めると，（135＋120）÷15＝17より17時間である。ロサンゼルス到着時の日本時間を求めると，日本はロサンゼルスよりも日時が早いため，ロサンゼルス時間の12月20日11時の17時間後となり，12月21日4時となる。したがって，実際の飛行時間は，日本時間の12月20日18時から12月21日4時までの10時間となる。

⑵　ロサンゼルスとニューヨークの時差を求めると，（120－75）÷15＝3より3時間である。ロサンゼルスよりニューヨークの方が日時が早いため，ロサンゼルス時間の12月20日11時の3時間後がニューヨーク時間と考えられる。したがって，到着時のニューヨーク時間は，12月20日14時となる。

7

②

解説

この図法はメルカトル図法である。

A　面積が正しく表されるのは正積図法で，グード（ホモロサイン）図法やサンソン図法，モルワイデ図法，ボンヌ図法などがある。

C　正距方位図法の説明である。

E　サンソン図法の説明である。

8

④

解説

設問の地図は正距方位図法であり，正距方位図法は図の中心からの距離と方位が正しいので，北京（中国）－バンコク（タイ）－ムンバイ（インド）－ヨハネスバーグ（南アフリカ共和国）－ブエノスアイレス（アルゼンチン）の順になる。なお，ブエノスアイレスは東京から見て，ほぼ地球の反対側にある。

9

④

解説

①　ロシアは，日本の領土の約45倍の面積をもつ。

②　世界で面積が最も小さい国は，イタリアの首都ローマ市内にあるバチカン市国である。

③　ブラジルではなく，チリである。

⑤　ソマリアではなく，リビアである。

10

⑤

解説

⑤　カールについての説明である。モレーンとは，氷河によって運ばれた礫・砂・粘土などの岩屑が堆積して形成された堤防状の地形である。

11

⑤

解説

C．堰止湖についての説明である。

E．カルデラ湖についての説明である。ラ

グーン（潟湖）とは，沿岸州や砂州が発達して，海岸との間に海の一部を閉じ込めてできた湖のことで，八郎潟（秋田県），サロマ湖（北海道）などが有名である。

12

⑤

解説

① 自然堤防ではなく，河岸段丘である。自然堤防とは，洪水により，砂や粘土などが堆積して形成される河岸の微高地である。

② U字谷ではなく，V字谷である。U字谷とは，氷河の侵食によってU字状に削りとられた侵食谷である。

③ 扇端部ではなく，扇央部である。扇端部は湧水があるため，水田や集落として利用される。

④ 水深3,000～6,000ｍの平坦な深海底は大洋底である。大陸棚は水深200ｍまでの海底である。

13

①

解説

B 温暖湿潤気候は，夏は高温で雨が多く，冬は低温で乾燥し，気温の年較差が比較的大きい。

C 温帯の温暖湿潤気候，あるいは温暖冬季少雨気候についての説明である。西岸海洋性気候は，偏西風と暖流の影響を受けるため，気温の年較差が小さい。

E 乾燥帯のステップ気候についての説明である。寒帯のツンドラ気候では，短い夏の間だけ永久凍土の表面が溶けてコケ類や小低木が育つが，冬は氷や雪に閉ざされ，植物は育たない。

14

①

解説

A タイのバンコクを示しており，熱帯のサバナ気候に属するから，年中高温で雨季と乾季がみられる①があてはまる。

B ロシアのモスクワを示しており，冷帯（亜寒帯）の冷帯湿潤気候に属するから，冬がかなり低温になる③があてはまる。

C エジプトのカイロを示しており，乾燥帯の砂漠気候に属するから，降雨がほとんどみられない②があてはまる。

D イタリアのローマを示しており，温帯の地中海性気候に属するから，夏に高温乾燥，冬に温暖湿潤となる④があてはまる。

15

④

解説

A．温暖湿潤気候の説明である。Aの都市はすべて温暖湿潤気候区に属するが，季節風の卓越した地域ということで東京が最適である。

B．地中海性気候の説明である。Bの都市のうち，地中海性気候区に属するのはパースである。シンガポールは熱帯雨林気候区，ウランバートルはステップ気候区である。

C．ステップ気候の説明である。Cの都市のうち，ステップ気候区に属するのはデリーである。カイロは砂漠気候区，コルカタはサバナ気候区である。

D．西岸海洋性気候の説明である。Dの都市ではパリ，ロンドンはこの気候区に属するが，ローマは地中海性気候区である。
E．冷帯湿潤気候の説明である。Eの都市ではモスクワがこの気候区に属する。上海は温暖湿潤気候区，イルクーツクは冷帯冬季少雨気候区である。

16

③

解説
① ラテライトは，熱帯から亜熱帯にみられる。また，風化や分解が進み，酸性が強くなっていることから，農業には不向きである。
② テラロッサは，地中海沿岸に多く分布する赤色の土壌である。
④ チェルノーゼムは，肥沃な黒色の土壌で，ウクライナから西シベリアにかけて分布し，小麦の生産地となっている。
⑤ レグールは，インドのデカン高原に分布し，綿花栽培に適する。

17

③

解説
① 日本の最南端の島（北緯20度25分）である。
② 日本の最東端の島（東経153度59分）である。
③ 東経122度56分に位置する。
④ 日本の最北端の島（北緯45度33分）で，北方領土の1つである。
⑤ 与那国島の東に位置し，沖縄県に属する島である。

18

④

解説
① 沖縄県の西方にある無人島。日本と中国・台湾が領有権を主張している。
②・③ 歯舞群島，色丹島とともに北方領土とよばれ，日本固有の領土としてロシアに返還を要求している。
④ 韓国名は独島である。
⑤ 別名スプラトリー諸島とよばれ，中国，マレーシア，フィリピン，ベトナム，ブルネイ，台湾が領有権を主張している。

19

②

解説
① トリノは北緯45度で，択捉島とほぼ同じ緯度である。
② イスラマバード，ベイルート，ロサンゼルスなども北緯34度付近に位置する。
③ フィラデルフィアは北緯40度で，日本でいうと秋田付近にあたる。
④ アテネは北緯38度で，新潟付近にあたる。
⑤ カイロは北緯30度で，屋久島の南にあたる。

20

③

解説
大地溝帯（フォッサマグナ）の西縁は，糸魚川－姫川－木崎湖－諏訪湖－釜無川－富士川－静岡に至り，断層線が明瞭になっている。西南日本は中央構造線（メディアンライン）によって外帯と内帯に分かれている。中央構造線は諏訪湖から三峰川（天竜川支流）－豊川－伊勢湾－櫛田川－紀ノ川－吉野川－松山をへて九州に至る断層帯である。外帯には高く険しい山地が多く，内帯は高原状の山地で地塁・地溝が多い。琵琶湖は滋賀県，猪苗代湖は福島県にある湖である。

21

④

解説

① アルプス＝ヒマラヤ造山帯ではなく，環太平洋造山帯である。

② 南端は沖ノ鳥島である。南鳥島は東端の島である。

③ からっ風ではなく，やませである。からっ風は，冬の間，関東地方に強く吹く乾燥した季節風である。

⑤ 対馬海流と千島海流が逆になっている。

22

②

解説

A 夏に高温多雨となり，台風の影響もみられることから，太平洋側の気候に属する東京である。

B 雨が少なく，冬が比較的温暖なことから，瀬戸内の気候に属する高松である。

C 年間の降水量が少なく，気温の年較差が比較的大きいことから，内陸性の気候に属する松本である。

D 全体に気温が低く，明瞭な梅雨がみられないことから，北海道の気候に属する札幌である。

23

③

解説

① 北海道気候は冷帯（亜寒帯）気候区に属する。

② これは太平洋岸気候についての説明である。日本海岸気候は，冬に北西季節風の影響を受け，雪や曇りの日が多い。夏はフェーン現象によって異常高温にみまわれることがある。

④ 内陸性気候は気温の年較差と日較差が大きく，最寒月の平均気温が氷点下になる所も多い。

⑤ 南西諸島気候は年平均気温が20℃を超える。

24

④

解説

一般的に人口ピラミッドは，多産多死型の「富士山型」→少産少死型の「つりがね型」→さらに出生率が低下した「つぼ型」へと推移する。近年の日本は，逆ひょうたん型となっている。

25

①

解説

インドの人口ピラミッドは，富士山型のCである。中国では1970年代後半以降，一人っ子政策がとられてきたため，いびつな形のBである。日本とアメリカ合衆国では，日本の方が高齢化が進んでいるため，Aが日本，Dがアメリカ合衆国となる。

26

①

解説

2022年現在，世界の人口は約80億人であり，その約6割をアジアが占めている。以下，アフリカ（約2割），ヨーロッパ（約1割）などとなっている。

27

①

解説

① 地図記号－畑－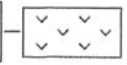

② 地図記号－茶畑－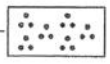

③ 地図記号－広葉樹林－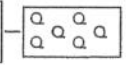

④ 地図記号－果樹園－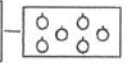

⑤ 地図記号－針葉樹林－

28

3.2cm

解説

実際の地上の長さは（地図上の長さ）×（縮尺の分母）で計算されるから，

80000〔cm〕÷25000＝3.2〔cm〕

29

④

解説

面積が$12cm^2$なので，長方形の縦横の長さを6cm×2cm（4cm×3cmでも10cm×1.2cmでも結果は同じ）とすると，実際の長さは6cm×50,000＝3kmと2cm×50,000＝1kmとなるので，実際の面積は3km×1km＝$3km^2$である。

30

⑤

解説

① 若宮にある寺院の標高は，およそ70mである。

② 茶畑ではなく，田である。茶畑の地図記号は∴である。

③ 高等学校ではなく，小・中学校である。高等学校の地図記号は，小・中学校の地図記号は文である。

④ 一部，上り坂になっているところもある。

2 世界の国々と産業

31

①

解説

国名と首都名は以下の通り。

A．スペイン（マドリード）。

B．エジプト（カイロ）。リマはペルーの首都である。

C．オーストラリア（キャンベラ）。

D．中華人民共和国（北京）。

E．ブラジル（ブラジリア）。

32

②

解説

A．デンマークは世界的な酪農国で，教育と社会保障制度の水準が高い。

B．ベルギーの主要産業は機械や化学，食品などの工業であり，ダイヤモンド加工が盛んなことでも知られる。

C．イギリスは北海油田を開発し，原油の輸出国となった。

D．フランスは西ヨーロッパ最大の農業国であり食糧自給率が高く，小麦やぶどうの栽培が盛んである。

33

①

解説

② ベルギーはオランダ系フラマン人（58％）やフランス系ワロン人（32％）などからなる多民族国家である（2011年）。したがってワロン語とフラマン語が逆である。また，ドイツ語も公用語に採用されている。

③ ドイツに住む外国人労働者（ガストアルバイター）の出身地は，トルコなどの地中海沿岸諸国やポーランドなどの東欧諸国が大部分である。

④ イギリスの工業地域の立地要因は石炭・鉄鉱石などの原料立地であったが，最近は輸入に便利なカーディフなどの臨海部に移っている。

⑤ 北部と南部の説明が逆である。南西部のボルドーから北東部のナンシーを境に，同境界より北部は農業地帯であり，南部は山岳地帯となっている。

34

④

解説

① アパラチア山脈は古期造山帯に属する。

② シリコンプレーンではなくシリコンバレーである。シリコンプレーンは，ダラスやフォートワース，ヒューストンを中心とする工業地域で，半導体の他，航空宇宙産業などが盛んである。シリコンプレーンやシリコンバレーを含む，ほぼ北緯37度より南に位置する温暖な地域はサンベルトとよばれ，ハイテク産業が発達している。

③ メスチソではなくヒスパニックである。ヒスパニックは，メキシコなど中南アメリカからアメリカ合衆国にわたってきた移民で，仕事を求めて移住してきた人々が大半を占める。メスチソは，中南アメリカの先住民（インディオ）と白人との混血である。

⑤ プレーリーから中央平原にかけての地

域の説明である。ロッキー山脈からグレートプレーンズにかけての地域では，小麦の栽培や肉牛の放牧が行われている。

35

④

解説

A．五大湖沿岸地域の記述である。かつては五大湖の水運がメサビ鉄山の鉄鉱石とアパラチア炭田の石炭を結合させ，鉄鋼業が発達した。自動車工業はデトロイトを中心に発展した。

B．ニューイングランド地域の記述である。古くからの工業地帯で，伝統技術を生かした産業に特色がある。ボストンなどは繊維工業から発達し，現在では，ICなど先端産業も発展している。

36

②

解説

① ブラジル高原に分布し，コーヒー栽培に適した土壌はテラローシャである。レグールはインドのデカン高原に分布し，綿花栽培に適した土壌である。

③ ペルーの金の産出量は世界有数だが，金の産出量世界一は中国である（2019年）。

④ チリ北部は乾燥が激しく，沿岸部には砂漠地帯が分布（アタカマ砂漠）している。

⑤ ラプラタ川流域の温帯草原はパンパとよばれる。セルバはアマゾン川流域の熱帯雨林のことである。

37

②

解説

① 地図中エの南アフリカ共和国の説明である。南アフリカ共和国はプラチナやマンガン，クロムなどの産出も世界有数である。1991年まで，白人は黒人の人権を抑圧した人種隔離政策（アパルトヘイト）を実施していた。

② 地図中イのナイジェリアの説明である。ナイジェリアの経済は，原油輸出に依存している。

③ 地図中オのコンゴ民主共和国の説明である。コンゴ民主共和国は鉱産資源が豊富で，ザンビアとの国境付近はカッパーベルトとよばれる銅鉱の産出地帯となっている。

④ 地図中ウのガーナの説明である。ガーナのカカオ豆生産は世界第2位である（2020年）。

⑤ 地図中アのエジプトの説明である。エジプトの巨大ダム，アスワンハイダムは農地の拡大を促したが，一方，下流域に塩害など多くの環境問題をもたらした。

38

④

解説

オーストラリア大陸の中央部から西部にかけては，グレートサンディ砂漠やグレートヴィクトリア砂漠などが広がっている。

39

③

解説

マレーシアはイスラーム教国で，マレー人を優遇するブミプトラ政策を実施している。ベトナムでは，市場経済導入と対外経済開放政策であるドイモイ政策を実施している。

40

③

解説

① インドネシアの人口の3分の2はジャワ島に居住している。また輸出は石炭，パーム油，鉄鋼，機械類が多い。

② フィリピンはスペインの植民地となった後，アメリカの支配に移った。公用語は英語とフィリピノ語である。

③ 政府がマレー系優遇策（ブミプトラ政策）をとっているため，経済力をもつ華僑の不満が大きい。

④ シンガポールはASEANの中でもいち早く工業化に成功し，1人あたりGNIは東南アジア第1位である（2020年）。

⑤ タイは自動車・電子工業などがめざましい発展を遂げている。

41

③

解説

① 中国の東北部には冷帯（亜寒帯），黄河流域には温帯や乾燥帯が分布している。

② 集団所有制の人民公社は1982年に解体が決定し，人民公社は，郷政府と鎮政府に改変された。

④ 香港は経済特区ではなく，特別行政区である。経済特区とは，外国資本や技術の導入を目的に経済的優遇措置が与えられた特別地域のことで，現在，アモイ・スワトウ・シェンチェン・チューハイ・ハイナン島の5ヵ所が指定されている。

⑤ 2023年6月現在，日本やアメリカは中国が主導するアジアインフラ投資銀行（AIIB）に加盟していない。

42

③

解説

① アイルランドはカトリック教徒が約9割を占める。

② ギリシャはギリシャ正教徒が約9割を占める。

③ インドネシアはイスラーム教徒が約9割を占める。

④ スリランカは仏教徒が約7割を占める。

⑤ マレーシアはイスラーム教徒が約6割を占める。

43

③

解説

タイはイギリスとフランスの植民地の緩衝国として第二次世界大戦以前から独立を保っている。ルックイースト政策（日本や韓国からの技術導入，日本や韓国への留学生・研修生の派遣などを通して，自国の経済発展を推進しようというもの）はマレーシアのマハティール首相が1981年に提唱したものである。

44

①

解説

② プランテーション農業についての説明である。

③ オアシス農業についての説明である。焼畑農業は，主にアフリカ中南部やラテンアメリカの熱帯地域，東南アジアでみられる自給的な農業で，キャッサバやヤムイモなどを栽培する。

④ 混合農業は，ドイツやフランスを中心とするヨーロッパの他，アメリカ合衆国のとうもろこし地帯（コーンベルト）やアルゼンチンの湿潤パンパでも行われている。

⑤ 北アメリカのプレーリーにみられるのは企業的穀物農業である。

45

②

解説

A 中国，インドの他，ケニアが上位に入っていることから，茶と判断できる。

B 中国，インド，バングラデシュなど，上位がアジアの国々で占められていることから，米と判断できる。米の約9割はアジアで生産されている。

C 中国，インド，ロシア，アメリカ合衆国など，様々な大陸にある国が上位に入っていることから，小麦と判断できる。小麦は世界各地で生産されている。

D ブラジル，アメリカ合衆国，アルゼンチンの3国で約8割を占めることから，大豆と判断できる。大豆の大部分は南北アメリカで生産される。

なお，綿花はインド，中国，アメリカ合衆国の順，大麦はロシア，スペイン，ドイツの順，とうもろこしはアメリカ合衆国，中国，ブラジルの順に生産量が多い（2020年）。

46

④

解説

A アフリカ諸国が上位に入っているので，カカオ豆と判断できる。コーヒー豆はブラジル，ベトナム，コロンビア，インドネシアの順に生産量が多い（2020年）。

B スペイン，イタリア，チュニジアなど地中海付近の国々が上位を占めているので，地中海式農業で栽培されるオリーブと判断できる。ぶどうは中国，イタリア，スペインの順に生産量が多い（2020年）。なつめやしはオアシス農業で栽培される作物で，エジプト，サウジアラビア，イランの順に生産量が多い（2020年）。

47

④

解説

Aは米，Bは小麦，Cはとうもろこしだと想像できる。aは中国，bはインド，cはアメリカ合衆国，dはベトナムが該当する。

① 中国ではチンリン山脈，ホワイ川を結ぶ線（年降水量800～1000mm）で北部の畑作，南部の稲作に分けられる。確かに世界的な農業国であるが，輸出量は多くない。このほか，ばれいしょ，茶，綿花などの生産量も多い。

② この説明は綿花についてのもので，黒色肥沃土とはインドのデカン高原に分布するレグールのことである。米は高温多湿な気候に適し，世界の米の約90％がモンスーンアジアで生産されている。

③ インドにおいて，小麦の栽培地域が隣国（パキスタン）にまたがっているのは，インダス川中～上流域のパンジャブ地方である。パキスタンと紛争中なのはインダス川上流のカシミール地方である。なお，インダス川下流はパキスタン領内を流れ，主に畑作地となっている。上流で小麦，下流で米の栽培が盛んなインドの河川は，ガンジス川である。

④ 正しい。小麦は北緯40度を境に北部で春小麦，南部で冬小麦が栽培されている。とうもろこし地帯（コーンベルト）では混合農業が盛んである。

⑤ 北はトンキンデルタ，南はメコンデルタである。トンキンデルタは二期作地域で，メコンデルタでは三期作も積極的に行われている。

48

X：②　　Y：④

解説

フィリピンはニッケル鉱，チリは銅鉱，南アフリカ共和国はプラチナやマンガン，クロムの産出が多い。

49

ブラジル：⑤　　中国：②

解説

ブラジルは水力発電が中心であること，中国は総発電量が最も多いこと，両国とも原子力発電の割合が他の3ヵ国より低いことから判断できる。①は5ヵ国の中で総発電量が2番目に多く，火力発電の割合が高いことからアメリカ合衆国，③は原子力発電の割合が高いことからフランス，④は水力発電が主力で，原子力発電の割合が比較的高いことからカナダと判断できる。

3 日本の地域と産業・貿易

50

④

解説

白神山地は青森県南西部から秋田県北西部に広がる山地で，世界遺産条約に自然遺産として登録されている。中央高地に連なる日本アルプスは，北から飛騨山脈，木曽山脈，赤石山脈の順に位置している。

51

⑤

解説

① 阿武隈川が北上川なら正しい。阿武隈川は福島県から北流し，仙台湾に流れ込んでいる。
② 秋田が酒田なら正しい。秋田は雄物川下流の秋田平野にある。最上川は山形県を南部から北西部へと流れている。
③ 酒田が新潟なら正しい。越後平野は阿賀野川と信濃川の河口に広がる。
④ 九頭竜川が神通川なら正しい。九頭竜川河口には福井平野が広がる。

52

④

解説

① みかんは和歌山(19.7)，愛媛(17.1)，静岡(13.3)，熊本(12.0)，長崎(6.9)。
② りんごは青森(62.8)，長野(16.7)，岩手(6.4)，山形(4.9)，福島(2.8)。
③ 日本なしは千葉(11.1)，茨城(10.3)，栃木(8.6)，長野(6.5)，福島(6.4)。なお，西洋なしは山形(64.7)が全国一。
⑤ ももは山梨(32.2)，福島(22.6)，長野(9.9)，山形(8.3)，和歌山(6.8)。

(　　)内数字は2021年の生産量割合(%)

53

②

解説

群馬・茨城は，各種の野菜の生産量が多い。北海道は，乳用牛の飼育頭数が圧倒的に多い。

54

⑤

解説

Aは米が多いので，米作りが盛んな東北地方の山形県である。

Bは野菜が多いので，促成栽培が盛んな高知県である。

Cは果実が多いので，山梨県とすぐわかる。山梨県はぶどうやももなどの果実の主産地である。また，山形県も果樹栽培が盛んである。

DとEは畜産が多く，北海道と宮崎県で迷うが，果実の割合が極めて少ないことから，Dが寒冷な北海道とわかる。

なお，Eの宮崎県は肉用牛や豚，肉用若鶏の飼育で知られる。畜産の産出額そのものでは北海道が圧倒的に多いが，この表は生産量ではなく，農業産出額に占める割合であるということに注意しよう。

55

⑤

解 説

① 山形県 ② 長野県 ③ 三重県
④ 愛媛県 ⑤ 鹿児島県

56

①

解 説

イ．自給率が極めて低いことから大豆と判断できる。

エ．1980年と比べて2010年の自給率の低下が著しいことから肉類と判断できる。これは，1991年に牛肉輸入の自由化が開始されたためである。

なお，アは米，ウは野菜である。野菜・果実・肉類の自給率が下がってきているのは，日本人の食生活の変化と需要の多様化がその原因と考えられる。いずれにしろ，食料自給率を上げるためには，健全な農家の育成が必要である。

57

④

解 説

A．沖合漁業である。近年，乱獲などの影響で生産量は落ち込んでいるが，依然として我が国の漁業種類別生産量は第1位である。

B．遠洋漁業である。石油危機以降の燃料費の高騰や200海里排他的経済水域の設定などで長期的に減少傾向にある。

C．沿岸漁業である。沿岸漁業は減少の割合が比較的小さい。

D．海面養殖業である。近年の消費形態の多様化などにより，生産量が微増している。

E．内水面漁業・養殖業である。内水面漁業・養殖業は生産量にほとんど変化がみられない。

58

⑤

解 説

① 京浜工業地帯では機械工業の割合が最も多く，47.2％を占める（2020年）。

② 北九州工業地帯（地域）の地位は年々低下しており，総出荷額に占める割合は9位である（2020年）。

③ 中京工業地帯では重化学工業の割合が84.3％となっている。自動車工業の割合が最も大きい（2020年）。

④ 阪神工業地帯は繊維工業を中心に発達し，出荷額からみると自動車工業の占める割合は小さい。

59

① エ ② イ ③ オ ④ ア
⑤ ウ

解 説

①は東海工業地域，②は阪神工業地帯，③は京浜工業地帯，④は北九州工業地帯（地域），⑤は中京工業地帯である。

その他，瀬戸内工業地域，関東内陸工業地域，京葉工業地域などの特色も整理しておこう。

60

②

解 説

① 春慶塗は岐阜・秋田などで生産が盛んな漆塗りである。

③　丹後ちりめんは京都で生産が盛んな絹織物である。

④　美濃半紙は岐阜で生産が盛んな和紙である。

⑤　南部鉄器は岩手で生産が盛んな鉄製品である。

福島では会津塗，茨城では結城つむぎ，兵庫では杉原紙，愛知では有松絞などが有名である。

61

④

解説

①　旭川市は上川盆地に位置する都市である。

②　青森市ではなくつがる市に関する記述である。青森市にある遺跡としては，三内丸山遺跡が有名である。

③　水戸市ではなく，日立市に関する記述である。なお，原子力研究所は東海村にある。

⑤　香川用水は四万十川ではなく，吉野川から水を引いている。四万十川は高知県を流れる。

62

③

解説

A．機械類　B．自動車　C．綿花
D．石油

現在，我が国からの輸出品は，一般機械と電気機械の機械類が約4割を占める。コンピュータや集積回路といった我が国の高度技術を用いて作られる付加価値の高い製品の輸出が多い。この他，自動車・鉄鋼・自動車部品・プラスチックなどが輸出の主力商品となっている。

一方，輸入品は機械類が最も多く，石油（原油・石油製品）・液化ガス・医薬品・衣類などが続く。

63

③

解説

小麦は，アメリカ合衆国，カナダ，オーストラリアの順で，これら3ヵ国でほぼ100％を占める。野菜は中国，アメリカ合衆国，韓国の順に多い（2021年）。

64

④

解説

Aにはオーストラリア，Bにはカナダ，Cにはインドネシア，Dにはアメリカ合衆国があてはまる。

65

①

解説

タイ，ブラジル，カナダからは肉類の輸入が多いことを押さえておこう。

4 政治

1 民主政治の基本原理と制度

1

④

解説

④　議会制民主主義が多くの国家で採用されているのは事実であるが，権力分立制が採用されていない社会主義国家の中には，議会制民主主義が採り入れられていない国家も存在し，そのような国家では厳格に適用されているとはいえない。

2

③

解説

①　マキァヴェリは，政治を倫理や宗教から分離させ，その独立に価値を見いだした。

②　ホッブズは，社会契約により抵抗権も否定されるとして，絶対王政を正当化した。

③　ロックは，国民の抵抗権（革命権）を認め，ジェファーソンらに影響を与えた。

④　モンテスキューは，三権の分立を主張した。また，社会契約説の立場には立たない。

⑤　ルソーは，ロックの間接民主制を批判して，直接民主制の理念を提示した。

3

⑤

解説

①　大統領は，有権者が選出した大統領選挙人によって間接選挙で選ばれ，3選は禁止されている。

②　大統領は法案提出権も連邦議会の解散権も有していない。教書という形で立法措置を勧告できるだけである。

③　上・下両院の権限は，原則として対等である。ただし，政府高官任命の承認，条約の承認などが属する点においては，上院は下院に優越する。

④　二大政党制ではあるが，保守党と労働党ではなく，共和党と民主党である。

4

④

解説

アメリカ合衆国の大統領選挙は，一般有権者が選出した大統領選挙人による投票で大統領が決まる間接選挙である。

2 日本国憲法

5

国民主権，基本的人権の尊重，平和主義

解説

日本国憲法は三大原理に基づいて，徹底した民主主義的原理が貫かれている。

6

⑤

解説

順に，エ，イ，ア，ウ，カがあてはまる。よって，空欄にあてはまらないのは，オとキになる。

7

③

解説

憲法前文は最頻出事項。キーワードをおさえること。憲法改正を規定した第96条については，発議者とその要件，国民投票における承認要件がポイントになる。

8

⑤

解説

① 憲法第7条第3号
② 第6条第1項
③ 第6条第2項
④ 第7条第2号
⑤ 恩赦の決定は内閣の権限（第73条第7号）。天皇の国事行為は恩赦の認証である（第7条第6号）。

9

B

解説

A．1946年11月3日公布，47年5月3日施行。
B．教育を受ける権利（第26条第1項）は社会権である。受益（請求）権には，請願権（第16条），国家賠償請求権（第17条），裁判を受ける権利（第32条），刑事補償請求権（第40条）がある。
C．第22条・第21条第2項参照。
D．第41・42条参照。
E．第8章参照。

10

基本的人権

解説

憲法第11条は基本的人権の享有について規定したものである。本条では「永久の権利」の部分もしばしば問われる。

11

③

解説

A．憲法第12条。bは不断，cは責任。
B．憲法第14条第1項。dは性別。

憲法の条文については，重要条文（第9条，第11～14条，第25・26条，第97条など）を中心にしっかり暗記しておく必要がある。

12

②

解説

憲法第13条。個人の尊重と公共の福祉に関する規定である。

13

①

解説

① 第9条第1項。
② 第22条第1項。×すべて国民は──→○何人も，×権利──→○自由
③ 第26条第1項。×義務を負う──→○権利を有する
④ 第18条。×労役──→○苦役
⑤ 第97条。×権利獲得の努力──→○自由獲得の努力，×固有──→○永久

14

⑴ **ア．精神的自由（精神の自由）**
　イ．社会権
⑵ **健康**

解説

⑴ 自由権は，精神的自由，経済的自由，人身の自由に分けられる。精神的自由には，思想・良心の自由，信教の自由，表現の自由，学問の自由がある。
⑵ 憲法第25条第1項。

15

③

解説

①・④・⑤は受益（請求）権，②は社会権。

16

②

解説

社会権は，1919年のワイマール憲法以降に保障されるようになったものであり，教育を受ける権利の他に，生存権・勤労の権利・労働三権がある。

17

ウ

解説

A．キ　B．イ　C．オ　D．カ
E．ク　F．ウ　G．ア　H．エ

憲法第26条は1項で「教育を受ける権利」，2項で「子女に普通教育を受けさせる義務」を規定している。この条文の空欄補充問題も頻出であるため，暗唱できるようにしておくこと。

18

②

解説

① 教育を受ける権利で社会権。
② 参政権であり，地方自治における解職請求（リコール）である。その他国民が直接政治に参加する方式として，国民発案（イニシアティブ）・国民投票（レファレンダム）などがある。
③ 思想及び良心の自由で自由権。
④ 拷問・残虐刑の禁止で自由権。

⑤　生存権で社会権。

19

(1)　公共の福祉　(2)　エ　(3)　参政権
(4)　納税の義務　(5)　イ

解説

(1)　日本国憲法では，第12・13・22・29条に「公共の福祉」の規定がおかれている。

(2)　黙秘権は，自由権（人身の自由）である。

(3)　日本国憲法では，基本的人権は平等権・自由権・社会権・参政権・受益（請求）権の5つに分類されている。

(4)　国民の三大義務のほかに，基本的人権保持の義務，権利を濫用せず公共の福祉のために用いる義務の2つの一般的義務や，公務員については憲法尊重擁護義務がある。

(5)　信教の自由は自由権，請願権は受益（請求）権，選挙権は参政権である。

20

子女に普通教育を受けさせる義務，勤労の義務，納税の義務

解説

子女に普通教育を受けさせる義務は第26条第2項に，勤労の義務は第27条第1項に，納税の義務は第30条に規定されている。

なお，このほかに，一般的義務としては，人権保持・濫用禁止義務（第12条）がある。また，公務員に対しては，憲法尊重擁護義務（第99条）が課されている。

21

A．ア　B．エ　C．オ

解説

国会，内閣，裁判所は，相互に抑制・均衡の関係に立つことで，権力の集中と濫用を防止している。権力相互間にどのような抑制のための権限があるかを押さえておくこと。

22

内閣

解説

憲法第65条。なお，司法権は裁判所に属する（第76条第1項）。

23

④

解説

①　憲法第7条第1号。なお，法律案の議決は国会の権能である（第59条）。

②　憲法第6条第1項，第67条。なお，任命は天皇が行う。

③　憲法第62条。

④　国会の権能である（憲法第64条）。

⑤　憲法第81条。

24

A．通常国会（常会）
B．臨時国会（臨時会）
C．特別国会（特別会）
D．（参議院の）緊急集会

解説

それぞれの国会の召集方法，主な議題についてまとめておくこと。

25

A．臨時会　B．4分の1以上
C．40　D．30

解説

(1) は憲法第53条，(2) は第54条第1項で規定されている。

26

③

解説

① 予算については，衆議院と参議院が異なった議決をし，両院協議会でも意見が一致しないとき，または，衆議院が可決した後，30日以内に参議院が議決しないときは，衆議院の議決が国会の議決となる（憲法第60条第2項）。また，衆議院には予算先議権がある（同条第1項）。
② 条約の承認については，衆議院と参議院が異なった議決をし，両院協議会でも意見が一致しないとき，または，衆議院が可決した条約を受け取った後，30日以内に参議院が議決しないときは，衆議院の議決が国会の議決となる（第61条，第60条第2項）。
③ 憲法改正の発議については，衆議院の優越はなく，衆参両院対等である。各議院の総議員の3分の2以上の賛成で国会が発議し，国民投票で過半数の賛成が必要となる（第96条第1項）。
④ 内閣総理大臣の指名については，衆議院と参議院が異なった議決をし，両院協議会でも意見が一致しないとき，または，衆議院が指名の議決をした後，10日以内に参議院が議決しないときは，衆議院の議決が国会の議決となる（第67条第2項）。
⑤ 法律案については，衆議院で可決し，参議院でこれと異なった議決をした場合，または，衆議院で可決した後，60日以内に参議院が議決しないときは，衆議院が出席議員の3分の2以上の多数で再議決すれば，法律として成立する（第59条第2・4項）。

27

④

解説

① 衆議院で可決した法律案について，参議院がこれと異なった議決をしたとき，または衆議院で可決した法律案を参議院が60日以内に議決しないときは，衆議院が出席議員の3分の2以上の多数で再議決すれば法律となる（憲法第59条第2・4項）。法律案の場合，予算案とは異なり自然成立することはない。
② 衆議院で可決した予算案については，参議院が衆議院と異なる議決をし，両院協議会を開いても意見が一致しないとき，または参議院が，衆議院の可決した予算を受け取った後，30日以内に議決しないときは，衆議院の議決が国会の議決となる（第60条第2項）。衆議院で再議決の必要はない。
③ 条約の承認については，参議院が衆議院と異なる議決をし，両院協議会を開いても意見が一致しないとき，または参議院が衆議院の可決した条約を受け取った後，30日以内に議決しないときは，衆議院の議決が国会の議決となる（第61条，第60条第2項）。衆議院で再度承認の必

要はない。

④　第67条第2項。

⑤　憲法改正については，衆議院の優越はない。各議院の総議員の3分の2以上の賛成で，国会が発議することとされている（第96条第1項）。

28

③

解説

①　参議院に解散はない。

②　法律の発案権は内閣・常任委員会・特別委員会・議員のそれぞれにある。

④　院外における現行犯の場合及び所属する院の許諾がある場合には逮捕される（憲法第50条）。

⑤　国務大臣は，国会に議席を有すると有しないとにかかわらず，何時でも議案について発言するため議院に出席することができる（第63条）。

29

③

解説

①　法律案については衆議院に先議権はない。予算についてのみ先に衆議院に提出しなくてはならない（憲法第60条第1項）。

②　法律案の場合は，両院協議会は開いても開かなくてもよい（第59条第3項）。必ず開かれなくてはならないのは，予算の議決（第60条第2項），条約の承認（第61条，第60条第2項），内閣総理大臣の指名（第67条第2項）である。

③　第54条第3項。

④　国政調査権は，衆参各議院に与えられた権限である（第62条）。

⑤　国会議員は，所属議院の出席議員の3分の2以上の多数の議決によって除名される（第58条第2項）。本肢のような規定は存在しない。なお，裁判官は，心身の故障により職務を執ることができないと裁判で決定した場合以外には，公の弾劾によらなければ罷免されない。ただし，最高裁判所裁判官については，これ以外にも国民審査で罷免を可とする票が多数を占めた場合には罷免される（第78条，第79条第2・3項）。

30

③

解説

①　法律案の発議権は，各議院の議員，常任委員会・特別委員会，内閣などにある（国会法第56条第1項など）。

②　国会の定足数（出席数）は，両議院とも総議員の3分の1以上である（憲法第56条第1項）。

④　法律案については，両議院で異なった議決をした場合には，衆議院において出席議員の3分の2以上の多数で再可決した場合には法律となる（第59条第2項）。

⑤　衆議院が解散した場合，参議院は同時に閉会となる（第54条第2項）。また，その法律案は会期不継続の原則から廃案となる（国会法第68条）。

31

A．キ　B．ウ　C．カ　D．エ

解説

A．両院協議会は，予算の議決，条約の承認，内閣総理大臣の指名については必ず開かれる(憲法第60・61・67条)。法律案の議決の場合は，開いても開かなくてもよい(第59条)。

B．参議院の緊急集会は，国に緊急の必要が生じたとき，内閣が開催を決定する。そこでとられた措置は，次の国会開会後10日以内に衆議院の同意を得られなければ，その効力を失う(憲法第54条第2・3項)。

C．国会の事務を効率化するとともに慎重に処理するために委員会で審議される。

D．公聴会は，利害関係者や学識経験者から意見を聴くもので，予算と重要な歳入法案の場合は必ず開催される。

アは，衆議院の解散総選挙後30日以内に開催される国会(憲法第54条第1項)，イは，内閣の決定あるいはいずれかの議院の総議員の4分の1以上の要求により開催される国会(第53条)，オは，各府省が法令に基づいて設置する合議制の諮問機関，クは，傍聴人を排除した国会のことで，出席議員の3分の2以上の賛成で開かれる(第57条第1項)。

32

(1) エ　(2) ウ　(3) イ　(4) イ　(5) ウ

解説

(1) 国会は主権者たる国民の代表により構成されており，憲法上，国政全般にわたって中心的な地位を占めている。

(2) 憲法改正の発議は両院平等であり，各議院の総議員の3分の2以上で発議される。

(3) 真実でないことを知りながら，あえて公表するなどの不当性がある場合，名誉毀損となる。

(4) 国務大臣の過半数が国会議員であればよい。

(5) 総選挙後30日以内に開かれ，内閣総理大臣の指名を行う。

33

A．内閣総理大臣　B．国務大臣
C．文民　D．国会

解説

(1) 第66条第1項

(2) 第66条第2項

(3) 第66条第3項

34

③

解説

ア．参議院が不信任決議案(内閣問責決議案)を可決した場合には，内閣は衆議院を解散したり，総辞職したりする必要はなく，あくまでも政治的責任を負うにとどまる。

イ．衆議院議員ではなく，国会議員の中から国会の議決によって指名され，天皇が任命する(憲法第6条第1項，第67条第1項)。

ウ．第70条。

エ．国務大臣の任命は内閣総理大臣が任意に行える(第68条第1項)。閣議での承認は不要である。

35

A．国会議員　B．指名
C．国務大臣　D．国会議員
E．指揮監督

解説

(1)　第67条第1項
(2)　第68条第1項
(3)　第72条

36

②

解説

②は国会の職務権限。内閣は条約を締結する。

37

②

解説

内閣の権限に属するのは，イ・ウ・エ・カ・キである。ア・オ・クの入っているものは消去していけばよい。

①　アは，内閣総理大臣の権限である（第68条）。
②　全て内閣の権限である（第73条第3・5号，第54条第2項但書）。
③　オは，内閣総理大臣の権限である（第72条）。
④　ア・オについて，①と③の解説より誤り。
⑤　クは，内閣総理大臣の権限である（第72条）。なお，国会及び国民に対する財政状況の報告は内閣の権限である（第91条）。

38

(1)　イ　　(2)　ア　　(3)　国土交通省

解説

(1)ア．2001年度から導入された，中央省庁の事務のうち，実施業務を分離した方が能率的に運営できるものについて独立の法人格をもたせたもの。
ウ・エ．どちらも公益を目的とする公益法人の1つ。税制優遇措置を受けられたが，2006年の公益法人制度改革関連法の成立により，見直しが図られた。現在では，公益財団法人，一般財団法人，公益社団法人，一般社団法人に分けられる。
(2)イ．私的諮問機関とは，大臣などが任意で設置する懇談会や研究会などのことである。
ウ．各府省が法令に基づき設置する合議制の諮問機関のことで，審議結果を答申し，政策に反映させる。
エ．国会の委員会審査の際に，利害関係者や学識経験者などから意見を聴く会（制度）のこと。
(3)　省庁再編については，再編前と再編後の比較をしっかり押さえておこう。

39

違憲法令（立法）審査権

解説

違憲法令審査権は，法律や命令，規則，処分などの国家行為が憲法に適合しているかを審査する裁判所の権限のことで，すべての裁判所に与えられている。具体的な事件が発生し訴えがあって初めて裁判所により行使されるもので，具体的な訴訟事件がない場合には法令の合憲性を一般的・抽象的に審査することはできない。

40

(1)　②
(2)　三審制

(3)　**憲法の番人**

解説

(1)　控訴は，第一審の判決に不服がある場合に，上級の裁判所に訴えること，上告は，さらにその判決に不服がある場合に，より上級の裁判所に訴えることをいう。抗告とは，裁判所が行う裁判以外の決定・命令に対して上訴（不服申し立て）することをいう。再審とは，判決が確定した後に新たな証拠で事実誤認の疑いが生じた場合などに裁判をやり直すことをいう。

(2)　三審制は，裁判を慎重に行うことで誤審を防ぎ，人権保障をより確実にするための制度である。

41

④

解説

ア．最高裁判所長官は，内閣の指名に基づき天皇が任命する（憲法第6条第2項）。

イ．第76条第2項。

ウ．下級裁判所も行使できる。

エ．裁判官の3分の2以上ではなく，全員の一致である（第82条第2項）。

オ．第76条第3項。

42

②

解説

①　行政機関が裁判官を懲戒することはできない。なお，弾劾裁判所は衆議院，参議院より各7名ずつの裁判員によって構成され，裁判官の罷免の審判が行われる。

②　最高裁判所裁判官については，国民審査の制度がある（憲法第79条第2・3項）。

③～⑤　裁判官の身分保障に関するもので，憲法第79条，第80条，及び裁判所法第48条に規定がある。公正な裁判を行うために必要な保障である。

43

(1)　**A．良心**　　**B．法律**　　(2)　**ア**

(3)　①　　(4)　**弾劾裁判所**

解説

司法権の独立とは，裁判官が裁判を行うにあたり，憲法・法律以外のどのような外部の力にも干渉されないという原則。

44

④

解説

ア．裁判員裁判は，殺人などの重大な刑事事件の地方裁判所で扱われる第一審において行われる。

イ．裁判員は20歳以上の有権者から選出される。公判への出席は国民の義務のため，学生・重病や障害を負っている者，70歳以上の者など一部の例外を除き，辞退することはできない。

45

A．地方自治　　**B．条例**

C．直接請求　　**D．25**

E．30　　**F．25**

G．4

解説

地方自治に関するこのような基礎的知識

は，確実に覚えておく必要がある。

46

A．首長（地方公共団体の長）
B．監査委員　　C．3分の1
D．解職（リコール）

解説

A．地方自治法第74条第1項に規定がある。首長は意見を付して議会に付議し，議会の議決で可否が決まる。

B．地方自治法第75条第1項に規定がある。監査委員は監査を行い，議会・議長などに報告しなければならない。

C．地方自治法第76条第1項に規定がある。住民投票に付し，過半数の同意があれば解散となる。

D．地方自治法第80条第1項・第81条第1項に規定がある。住民投票で過半数の同意があれば失職する。

47

⑤

解説

① 請求先は，地方公共団体の長（＝首長）である。

② 「有権者の50分の1以上の署名」が正しい。

③ 請求後，住民投票で過半数の同意があれば解散する。「請求し，確認」がなされただけで解散するのではない。

④ 請求先は，選挙管理委員会である。なお，議員の解職請求も，⑤の首長の解職請求と同様に，請求後，住民投票で過半数の同意があれば職を失う。

48

③

解説

① 選挙管理委員会に対する請求が認められる。

② 選挙管理委員会に対する請求が認められる。

③ 国会議員の解職請求は認められていない。

④ 監査委員に対する請求が認められる。

⑤ 首長に対する請求が認められる。

49

(1) ②
(2) 地方自治法
(3) 三割
(4) 法定受託事務
(5) 補助金の廃止・削減，地方交付税（交付金）の見直し，国から地方への税源移譲
(6) 民主主義の学校

解説

(1) 地方自治の本旨とは，地方自治の理念のことであり，住民自治と団体自治の2つを指す。住民自治とは，地方公共団体が地域住民の意思に基づいて運営されることをいい，団体自治とは，地方公共団体が国から独立して団体自らの意思と責任で自主的に地方の政治を行うという原理である。住民参加や地方分散は，地方自治の本旨を表す用語ではない。

(2) 地方自治法は，1947年に制定された，地方公共団体の組織と運営事項を定めた法律で，地方公共団体の健全な発達を保障することを目的としている。

(3) 三割自治とは，かつて国からの委任事務が約7割に達し，財源面でも，自主財源である地方税の割合が総収入の3～4割にすぎず，その多くを国からの補助金に頼っていることから揶揄されて使われていた言葉である。

(4) 法定受託事務は，2000年の地方分権一括法の施行に伴う機関委任事務の廃止により新たに設けられた区分である。国が果たすべき役割の事務でありながら，法令により国に代わって地方公共団体が処理すべきとされた事務のことをいう。

(5) 三位一体の改革とは，構造改革の一環として2004年度から2006年度にかけて行われたもので，国から地方への補助金を廃止し，地方交付税（交付金）を見直すかわりに，国から地方へ税財源を移譲しようとするものをいう。

(6) 「地方自治は民主主義の学校である」とは，地域の政治を地域住民が行うことは，真の民主主義を実現することであり，国の民主主義の実現につながるということを意味する。

50

(1) ア

(2) エ

解説

(1) 三位一体改革とは，補助金の廃止・削減，地方交付税の見直しとともに，国から地方へ税財源を移譲し，地方の財政機能を強化しようとするものである。

(2) 1999年時点で，全国に3,200余りあった市町村は，2010年には，1,700余りにまで減少した。

51

A．地方交付税（交付金）　B．地方債

解説

(1) 地方交付税（交付金）に対して，国が使途を特定して地方自治体に交付するものを国庫支出金という。いずれも，三位一体の改革〈国から地方への税源移譲，地方交付税改革，補助金（国庫支出金）の削減〉により，廃止・減額などの制度変更が行われた。

(2) 事前協議制度に移行したことにより，地方公共団体は，国又は都道府県の同意がなくても地方債を発行できることとなった。

3 現代政治の特質

52

②

解説

① 小選挙区制とは1選挙区につき，定員1名というものであり，2名以上の定員の場合は大選挙区制である。
② 死票とは落選者が獲得した票のことであり，政治に反映されない。
③ 選挙費用は，大選挙区制に比べて安くすむ。
④ 少数政党には不利である。
⑤ ②参照。

53

①

解説

① 誤り。国民（有権者）が投票から代表を決めて，その代表者がさらに投票して，当選人を決める選挙を間接選挙という。日本の内閣総理大臣やアメリカの大統領がこれに該当する。日本では，国会議員を決める国政選挙，都道府県知事や市区町村長，地方議会議員を決める地方選挙はいずれも直接選挙で行っている。
② 正しい。納税額・性別などによる差別なく，一定の年齢に達したすべての国民に与えられる選挙を普通選挙という。
③ 正しい。性別・社会的身分などによる差別なく，平等に1人1票の選挙権がある選挙を平等選挙という。
④ 正しい。誰に投票したか分からない方法で選挙が執行される選挙を秘密選挙という。
⑤ 正しい。有権者自身の意思に基づいて直接代表者を選ぶ選挙を直接選挙という。その他，誰に投票するのか干渉されない選挙を自由選挙という。

54

③

解説

① 小選挙区制では，ゲリマンダーの危険性が高くなる。
② 比例代表制は多党制を生じやすく，政局は不安定になりがちである。
④ 政党と圧力団体の説明が逆である。
⑤ 野党と与党の説明が逆である。

55

⑤

解説

①・② 2016年5月に成立した改正公職選挙法により，小選挙区を「0増6減（295人→289人）」，比例代表を「0増4減（180人→176人）」とし，衆議院の定数は戦後最少の465議席となった。
③ 我が国の小選挙区比例代表並立制では，小選挙区の候補者が同時に各ブロックの比例代表選挙の名簿登載者となれる。よって，小選挙区で落選したが，比例代表で当選するという可能性も考えられる。
④ 小選挙区比例代表並立制では，小選挙区の289の各選挙区すべての定数は1人である。ただし小選挙区制といっても，原則定数1人とし，例外的に定数2人以上の選挙区を設ける場合もある（1889年の衆議院の選挙法など）。しかし，本肢においては，「最低でも2人」という記述

が明らかに不適切である。

56

④

解説

2018年7月の改正公職選挙法により，参議院の議員定数は6名増の248名（選挙区148名・比例代表100名）となった。

④　全国を1ブロックとして行われる。参議院議員選挙の非拘束（一部拘束）名簿式については，そのしくみをしっかり覚えておく必要がある。

57

(1)　A：1925　　B：18
(2)　衆議院：満25歳以上
参議院：満30歳以上
(3)　午前7時から午後8時まで
(4)　ア
(5)　公職選挙法

解説

(1)A．我が国では，1925（大正14）年に加藤高明内閣によって満25歳以上の男子に普通選挙が認められるようになった。第二次世界大戦後の1945（昭和20）年には，満20歳以上の男女の普通選挙が保障されるようになった。

(2)　なお，地方選挙については，都道府県知事の被選挙権年齢は満30歳以上，それ以外は満25歳以上である。

(3)　改正公職選挙法により，2016年6月から期日前投票については，原則午前8時半から午後8時までの投票時間を，各自治体の裁量で最大午前6時半から午後10時まで延長できることになった。

(4)イ．政治的無関心を無政治的態度，脱政治的態度，反政治的態度の3つに分類した。

ウ．防衛機制を分析したことで知られる。

エ．欲求の構造を研究したことで知られる。

オ．モラトリアムという用語を用いたことで知られる。

(5)　公職選挙法は1950年に制定され，選挙区や選挙運動などについて定めている。

58

②

解説

①　供託金は，泡沫候補（絶対に当選しないとわかっていて立候補すること）の乱立などの被選挙権の濫用を防止することが目的である。

②　戸別訪問禁止の目的は，買収などを未然に防ぐこととされている。ただし，これに対しては，選挙運動の自由を不当に制限するものだとして批判がある。

③　我が国では，衆議院選挙で2.13倍をこえる格差が生じるなど，議員定数の不均衡は問題となっている。毎年，選挙区が人口の増減に応じて変更されている事実もない。

④　候補者のみならず，出納責任者や候補者の親族などの関係者の有罪が確定すれば，当選も無効となる（連座制）。

⑤　現在のところ認められていない。

59

④

解説

ア．国政選挙においては，導入されていな

い。

イ．小選挙区での得票数が有効投票総数の10分の1未満の候補者については復活当選できない。

ウ．選挙時に敵対していた政党に移籍することは不可能だが，選挙後に新たに誕生した政党への移籍や無所属になることは認められる。

オ．在外投票は，国政選挙のみが対象となる。なお，従来は比例代表選挙のみが対象とされており，これについて2005年に最高裁が小選挙区（選挙区）で投票できないのは違憲と判断した。これを受けて小選挙区（選挙区）でも在外投票を認める改正公職選挙法が2006年に成立し，2007年の参院選から適用されている。

カ．公職選挙法の改正により，2013年の参議院選挙よりインターネット等を利用する方法による選挙運動が解禁された。

5 経済

1 現代経済の特徴と働き

1

①

解説

価格機構に関する基本問題である。

①・② 供給曲線の方が，価格と供給量（つまり生産量と考えればよい）に比例するので，右上がりの曲線だと覚えておけばよい。企業は高く売れるほど多く生産に関与し，逆に消費者は安いほど多く買う（需要が増える）ことになる。

③ 超過需要のとき（つまり買いたいのに品物がないとき）には価格は上がる。

④ ③の逆の状態だから下がる。

⑤ 需要は増える。

2

④

解説

需要曲線が右に移動すると，グラフ横軸の需要量は増加する。一方，縦軸の価格については上方に移動し，価格が上昇することを意味する。

3

(1) ③

(2) **見えざる手**

解説

(1)A・B．Aに減少，Bに増加が入る。価格が上昇すると，買い手は買い控えるため，需要量は減少する。一方，売り手は利潤が増えるので，供給量を増加させる。反対に，価格が下落すると，買い手は購買欲が高まるため，需要量は増加する。一方，売り手は利潤が減るので，供給量を減少させる。

C．均衡価格が入る。価格は最終的に需要量と供給量が合致した点で定まり，取引量の均衡がはかられる。このときの価格のことを均衡価格という。公定価格とは，需要と供給の関係によらず，政府によって決定される価格のことで，統制価格ともいう。また，生産価格とは，生産者が商品を売るときの価格のことをいう。

(2) 神の「見えざる手」とは，無数の生産者による供給と無数の消費者による需要がうまく調整されている状況を形容した表現である。

4

①

解説

技術革新によって生産の費用が削減された場合，企業は同じ価格のもとでより多くの生産をすることができるので供給曲線は右にシフトすることになる。一方，需要曲線のシフトは消費者の選好や所得の変化によって生じるので，この場合は変化しない。よって，もとの需要曲線Dと右にシフトした供給曲線S″との交点Bが新しい均衡点となる。

5

③

解説

管理価格は，寡占市場の下で発生しやすい。すなわち，寡占市場においてシェアの高い企業が，プライス＝リーダー（価格先導者）となって値上げをし，他社もこれに追随する。このとき形成される価格を管理価格という。

6

⑤

解説

ア．トラスト（企業合同）に関する記述である。

イ．カルテル（企業連合）に関する記述である。

ウ．コンツェルンとは，企業連携のことである。

エ．多国籍企業に関する記述である。コングロマリット（複合企業）とは，異なる産業の企業を合併・吸収して多角的に企業活動を行うようになった巨大企業のことである。

カルテル，トラストは水平的結合，コンツェルンは垂直的結合，コングロマリットは複合的結合をとっている。カルテルには，価格カルテル，生産カルテルなどがある。戦前の日本の財閥は，コンツェルンにあたる。

7

③

解説

① 現代の株式会社は，「所有（資本）と経営の分離」が特徴であり，株主は直接，経営にはあたらず，大株主ではない役員（取締役など）が経営にあたることが一般的である。このため，株主が経営責任を問われることはなく，逆に株主総会において，役員の責任を追及する立場にある。なお，株主は，会社の損失に対しては出資額を限度に責任を負う有限責任社員である。

② 寡占市場においては，管理価格が設定され，価格の下方硬直化をもたらすことになる。このため，企業は価格面での競争を避け，品質・サービス面での非価格競争を激化させる。

④ 我が国では，1997年に一部の例外を除き，持株会社は解禁された。

⑤ ベンチャー＝ビジネスとは，独創性や新規性を軸に新規市場の開拓を進めていこうとする中小企業のことをいう。大企業をさしていうのではない。

8

②

解説

A．租税が入る。政府は家計・企業から租税を徴収し，それを財源に社会資本や社会保障を供給する。なお，家計から政府に向けられたAの矢印には労働力も入るが，企業から政府に向けられたAの矢印には労働力は入らない。

B．補助金が入る。政府は，企業が生産活動を行う際に必要な社会資本を整備し，必要に応じて企業に対し補助金を供給する。

C．社会保障が入る。政府は家計が必要とする社会保障給付を行う。

正しい図は以下のようになる。

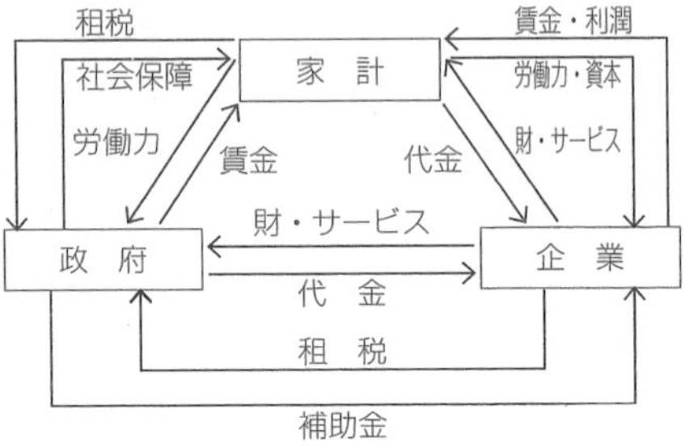

9

A．中間生産物価額
B．固定資本減耗（減価償却費）
C．分配
D．三面等価

解説

国内総生産（GDP）には固定資本減耗が含まれ，その意味では総（粗）付加価値合計である。国内総生産（GDP）からこの固定資本減耗を控除した純付加価値合計を国内純生産（NDP）という。

10

①

解説

② 最近では，国内総生産や国民総所得を経済指標として重要視している。
③ 国民総所得は，国内総生産に海外からの純所得を加えたものに等しい。なお，海外からの純所得とは，主に外国での日本人の所得から日本での外国人の所得を差し引いたものである。
④ 主婦の家事労働は国内総生産に含まれない。キャピタルゲイン（株や債券の売買による収益）が国内総生産に含まれないのは正しい。
⑤ 公害は国内総生産に含まれないが，農家の自家消費は国内総生産に含まれる。

11

②

解説

キチンの波：周期が3～4年の短期波動。在庫の調整により支配される。

ジュグラーの波：周期が8～10年程度。設備投資の変動に支配される。

クズネッツの波：周期が20年程度。輸送設備，建設活動の変動に支配される。

コンドラチェフの波：周期が50年ほどの長期波動。画期的な技術革新の影響と考えられている。

12

④

解説

インフレーション，デフレーション，スタグフレーションの定義は必須。デノミネーションは貨幣単位の呼称をかえること。

13

④

解説

インフレーションは，通貨量の増加が貨幣価値の下落をもたらし，物価上昇をまねく現象であるから，②は誤り。需要の増大により生産が活発となり，雇用は促進され，賃金も上昇する。また設備投資も盛んに行われるので，①，③，⑤はいずれも誤り。

14

①

解説

日本銀行は発券銀行，政府の銀行，銀行の銀行としての役割を担う唯一の銀行である。さらに景気調整策として，公開市場操作，預金準備率操作などといった金融政策も行っている。

15

③

解説

① 発券銀行とは，中央銀行である日本銀行が独占的に日本の紙幣（日本銀行券）を発行できることをいうが，その発行については，財務大臣が決定した日本銀行券発行限度内において，自由に行うことができる。このしくみのことを管理通貨制度という。金保有の範囲内で兌換紙幣（金と交換できる紙幣）を発行できるしくみのことを金本位制度といい，現在，この制度を採用する国はない。なお，管理通貨制度の下で発行される紙幣のことを不換紙幣といい，金と交換できない。

② 政府の銀行とは，日本銀行が政府に代わって出納業務や国債発行・償還代行事務などを行うことをいう。財政投融資とは政府が行う財政政策であり，日本銀行は資金供給しない。

④ 国債の発行額は政府が決定する。日本銀行が独自の判断で発行額を決定し，発行することはできない。日本銀行が行うのは国債の発行・償還事務である。

⑤ 日本銀行が，金融政策として景気停滞期に行うのは買いオペレーションである。

16

A．売り　　B．買い
C．（引き）上　　D．（引き）下

解説

複数の目標を達成するため，日銀の金融政策と政府の財政政策を組み合わせた経済政策のことをポリシー・ミックスという。

17

②

解説

景気が停滞気味のときは，日銀は買いオペレーション，預金（支払）準備率の引き下げによって市中銀行の通貨量を増大させて景気を刺激する。また，政府は，公共投資など財政支出の増加によって経済を活発化させ，減税によって国内消費を増大させる。

18

⑤

解説

① 公共投資政策は，景気浮揚政策である。

② 不況期には，財政支出の拡大や減税によって景気を刺激し，インフレ期には，その反対の政策をとるという補整的財政管理政策である。

③ 公債は，景気政策や社会資本ストック建設のための財源調達手段として活用されている。

④ フィスカル＝ポリシーとともに経済の安定化に大きな役割を果たしている。所得の再分配の役割はない。

⑤ 国家は歳入面において，所得税・相続

税などに累進課税制度を適用し，歳出面では生活保護などの移転的支出などを行うことによって所得の再分配を達成しようとしている。

19

⑤

解説

均衡予算をとれば，不況時でも通貨量，有効需要の増大はおこり得ないので，景気調整機能は果たせない。

20

(1) **財政投融資**
(2) ③

解説

(1) 財政投融資はかつては，国の一般会計の4割をこえ，「第2の予算」とよばれてきたが，最近では2割以下に減額されている。
(2) ケインズは，自由放任政策ではなく，政府の市場介入によって，有効需要を創出し，不況の克服を図る必要があると主張した。

21

⑤

解説

① 地方税ではなく国税。
② 間接税ではなく直接税。
③ 間接税ではなく直接税。
④ 直接税ではなく間接税。

22

③

解説

税の種類は「直接税か間接税か」及び「国税か地方税か」によって分類されるので各税がどのような性質をもっているかをよく整理しておくことが大切である。

23

③

解説

所得税は直接税（納税義務者と実質的負担者である担税者が同一）であり，累進課税（所得が多いほど税率が高くなる）になっている。また，累進課税によって高額所得者の納める税を社会保障として支出し，所得格差を是正し（所得の再分配），有効需要を高める。

24

③

解説

ア．関税は間接税であり，相続税，固定資産税は直接税である。このほかに，直接税には住民税や贈与税などが，間接税には酒税やたばこ税などがある。
イ．国税における直間比率は，直接税の方が高い傾向にある。
ウ．憲法第84条では，租税法律主義を規定している。
エ．累進性とは，所得が高いほど税率が高くなる性質のことをいうが，累進性をもつのは，所得税など直接税のことである。間接税は所得の高低にかかわらず，同額の税が課されることから，相対的に低所得者の負担が大きくなる逆進性をもつ。

25

外形標準課税

解説

外形標準課税とは，従業員数や事業所の面積，売上高など外観からわかるものを基準として課税することをいう。赤字企業にも課税できることから景気の変動に左右されず，安定した税収の確保が可能となる。2004年度から，資本金が1億円を上回る企業に対して，都道府県税の法人事業税の一部について適用されている。

26

②

解説

① 国債は市中消化を原則としており，日本銀行の引き受けを原則として禁止している。これは，日本銀行が引き受けた場合，インフレーションを引き起こす可能性が高いからである。
③ 赤字国債の発行は，財政法の規定により禁止されている。このため，発行する際には，その都度，国会で財政特例法を制定する必要がある。
④ 国債の大量発行はインフレーションをまねく。
⑤ 2023年度の新規国債発行額は前年度より約1.3兆円減り，35.6兆円となった。

27

④

解説

正しいのはア，ウ，エの3つ。
イ．PPP（PFI）に関する記述。インフラとは，社会基盤のことで，道路・鉄道・上下水道・通信などの施設を指す。インフラストラクチャーという。
オ．会社法では，最低資本金制度を撤廃した。

28

②

解説

② 2012年に，日本でも物価上昇率の目途を1％とする事実上のインフレターゲットを導入した。さらに，2013年には，2％のインフレターゲットを導入した。

29

②

解説

b．ダイバーシティとは，多様な人材を積極的に活用することである。
d．セーフティーネットとは，安全網のことである。
e．イノベーションとは，技術革新のことである。

2 日本経済史と現代社会の課題

30

⑤

解説

1980年代後半の税制改革では，所得税・法人税の軽減・合理化，税率3％の消費税が導入された。なお，消費税が5％になったのは1997年4月から，8％になったのは2014年4月から，10％(食料品など軽減税率が適用されるものは8％)になったのは2019年10月からである。

31

②

解説

ア．1950～53年にかけておきた朝鮮戦争の際に軍事品などの調達が増えてもたらした好景気のことである。

イ．1986～91年にかけておきた超低金利政策を背景とする財テクブームがもたらした好景気のことである。

ウ．1973年の第一次石油危機の際に石油価格が高騰し，急激に物価が上昇したことをさす。

エ．バブル経済後の1991～2010年頃までの長期にわたる不況を指す言葉である。

オ．1960年に池田勇人内閣が策定した計画のことで，岩戸景気の要因となった。

32

③

解説

A．PL法(製造物責任法)では，消費者が商品の欠陥や説明不備が原因で損害を受けた場合，企業の過失の有無にかかわらず，企業に対して損害賠償責任を負わすことができる。

B．消費者契約法では，虚偽の説明や不確実な事項の断片的説明を受けた場合，契約を取り消すことができる。また，消費者にとって一方的に不利な条項は無効となる。

C．特定商取引法は，2004年に抜本改正され，販売目的明示義務や禁止行為違反の取消権などが規定されるとともに，悪質業者に対する罰則も強化されている。

D．消費者基本法は，2004年に消費者保護基本法を抜本改正して施行された法律で，消費者を保護の対象から自立の主体へと位置づけるものとなっている。

オの独占禁止法は，独占価格や不公正な競争を排除し，消費者が適正な価格で商品を購入できることを保障した法律である。

カのJAS法とは，農林物質の規格化及び品質表示の適正化に関する法律のことで，JAS規格制度などについて定めている。

33

問1　独占禁止法　　**問2　消費者主権**
問3　①　　**問4　20日以内**

解説

問1　独占禁止法は，私的独占の禁止，不公正な取引方法の禁止，不当な取引制限の禁止を規定した法律で，独占禁止法が守られているかを監視する機関として，公正取引委員会が設置されている。

問2　消費者主権は，大量生産・大量消費による大衆消費社会を背景に高まった。

問3　ケネディ大統領が提唱した「消費者4つの権利」とは，知る権利，選択する権利，安全である権利，意見を反映させる権利を指す。

問4　クーリング・オフ制度とは，消費者が購入契約を結び，代金を支払った後でも，一定期間内であれば無条件で契約を解除できる制度のことをいう。マルチ商法では20日間とされている。なお，訪問販売，電話勧誘販売，訪問購入では8日間，現物まがい商法では14日間とされている。

34

④

解説

クーリング・オフは書面で行うものとされており，内容証明郵便を利用すると確実である。

3 労働問題と社会保障

35

労働基準法，労働組合法，労働関係調整法

解説

労働基準法は労働条件の最低基準を定めた法律。労働組合法は，労働者の地位向上を目的に労使間で労働条件に関する労働協約を結ぶことを保障した法律。労働関係調整法は，労使関係の公正な調整と，労働争議の予防・解決を目的に制定された法律。

36

⑤

解説

⑤　最長6ヵ月間ではなく，通算して93日間。

①～④は労働基準法，⑤は育児・介護休業法で規定されている。それぞれポイントとなる語句・数字を押さえておくこと。

37

④

解説

④　2005年の改正法施行により，一定の要件を満たしていれば，パートタイム労働者やアルバイトにも育児休業が認められるようになった。

38

A．労働契約

B．労働者派遣

解説

この2つの法改正により，パートやアルバイトなど非正規で働く人の雇用ルールが大きく変わった。

39

e

解説

a．フランス　b．ドイツ
c．アメリカ　d．韓国

日本と韓国の失業率は，先進国の中でも低い水準で推移している。2021年の失業率は日本が2.8％，韓国は3.5％である。2020年以降，新型コロナウイルスの感染拡大の影響により，世界では労働情勢が悪化しているが，先進国の多くは政府の補償により失業率の急激な上昇を抑えている。

なお，アメリカは失業者に再雇用を前提とした一時解雇を含むほか，2020年はコロナ禍に伴う失業保険の特例加算による手厚い給付があり，同年の失業率が急増した。

40

①

解説

① DV（ドメスティック・バイオレンス）防止法では，元妻や子ども，内縁関係にある男女も保護命令（加害者に自宅からの退去や被害者への6ヵ月間の接近禁止を命ずること）の対象としている。なお，法改正により，2014年からは同居中またはかつて同居していた交際相手も対象に追加された。

41

③

解説

d．一人ひとりが，社会的・経済的・政治的に変革の主体となる力をつけること。

f．働く人が仕事を分け合う労働形態のこと。

h．就職も進学もせず，職業訓練も受けていない若者のこと。

42

②

解説

A．ビスマルクが制定した社会保険3法とは，疾病保険，災害保険，養老廃疾保険をさす。

B．エリザベスは，1601年にエリザベス救貧法を制定した。

C．「アメとムチ」は，ビスマルク社会保険3法が制定された際に同時に労働運動を弾圧する立法も行ったことからよばれたものである。

D．1935年にアメリカで，ニューディール政策の一環として制定されたのが，世界最初の社会保障法である。なお，完備した社会保障法といえるものは，1938年にニュージーランドで制定されたものが最初である。

43

①

解説

社会保障制度の4本柱を押さえておこう。特に，公的扶助と社会福祉の違いを明確にしておくこと。

44

②

解説

① 公衆衛生についての説明である。

③ 医療保険には，民間の被用者とその家族を対象とする健康保険，自営業・農漁業従事者などとその家族を対象とする国民健康保険，公務員などとその家族を対象とする共済組合の他に，船員保険などがある（2023年6月現在）。

④ 厚生年金と共済年金の非加入者とその家族を対象とする年金保険が，国民年金である。国民年金法改正によって，夫婦での加入が可能となった。

⑤ 民間の被用者を対象とする年金保険を厚生年金といい，健康保険と同じく強制加入となっている。

45

①

解説

② 育児休業法は1992年から施行されている。

③ 給付は原則として現金給付で，現物給付は例外的に行われる。

④ 制度ごとに給付水準が異なり同じ水準ではない。なお，年金の財源は国庫負担と保険料によって賄われている。

⑤ 1961年に，「国民皆年金，皆保険」の体制が実現している。

46

③

解説

① 介護保険の加入者は，40歳以上65歳未満の医療保険加入者（第2号被保険者）と65歳以上の者（第1号被保険者）であり，いずれも強制加入である。

② 40歳以上65歳未満の者については，初期認知症など特定疾患にかかった者のみが対象となる。事故を原因とする疾病については，介護保険の対象とならない。

④ サービスを受ける場合は，その費用の1割（所得に応じ2割もしくは3割）を利用者が負担する。無料ではない。

⑤ 認定区分は，「要支援1・2」「要介護1～5」の7段階である。

47

③

解説

③ プライマリ・ケアとは，診療所を基本とする住民に対して最も身近な医療のことである。本肢はターミナル・ケアに関する記述。

48

①

解説

② 機能障害をもつ人が受ける社会的不利の状態。

③ 健康と環境保護に高い関心をもち，無理なく楽しくその持続を求める生活スタイルのこと。

④ 商品のデザインや空間設計の際，誰もが利用しやすいデザインを最初から取り入れておこうとする考え方。

⑤ 身体障害者や精神障害者などに対して，

機能回復と社会生活への復帰を目指して行われる総合的な治療と訓練のこと。

49

⑩

解説

ア．我が国の2022年における合計特殊出生率は1.26である。この数値は世界的にみて低い方だが，イタリアやスペインなども同水準にあり，韓国は我が国よりもさらに低い。

イ．育児休業制度は，男女の労働者に最大2年の育児休暇を保障する制度であり，休業中は雇用保険から，一定額が支給される。また，2021年度における育児休業の取得率は，女性85.1％，男性13.97％となっている。

ウ．子育て支援についての行動計画を策定し，それに基づく取組みを進めていくことを義務付けているのは，国，地方公共団体と従業員101人以上の企業である。すべての企業に義務付けられているわけではない。

エ．重点課題としては，このほかに，「若い年齢での結婚・出産の希望の実現」「多子世帯へ一層の配慮」「地域の実情に即した取組強化」がかかげられている。

50

A．合計特殊出生　　B．少子化

解説

少子化についての問題は頻出である。

51

③

解説

Bはドイツ，Cはフランス，Dはアメリカ。ヨーロッパ諸国の高齢化は緩やかに進行したのに対して，日本のそれは急激に進んだ。

52

(1)　③　　(2)　**介護保険制度**

解説

(1)A．高齢化社会とは，65歳以上人口比率が7％以上の社会をいう。なお，我が国が高齢社会の段階に突入したのは，1994年である。

B．高齢化率が7％を超えてからその倍の14％に達するまでの所要年数（倍加年数）を比較すると，フランスが126年，スウェーデンが85年，比較的短いドイツが40年，イギリスが46年であるのに対し，我が国は24年と，他国に比べて高齢化の速度が速い。

(2)　介護保険制度は，高齢者介護を国民全体で支えていくしくみとして導入されたもので，40歳以上の全国民が加入する社会保険の一つである。

53

(1)　**エンゲル係数**　　(2)　**産業の空洞化**

(3)　**地産地消**

(4)　**水俣病，新潟水俣病，イタイイタイ病，四日市ぜんそく**

(5)　**テレワーク（リモートワーク）**

(6)　**成果主義**

(7)　**合計特殊出生率**

(8)　**ダイバーシティ**

解説

いずれも基本問題なので，確実に答えられるようにしておこう。

6 国際関係

1 国際政治

1

⑤

解説

① 常任理事国も非常任理事国も1票しか有さない。

② ドイツではなく中国である。

③ 1950年の「平和のための結集決議」により，国際平和と安全の維持に関する事項については，緊急特別総会で解決できるようになった。

④ アメリカ22％，中国約15％(2022～24年)と，アメリカの方が多い。

⑤ 総会は審議と勧告及び注意喚起をするのみである。これに対して理事会は，加盟国がその決定を国連憲章にしたがって受諾し，かつ履行することに同意しているので拘束力を及ぼす。

2

A．安全保障　　B．1　　C．9
D．常任理事国　　E．拒否権

解説

A．国連の主要機関の1つで，15ヵ国で構成される。国際平和と安全の維持に関する主要な責任を加盟国より負わされており，加盟国に代わって行動する。

B．表決は，常任理事国も非常任理事国も一国一票である。

C．手続き事項の議決は9理事国の賛成が必要である。

D．実質事項の表決は，アメリカ・ロシア・イギリス・フランス・中国の5常任理事国を含む9理事国の賛成が必要であり，5大国のうち1国でも反対すると決定は成立しない。

E．拒否権の行使により，理事会の機能が麻痺することになる。そこでこの麻痺状態を打開するため，1950年の「平和のための結集決議」に基づき，国際平和と安全に関する事項については総会において措置を講ずることができるとした。

3

⑤

解説

① 国際連盟に関する記述。国際連合は，第二次世界大戦後サンフランシスコ会議に基づき，1945年に設立された。

② スイスは2002年に，北朝鮮は1991年に加盟している。

③ 常設の国連軍は存在しない。今までに国連憲章に基づく正規の国連軍が結成されたことはない。

④ 国連の予算は各加盟国に課される国連分担金によって賄われており，加盟各国の分担率はその国の経済力に応じて決定される。

4

(1) ニューヨーク　　(2) 拒否権
(3) ウ　　(4) イ

解説

(2) 大国一致の原則から5常任理事国(米・英・仏・ロ・中)に与えられているものだが，拒否権の濫用がしばしば問題になっている。

(3) 国連の公用語は，英語，フランス語，ロシア語，中国語，アラビア語，スペイン語である。

(4)ア．国連教育科学文化機関

イ．国連難民高等弁務官事務所で，国連総会の補助機関である。

ウ．国際通貨基金

エ．国際復興開発銀行(世界銀行)

オ．世界保健機関

5

(1) ILO　(2) IMF　(3) WHO

解説

(1) International Labour Organizationの略。条約の締結や勧告の採択を通じて，世界の労働者のために社会正義を推進し，労働条件の改善を目的とする。

(2) International Monetary Fundの略。国際的な金融協力や貿易の拡大を促進し，また国際収支が赤字に陥った加盟国を支援し，国際通貨体制の安定化を目的とする。

(3) World Health Organizationの略。世界中の人々が，可能な最高水準の健康を維持できることを目的とする。

6

③

解説

ア．食糧生産向上を目的とするので，国連食糧農業機関(FAO)。

イ．国際通貨への協力を目的とするので，国際通貨基金(IMF)。

ウ．原子力の平和利用を目的とするので，国際原子力機関(IAEA)。

エ．児童の援助を目的とするので，国連児童基金(UNICEF)。

7

⑤

解説

① WTO(世界貿易機関)は，GATT(関税および貿易に関する一般協定)の格上げ機関として1995年に設立された多角的貿易問題に関する交渉の場と実施の枠組みの提供などを主な任務とする国際機関である。本肢はWHO(世界保健機関)に関する記述である。

② UNCTAD(国連貿易開発会議)は，南北問題の検討や貿易と経済協力について南北交渉を行い，途上国の経済開発を促進するために設置された国連関連機関である。本肢はILO(国際労働機関)に関する記述である。

③ 本肢は，IMF(国連通貨基金)に関する記述である。

④ WIPO(世界知的所有権機関)は知的財産権の国際的保護のため，知的財産権を管理・運営する国連専門機関である。本肢の前半部分は，IAEA(国際原子力機関)に関する記述だが，IAEAは国連専門機関ではない。

⑤ UNESCOの正式名称は国連教育科学文化機関である。

8

④

解説

① UNESCO（ユネスコ・国連教育科学文化機関）

② OECD（経済協力開発機構）

③ IMF（国際通貨基金）

⑤ ILO（国際労働機関）で，設問の国際機関のうち，これだけは第二次世界大戦以前から存在する。

9

(1) ②　(2) D　(3) ウ

解説

(1)イ．安全保障理事会は任期無期限の5常任理事国と任期2年の10非常任理事国の計15理事国からなる。

ウ．ILO（国際労働機関）は国連専門機関だが，WTO（世界貿易機関），IAEA（国際原子力機関）は国連専門機関ではない。

エ．日本人の裁判官も通算4人選ばれている。また個人の犯罪は対象外。

(2)ア．北アイルランド紛争で地図中の記号はA。国内とはイギリスのこと。

イ．ケベック分離独立問題で地図中の記号はF。国内とはカナダのこと。

ウ．ルワンダ内戦で地図中の記号はB。

エ．チェチェン紛争で地図中の記号はC。国内とはロシアのこと。

オ．スリランカ紛争で地図中の記号はE。Dはカシミール紛争（インドとパキスタンの両国にまたがるカシミール地方でのイスラーム教徒の分離独立運動）の位置を示している。

(3)ウ．PKOは加盟国より自発的に提供された要員によって行われる。

10

(1) **国際刑事裁判所（ICC）**　(2) イ

(3) ウ　(4) ④

解説

(1) 国際刑事裁判所（ICC）は，集団虐殺など非人道的な行為を犯した個人を裁く常設の裁判所として2002年に発足した。しかし，アメリカもイラクも設立に関する条約の締約国ではないため，フセイン裁判は対象外となった。

(2)ア．人民主義

イ．一国主義や単独行動主義，一方的外交などとも訳される。

ウ．国際協調主義

エ．多文化主義

オ．新保守主義

(3)ア．アメリカ

イ．中国

エ．ドイツ

オ．イギリス

11

②

解説

A．マーストリヒト条約は，単一通貨をもつ完全な経済同盟，及び共通の安全保障政策をもつ部分的な政治同盟へとECを発展させるための条約。

B．EUは，1995年，ECの12ヵ国にオーストリア・スウェーデン・フィンランドを加えた15ヵ国の共同体へと拡大した。2022年6月現在，27ヵ国体制となっている。EECとは，1957年に設立された欧州経済共同体のことである。

C．アムステルダム条約は，マーストリヒト条約の改正により，1999年に発効した条約である。これまでの全会一致の原則に建設的棄権制を導入し，意思決定の効率化を図るために特定多数決制を適用する分野を拡大した。

D．1999年に通貨統合に参加したのは，当時のEU加盟国15ヵ国のうち11ヵ国である。2023年6月現在，ユーロ導入国は加盟27ヵ国中20ヵ国となっている。ECBとは，ユーロ圏内の金融政策を一手に引き受ける欧州中央銀行のこと。

12

③

解説

① ECの原加盟国は，フランス・西ドイツ（当時）・イタリア・オランダ・ベルギー・ルクセンブルクである。

② 単一通貨ユーロの導入は1999年（紙幣・硬貨の市場流通は2002年から）である。

④ 代表的な通貨統合未参加国はデンマークやスウェーデンなどである。なお，ノルウェーはEUに加盟していない。

⑤ トルコは加盟交渉国である。なお，2013年にはクロアチアが加わり，加盟国数は28ヵ国となったが，2020年1月にイギリスが離脱したため，2023年6月現在の加盟国数は27ヵ国である。

13

(1) ア　(2) ア　(3) ウ

解説

(1)イ．ベルギーの首都のブリュッセルである。

ウ．2023年6月現在，27ヵ国で構成されている（フランス・ドイツ・イタリア・ベルギー・オランダ・ルクセンブルク・アイルランド・デンマーク・ギリシャ・スペイン・ポルトガル・スウェーデン・フィンランド・オーストリア・ポーランド・チェコ・ハンガリー・スロベニア・スロバキア・リトアニア・エストニア・ラトビア・キプロス・マルタ・ブルガリア・ルーマニア・クロアチア）。

エ．EUでは，全加盟国の公用語をEUの公用語としているため，その数は20以上ある。

(2)イ．変動為替相場制が採用されており，1ユーロ＝1ドルと固定されてはいない。

ウ．今日でも世界の基軸通貨はドルであり，ユーロが基軸通貨に代わった事実はない。

エ．USMCA（米国・メキシコ・カナダ協定）は通貨統合までは目的としておらず，通貨統合が行われた事実はない。

(3)ア．かつてのイタリアの通貨単位。

イ．フィリピンの通貨単位。

ウ．通貨統合未参加国スウェーデンの通貨単位。

エ．かつてのオランダの通貨単位。

なお，通貨統合に参加していないEU加盟国としてはデンマーク，スウェーデン，ハンガリーなどがある。

14

④

解説

④ MERCOSUR（メルコスール）とは，南米南部共同市場のことで，ブラジル・アルゼンチン・ウルグアイ・パラグアイ・ボリビア（批准手続き中）・ベネズ

エラ（資格停止中）の6ヵ国における関税同盟をさす（2023年6月現在）。なお，アフリカの地域協力機構としては，安全保障面での協力までをも目的とするAU（アフリカ連合）がある。

15

A．① B．⑥

解説

1967年にタイ，マレーシア，フィリピン，インドネシア，シンガポールの5ヵ国で発足した東南アジア諸国連合（ASEAN）は，1984年にブルネイが加わり，95年にはベトナム，97年にはミャンマー，ラオスが加盟し，99年にはカンボジアが加盟して10ヵ国体制となった。

16

③

解説

① EURO：欧州単一通貨（ユーロ）
EC：欧州共同体
② WHO：世界保健機関
WTO：世界貿易機関
④ APEC：アジア太平洋経済協力会議
OPEC：石油輸出国機構
⑤ AFTA：アセアン自由貿易地域
PKO：（国連）平和維持活動

17

① c ② d ③ a ④ b
⑤ e

解説

fはSAARCが欧文略語である。

18

①

解説

① 封じ込め宣言とはトルーマン・ドクトリンのことである。
② ソ連がベルリン封鎖を行い，これをきっかけとして1949年に東西ドイツの分裂に至ったのである。ベルリンの壁は，1961年に東ドイツから西ドイツへの亡命を阻止するために築かれた。なお，ベルリンの壁は1989年に取り壊され，翌90年にドイツ統一が実現した。
③ NATOに対抗して1955年に設立されたのはワルシャワ条約機構である。COMECONは，マーシャル＝プランに対抗して1949年に設立された東側諸国の経済協力機構である。
④ スターリンが1953年に死去すると，フルシチョフが実権を掌握した。1956年には，フルシチョフがスターリン批判を行い，平和共存政策を打ち出した。
⑤ ジョンソン大統領ではなく，ケネディ大統領である。

19

① **トルーマン** ② **ケネディ**
③ **ジョンソン** ④ **ニクソン**
⑤ **ブッシュ（父）**

解説

① 「封じ込め政策」とはトルーマン・ドクトリンのことであり，共産主義のギリシャやトルコへの進出の阻止をはかったものである。
② これ以後，米ソ両国は緊張緩和（デタント）の方向に転じた。
③ ジョンソン大統領は北爆を敢行してベト

ナム戦争に介入したものの，ニクソン大統領はベトナムから撤兵し，戦争は終結した。

④　ウォーターゲート事件とは，政敵民主党事務所に盗聴機を設置するようニクソン大統領が指示したとされる事件で，事件発覚によりニクソンは大統領の職を辞した。

⑤　1989年のマルタ会談はソ連のゴルバチョフ共産党書記長との間で行われた。

アイゼンハワーは「巻き返し政策」で，カーターは人権外交で，レーガンは小さな政府を目指したことでそれぞれ知られる。

20

⑤

解説

①　金正日は2003年に核拡散防止条約からの離脱を宣言するとともに，05年には六か国協議の中止を宣言，06年には核実験を実施するなど核開発計画を積極的に推進した。

②　朝鮮戦争は1950年，朝鮮民主主義人民共和国が北緯38度線をこえて大韓民国に対して武力南侵を開始することで勃発した。

③　朝鮮戦争は1953年に板門店で休戦協定が調印されることで一応の決着をみた。朝鮮民主主義人民共和国が勝利したわけではない。

④　日韓基本条約は佐藤栄作内閣が朴正熙大統領との間で調印したものである。

21

③

解説

①　1955年に開かれたアジア・アフリカ29ヵ国の代表者が集まり，反植民地主義などを唱えた会議のこと。

②　1954年に開かれた東南アジア諸国の首脳会議。

④　1878年に開かれたサン＝ステファノ条約後の各国利害調整のための会議。1884～95年に開かれたアフリカ分割協定会議。

⑤　1906年に開かれた第1次モロッコ事件（タンジール事件）収拾のための会議。

22

②

解説

A．部分的核実験禁止条約の欧文略語は，PTBTである。地下核実験が除外されたため，実効性の乏しいものとなった。

B．核拡散防止条約（核不拡散条約）の欧文略語は，NPTである。米・英・ロ・仏・中以外の国が核を保有すること，及びこれら5ヵ国から非核保有国への核物質の移動などを禁止している。

C．包括的核実験禁止条約の欧文略語は，CTBTである。核保有国・非核保有国を問わず，地下核実験も含めてあらゆる核実験を禁止した条約で，1996年に国連総会で採択された。発効には原子炉のある44ヵ国の批准が必要だが，アメリカ・中国・インド・パキスタンなどが未批准のため発効には至っていない。

23

①

解説

①　1968年採択。

② SALT Ⅰ。1972年調印。
③ INF全廃条約。1987年調印。
④ START Ⅰ。1991年調印。
⑤ CTBT。1996年採択。

24

②

解説

ロシアは2000年に批准したが，アメリカ・中国は批准しておらず，インド・パキスタン・北朝鮮は署名もしていないため発効のめどは立っていない。

25

ウ

解説

ア．1989年
イ．1948年
ウ．1979年
エ．1966年
オ．1951年

26

④

解説

① 世界人権宣言は人権保障の基準ではあるが，法的拘束力のある条約ではない。世界人権宣言を条約化し，法的拘束力をもたせたものとして，1966年に国連総会で採択された国際人権規約がある。
② 我が国は，社会権規約（A規約）も1979年に批准している。ただし，公務員の争議権，公休日の報酬の支払いの2点については留保している（高等教育の無償化については，2012年9月に留保を撤回）。
③ 我が国では，1985年に同条約を批准し，国内的には同年に男女雇用機会均等法を成立させた（1986年施行）。
⑤ 死刑廃止条約は，主に西欧諸国の賛成により，1989年に国連総会で採択され，1991年に発効した。アメリカやアジア諸国の多くは反対した。我が国では死刑廃止については賛否両論あるものの，政府は死刑廃止反対の立場をとっており，条約には批准していない。死刑の執行も続けられている。

27

③

解説

A．ユネスコ憲章は，正式名称を「国際連合教育科学文化機関憲章」という。ユネスコは，教育に関する権利，文化的生活に関する権利，思想・良心の自由などに関して，宣言・勧告・条約の採択を行っている。
B．世界人権宣言は，1948年に国連総会が採択した人権保障の包括的な基準を定めた宣言で，法的拘束力はない。世界人権宣言を条約化したものが，国際人権規約である。

28

(1) **主権，人民（国民），領土（領域）**
(2) **グロチウス**　(3) **条約**

解説

(1) 領土には広義の意味と狭義の意味があり，狭義では，領土・領空・領海を合わせて領域という。

(2) 17世紀のオランダの法学者で，戦争と平和に関する国際法を唱えた。

(3) 条約には，協定，規約，宣言なども含む。二国間条約と多国間条約がある。

2 国際経済

29

②

解説

ア．1976年
イ．1971年8月
ウ．1987年
エ．1971年12月
オ．1985年

30

④

解説

1949年，1ドル＝360円の固定相場制に始まり，1971年に1ドル＝308円となるが，1973年以降は変動相場制に移行した。

① 1ドル＝360円である。

② キングストン協定ではなく，スミソニアン協定である。スミソニアン協定はニクソン＝ショック後の為替相場を再建するための協定。

③ 1973年に変動相場制に移行した。

④ 急激に円高が進み，1985～86年にかけて，日本では「円高不況」に見舞われた。

⑤ 為替相場は2013年以降，円安傾向にある。

31

③

解説

円高は輸出品の価格を上昇させるため，輸出には不利に働く。①も少し考えればわかるはず。アメリカにおいて，インフレにより価格が上昇すれば競争力を失う。より安い輸入品が売れるということは，輸入超過になり，それだけドルの対外評価が下落する。つまりドル安・円高を導く。

32

④

解説

円高ドル安というのは，円がドルに対して，相対的にその価値を増すことを意味する。よって，円高になれば，日本製品のドル建て海外価格は上昇し，円安になれば下落する。このため，円高は国内の輸入業者にとって有利となり，輸出業者にとっては不利となる。

33

⑤

解説

① 円高になると，日本国内では輸入品の価格は下落し，輸入は増加する。
② 国内産業の空洞化がおこるのは，円高になった場合である。これは，円高になると輸出がしにくくなるため，製造業は投資コストの安い海外に生産拠点をうつすことからおこる現象である。
③ インフレーションの発生は，通貨価値の下落を意味するので，円の価値が下落し円安が進行することになる。
④ 日本の貿易黒字が拡大すると，日本に多額のドルが流入し，それを円に換金することから，ドルが売られ円が買われることになる。つまり，円高が進行することになる。
⑤ 日本の金利が，アメリカの金利より高ければ，アメリカから日本に多額の資金が流入してくるため，円高が進行することになる。

34

④

解説

① 日本からの輸出は減少し，アメリカからの輸入は増加して，貿易収支の黒字幅は縮小する。
② 石油などの原材料費は安くなり，輸入品も安くなることから，国内物価を押し下げる要因となる。
③ 日本からの海外旅行は割安になる。また，相対的に高賃金が得られることから，外国人労働者は増大する。
④ 円高は輸出に不利となることから，海外での現地生産を促すことになり，国内産業の空洞化をもたらす。
⑤ 円高になると，重化学工業は従来のように輸出を行うには技術革新や合理化の必要性に迫られるため，比重は低下する。一方，国際競争力の高い高技術先端産業の場合，円高にも対応できることから，その比重は高くなる。

35

A．エ　B．イ　C．ウ
D．オ　E．ア

解説

国際収支は，従来，「経常収支」，「資本収支」，「外貨準備増減」および「誤差脱漏」という項目に大きく分けられていたが，新統計では，「資本収支」のうちの投資収支と外貨準備増減を統合して「金融収支」が新設され，「その他資本収支」が「資本移転等収支」として大項目に変更された。これにより，大項目は，「経常収支」，「資本移転等収支」，「金融収支」，および「誤差脱漏」になった。

なお，「経常収支」の所得収支は第一次所得収支，経常移転収支は第二次所得収支へ名称変更された。また，金融収支については，資産・負債の増加はプラスに，資産・負債の減少はマイナスに計上することになった。

36

① g　② c　③ d　④ e
⑤ b

解説

a．EU通貨統合参加国の通貨単位。
f．ブラジルの通貨単位。
h．中国の通貨単位。

37

⑤

解説

① リストに関する記述。リカードは自由貿易論を提唱し，国際分業理論に基づく比較生産費説を唱えたことで知られる。
② 水平的分業とは，先進国相互間の分業のことで，完成品，工業製品を中心とした貿易をいう。本肢は垂直的分業に関する記述である。
③ 第二次世界大戦後には，世界貿易の推進を目的にGATT（関税と貿易に関する一般協定）が調印された。GATTは1995年に正式な国際機関であるWTO（世界貿易機関）に改められた。ブレトン＝ウッズ協定とは，IMF（国際通貨基金）とIBRD（国際復興開発銀行）創設について決定した協定をいう。また，OECD（経済協力開発機構）は先進国が経済全般について協議する機関である。
④ 我が国の貿易収支は2011年，31年ぶりの赤字となった。その後，黒字に転じた年もあったが，2022年は赤字で，赤字幅は過去最大となった（財務省「国際収支状況」）。

38

④

解説

① 2021年では，機械類が38.1％，自動車が12.9％を占める。
② 機械類の輸入量を金額ベースでみると，25.1％となっており，次いで石油が10.7％となっている（2021年）。
③ 貿易相手国は輸出・輸入ともに中国が最大であり，アメリカはともに第2位。となっている（2021年）。

39

④，⑤

解説

④ GATT（関税と貿易に関する一般協定）にも，発展途上国は加わっていた。ウルグアイ・ラウンドには先進国・途上国あわせて124ヵ国が参加していた。なお，焦点となっていたロシアについては，2012年にWTO（世界貿易機関）への加盟が実現した。
⑤ GATTも農産物について交渉対象としていた。

40

③

解説

A．東京ラウンドは1973～79年にかけて行われ，農産物の自由化と非関税障壁が主要議題となった。ケネディラウンドは1964～67年にかけて行われ，一括関税引き下げ方式が採用された。

B．ペイオフとは金融機関が破綻した場合に，元本1,000万円とその利息までを払い戻しの対象とする制度のことである。

C．BISとは国際決済銀行のこと，SDRとはIMF特別引き出し権のことである。

41

②

解説

① 国際標準化機構のことで，国際的に適用させる規格や標準類を制定している。

② EPAとは，経済連携協定のことである。日本はシンガポール・マレーシアなど東南アジアの国々を中心として，メキシコ，インド，ペルーなどとEPAを締結している。

③ 国内産業を保護する目的で輸入数量制限や関税の引き上げを行うことである。

④ 世界貿易機関のことで，多角的な貿易交渉により，貿易の自由化をめざすことを目的としている。

⑤ 南アジア地域協力連合のことである。

42

③

解説

① 石油輸出国機構（OPEC）の説明。OAPEC（アラブ石油輸出国機構）はアラブ関係諸国のみが加盟している石油輸出国の組織である。

② 国際通貨基金（IMF）の説明。WTO（世界貿易機関）は，貿易自由化を推進する中心的な国際機関。

④ 経済協力開発機構（OECD）の説明。

⑤ 国連貿易開発会議（UNCTAD）の説明。

43

④

解説

① 国際復興開発銀行（IBRD）のことを通称「世界銀行」といい，本部はワシントンにある。国連の長期の融資機関で加盟国の復興と開発援助，民間対外投資の促進，貿易の伸長と国際収支均衡などを目的としている。

② これはIMF（国際通貨基金）の記述である。WTO（世界貿易機関）は1995年1月にGATTにかわるものとして発足した。世界貿易推進と問題処理を目的とする国際機関である。

③ UNCTAD（国連貿易開発会議）は発展途上国の経済発展の諸問題を検討するための国連の機関である。

④ OECD（経済協力開発機構）は戦後の西欧復興のための欧州経済協力機構（OEEC）を改組して成立した。欧米諸国の経済協力と発展途上国への開発援助を目的とする。

⑤ EU（欧州連合）は，EEC（欧州経済共同体）とECSC（欧州石炭鉄鋼共同体），EURATOM（欧州原子力共同体）の3つの経済共同体を統合したEC（欧

州共同体）が母体である。当初は，通商政策の一本化，域内単一市場の創設など経済面での統合が中心であったが，最近では政治統合なども課題とされている。

44

④

解説

④　BRICSではなく，NIEs（新興工業経済地域）のことで，香港，シンガポール，台湾，韓国などが該当する。BRICSとは，ブラジル，ロシア，インド，中国，南アフリカ共和国のそれぞれの頭文字をとった造語のことである。

45

⑴　A．メジャー（オイルメジャー）
　　B．OPEC
⑵　資源ナショナリズム
⑶　オ

解説

⑶ア．「援助よりも貿易を」をスローガンに，途上国から先進国への輸入品については関税率を引き下げることなどを求めた報告書。1964年のUNCTAD（国連貿易開発会議）第1回会議で採択された。

イ．1974年の国連資源特別総会で採択された「新国際経済秩序樹立に関する宣言」のこと。天然資源を保有国が自由に管理する権利や一次産品の価格保証などを宣言した。

ウ．「新興工業経済地域」のことで，発展途上国の中でも急速に経済成長をとげている国・地域を指す。南々問題を招いた。

オ．「国際労働機関」のことで，明らかに南北問題とは関係ない。

46

エ

解説

以下の加盟国数は，2023年6月現在。

ア．北大西洋条約機構のことで，アメリカ・カナダ・イギリス・フランス・ドイツ・ギリシア・スペイン・ポーランド・ハンガリー・バルト3国など31ヵ国が加盟している。

イ．欧州連合のことで，フランス・ドイツ・イタリア・スペイン・スウェーデン・オーストリア・ハンガリー・チェコ・バルト3国など27ヵ国が加盟している。

ウ．東南アジア諸国連合のことで，タイ・フィリピン・インドネシア・ミャンマーなど東南アジア地域の10ヵ国が加盟している。

エ．経済協力開発機構のことで，先進国クラブともよばれる。アメリカ・イギリス・フランス・ドイツなど38ヵ国が加盟している。日本は1964年に加盟した。

オ．石油輸出国機構のことで，イラン・イラク・サウジアラビア・ベネズエラ・ナイジェリア，アンゴラなど産油国13ヵ国が加盟している。

47

②

解説

①　IMFは国際通貨基金の欧文略語である。国際通貨協力の促進や為替の安定を主な任務とする国連専門機関である。国際労働機関の欧文略語はILOであり，労

働条件の改善などを目的とする国連専門機関である。

③　OECDとは経済協力開発機構のことである。先進国が経済の安定や世界貿易の拡大，開発途上国の援助などについて協議する国際組織である。石油輸出国機構の欧文略語はOPECであり，産油国の石油カルテル機構である。

④　OPECは石油輸出国機構の欧文略語であり，経済協力開発機構の欧文略語はOECDである。

⑤　UNCTADは国連貿易開発会議の欧文略語である。南北問題解決のために設立された国連総会の補助機関である。国際復興開発銀行の欧文略語はIBRDで，開発途上国に対する融資を主な任務とする国連専門機関である。

48

⑤

解説

①　近年，非政府組織（NGO）は政府と密接な協力関係を構築しつつある。

②　他国軍への支援を非軍事（民生目的・災害援助）に限り認められている。

③　援助総額（贈与相当額ベース）はアメリカ，ドイツに次いで世界第3位となっている（2021年）。

④　援助の実施は，独立行政法人である国際協力機構（JICA）が一元的に行っている。IMFに委託して実施しているわけではない。

⑤　「開発協力大綱」には，安倍政権が掲げる積極的平和主義や2013年に閣議決定された「国家安全保障戦略」の内容が反映された。従来，認めてこなかった他国軍への支援を非軍事目的に限って可能にすることや，所得水準が高い島しょ国への協力，民間投資との連携などODAの枠に入らない取り組みも明記し，日本にとっての戦略的重要性を踏まえて対外援助を行う方針が示されている。

49

イ，ウ

解説

ア．贈与相当額ベースの対GNI比は0.34％（2021年）にすぎない。

エ．我が国がODAを開始したのは1954年のことである。

50

①

解説

A．キャッシュ・フローとは，現金・現金同等物のことを指し，主に企業会計の分野で用いられる言葉である。ODA用語ではない。

B．2021年はアメリカ，ドイツに次いで第3位となっている。

C．二国間ODA供与相手国はインド，バングラデシュ，フィリピン，インドネシア，カンボジアの順に供与額が大きい（2021年）。

51

②

解説

アメリカはODA実績（贈与相当額）世界最大だが，対GNI比はDAC加盟国の中でも低い水準にある。また，日本はアメリカ，ドイツに次いで世界第3位となっている(2021年)。よってウは日本，エはイギリスである。

52

④

解説

ア．アメリカのケネディ大統領ではなくフランスのジスカールデスタン大統領。

オ．1992年のミュンヘンサミットではなく1997年のデンバーサミット。なお，クリミア問題により2014年以降，参加停止となっている。

53

③

解説

① サミットは，第一次石油危機後の世界経済の建て直しをはかるために1975年にフランスのランブイエで第1回会議が開かれた。スミソニアン博物館は，1971年にスミソニアン協定が合意された場所であり，サミットとは関係ない。

② カナダではなくイタリアである。

④ 2000年は沖縄県，2016年は伊勢志摩(三重県)，2023年は広島県でサミットが開かれており，地方でも開催されたことがある。

⑤ サミット開始当初は経済問題が議論の中心だったが，現在では，政治・社会問題も話し合われており，環境・厚生問題など様々なテーマが議題に上っている。

54

①

解説

ノルウェーは人口が少ないため，1人あたりの国民総所得は高くなる。

55

リーマン・ショック

7 環境

1 地球環境問題

1

④

解説

④　酸性雨の原因となる物質は，農薬ではなく，自動車の排気ガスや工場の排煙に含まれる硫黄酸化物（SO_x）や窒素酸化物（NO_x）である。

2

①

解説

A．温室効果ガスの代表的なものは二酸化炭素である。窒素酸化物と硫黄酸化物は，酸性雨の原因物質として知られている。
B．ウィーン条約は，オゾン層の保護のために1985年に締結された条約である。
C．オゾン層破壊の原因物質はフロンで，炭素，フッ素，塩素などの化合物である。
D．紫外線は殺菌効果をもつが，透過力が強いため大量に浴びると，皮膚・目などの細胞を傷つける危険性がある。
E．バーゼル条約は，有害廃棄物の国際移動を規制することにより，環境汚染を防止することを目的とした条約である。

3

pH5.6以下

解説

酸性雨とは，自動車の排気ガスや工場の排煙に含まれる硫黄酸化物（SO_x）や窒素酸化物（NO_x）が大気中で化学反応をおこし，pH5.6以下の酸性の雨や霧として降下することをいう。

4

③

解説

①　フロンは，人体に有毒な太陽からの紫外線を吸収する働きをもつオゾン層を破壊する。
②　砂漠化の主な原因は，地力の限界を越えた過放牧や過耕作，薪炭材の過剰伐採などである。
④　塩素酸化物ではなく，硫黄酸化物である。また，これが化学反応をおこすと硫酸になる。
⑤　海洋汚染が発生するのは，工場排水・生活排水に含まれる窒素やリンなどの栄養塩類が増え，プランクトンが急増するためである。

5

A．環境開発　　**B．地球サミット**
C．持続可能な開発　　**D．環境開発**

解説

「持続可能な開発」とは，将来の世代に資源と良好な環境を残せるように開発と環境保全を調和させる，という意味である。会議名，スローガンなどが紛らわしいので，正確に覚えておくようにしよう。

6

④

解説

① 途上国を含むすべての参加国の削減目標はあくまで努力目標であり，罰則規定は設けられていない。

② 5℃ではなく2℃が正しい。努力目標は1.5℃である。

③ 2013年度比で26%削減することを目標としている。

⑤ 50%ではなく55%である。

7

ウ，オ，カ，キ，ケ

解説

世界遺産には，自然遺産と文化遺産がある。各地の名称と位置を確認しておくこと。

アは，「富士山－信仰の対象と芸術の源泉」として文化遺産に登録されている。

カの奄美大島は2021年に，徳之島，沖縄島北部及び西表島とともに自然遺産に登録された。

8

エ

解説

松江城（天守）は国宝である。

9

⑴ ウ　⑵ エ　⑶ イ

解説

アの条約の通称は，「バーゼル条約」である。

2 日本の環境問題

10

⑤

解説

① 明治時代にも足尾銅山鉱毒事件が社会問題化していた。

② いずれも被害者（原告）側が勝訴した。

③ 1970年の公害国会では，調和条項が削除された。

④ 企業に故意や過失がなくても，公害の被害者に対して損害賠償の責任を負わなければならないという「無過失責任の原則」が規定されている。

11

A．PPP（汚染者負担の原則）
B．無過失責任
C．濃度　D．総量

12

④

解説

BODは，水中の汚物を分解するために微生物が必要とする酸素の量を示す。これに対して，湖沼・海域の汚濁を測る指標のことをCOD（化学的酸素要求量）といい，水中の汚物を化学的に酸化し，安定させるのに必要な酸素の量を示す。

13

①

解説

② 油脂に溶けやすく水に溶けにくいという性質をもつ。

③ ダイオキシン類は排気ガスとは関係がない。ダイオキシン類の発生源は，ほとんどの場合，ゴミの焼却炉であるとされている。

④ 食物や飲み水を通しての取り込みが大半を占めると考えられている。

⑤ 生ゴミではなく，プラスチックなどの塩素を含む製品を低温で焼却した場合，発生しやすいとされている。

14

家電リサイクル法
(特定家庭用機器再商品化法)

解説

家電リサイクル法は2001年に施行された法律で，従来は市町村が粗大ゴミとして破砕し埋めたてていたものを，廃家電として製造業者が引き取り再商品化することを目的としている。

15

②

解説

② 家庭電化製品のリサイクルにかかる諸費用は，消費者が負担することになっている。

16

リデュース（Reduce）：発生抑制（減量）
リユース（Reuse）：再使用
リサイクル（Recycle）：再生利用

解説

3Rに，リフューズ（Refuse：断る）を加えて4R，さらにリペア（Repair：修理する）を加えて5Rとすることもある。

17

(1) **ビオトープ**　(2) **グリーン購入**
(3) **ナショナル・トラスト**
(4) **グリーン・コンシューマー**
(5) **ゼロ・エミッション**
(6) **再生可能エネルギー**
(7) **PM2.5**

解説

(7) 1μmは1mmの千分の1。PM2.5は非常に小さな粒子（微小粒子状物質）のため，肺の奥深くまで入りやすく，呼吸器系，循環器系への影響が心配されている。

教員採用試験対策　オープンセサミシリーズ
問題集　一般教養Ⅱ［社会科学］

発　行　2023年10月20日　第1版第1刷

編　著　東京アカデミー
発行人　佐川泰宏
発行所　株式会社ティーエーネットワーク
〒450-6306 名古屋市中村区名駅1-1-1
ＪＰタワー名古屋６Ｆ
電話：052-586-7805㈹
FAX：052-563-2109
発売元　東京アカデミー七賢出版株式会社
〒171-0021 東京都豊島区西池袋1-11-1
メトロポリタンプラザビル13F
電話：03-6852-0803
FAX：03-6852-0180

ISBN978-4-86455-616-3　C7337

●出版案内，テキストの追補等の情報については東京アカデミー七賢出版のホームページをご覧ください。

https://www.shichiken.co.jp